回想 ― 横井亀夫の生涯

真実一路・労働者運動九十年の闘い

横井陽一・編

回想　横井亀夫の生涯

真実一路・労働者運動九十年の闘い

——目次

目　次

第一部　横井亀夫の思想と実践

I　大正・昭和戦前の思想と実践を語る――11

一　大正時代の青年労働者――「運動史研究会」で語る　12

幼少時代　12／工場生活に入る　14／関東機械工組合大崎支部　17／新しい世界に入る　20／機械工へのあこがれ　30／日本光学に入る　30／職場の様子　32／青年労働者の待遇　35／城南の労働運動　37／職人と素人工　39／請負制度　41／「計画的組織」　43／「団結」をどう考えるか　44／総同盟の刷新運動へ　48／少年レポとして　51／第二次共産党をめぐって　53／学生と労働者　54／関東金属の人びと　60

二　私の一九二八年三月十五日（三・一五事件）　66

三　私の体験した三・一五と治安維持法の反対運動――忘れられない「私の昭和史」の一頁　71

四　私の「獄中記」　75

五　「早稲田大学・建設者同盟の歴史」についての感想　83

六　「野坂処分」と山懸さんへの証言　93

七　運動家群像――「運動史研究会会報」より　97

九津見房子一周忌の集い　97／堺利彦逝去五十周年と「平民新聞」創刊八十周年をむかえて併せて近藤真柄さんの死によせて　101／徳田球一没後三十周年記念祭　104／倉重新と日本労働組合評議会の創立　106／鶴丸さんのお仕事によせて　108／運動に参加しはじめたころのこと　110／会員の著書　111

八　非合法下の労働運動――「現在を問う！　労働者・市民連続座談会」で語る　112
昔といま、どっちがしあわせ？　115／自分自身で納得できる生き方ができれば　117

II　〔解説〕評議会と全協――横井亀夫氏の労働運動観――伊藤　晃　121

全協刷新同盟のこと――横井亀夫氏の話　122
「評議会」（日本労働組合評議会）の労働運動　126
一九三〇年代の大量転向の問題　130
若い研究者の戦前運動史研究への援助　132

III　戦後の思想と実践――135

一　敗戦前後の旧満州・鞍山――五味川純平さんと出会う　136
二　一九五五年・「自己批判書」――党は情愛を重んじ、正直であること　147
三　原水爆禁止・平和大行進活動――平和願い東京―広島間往復歩破　158
原水爆禁止運動への参加　158／各地の平和行進の記録から　163／付：【平和行進代表の横顔】愛称「亀さん」――横井亀夫さん（廣田重道）　174／樺光子様からの手紙　179／原水爆禁止運動家・早川先生のこと　183／「早川先生」宛手紙――原水爆禁止運動の進め方の基本点を考える　184
四　「運動史研究会」活動への参加　188
「運動史研究会」の発足と精神　188／「運動史研究会」への参加前の「交流」誌交換の提案　191／「運動史研究」会活動の一齣　193／第十四回会員懇談会を省みて（一九八四年）　198
五　「山代巴を読む会」運動に参加　204
社会不公正闘争の道標碑――「山代巴文庫」に想う　204／山代巴著『さそりの眼の下で』の追想――想い出の地・京浜を歩く　214／山代巴著『囚われの女たち／第三部　出船の笛』より「横井亀夫」の記述　217／『囚われの女たち』を書きながら（山代巴）　219
六　三・一五事件と『女たちの証言』――七十年後の記念上映によせて　221
付：「座談会」実現の過程――福永操さんから横井亀夫宛葉書・手紙　232

七　佐多稲子さんの尊い足跡　230
付：佐多稲子さんからの葉書　232
八　「私の昭和思想史」（松江澄著）に思う――批判精神の大切さ　234
九　「労働運動研究」誌への投稿（一九九五～一九九九年）　237
関東大震災時を回想　237／パリ・コミューンの月　238／蜂谷さんの連載　239／山口氏の記録に感銘　239／小森さんの遺稿　240／澤地さんのすぐれた本　241／宮本氏の退任　241／重い河の流れのように　242／介護労働者の保障を　243／共産党公然化のころ　244／四月号の特集について　244

Ⅳ　同時代の先輩・同志・友人を追悼する――247
一　畏友・佐藤秀一・同志の四十三年忌　248
二　人間的マルクス主義者・渡部義通さん　255
三　伴走五十年の同志・内野壮児さん　262
四　労働者のよき友・よき教師・小野義彦さん　271
五　日本社会主義の長老・小林輝次先生　278
六　真実の人――田中好子さん　283

Ⅴ　〔解説〕真実一路――労働者革命家として生きた生涯――樋口　篤三　287
労働・平和運動の高揚と一体に　289
日本の心臓部――京浜工業地帯の川崎　291
歴史的な六〇年安保闘争で　292
〃隣組〃の大和電気支部と　294
高野実・労働運動と横井の一体観　297
平和大行進――「再び原爆許すまじ」　300
私の探していた大衆運動　302
共産党第八回大会の役割　304

党内民主主義の圧殺 305
除名した側とされた側 307
反代々木派の四分五裂 308
日共批判派の四分五裂——その原因 310
「総結集」→「共労党」とその結末 313
渡部義通と石堂清倫 314
渡部、石堂の歩んだ道と横井 317
真実一路——労働者革命家として 318

第二部 回想——横井亀夫（亀尾）の生涯

Ⅰ 大正・昭和・敗戦前の時代から 321

評議会時代からの七十年の友人……石堂 清倫 322
転載：「評論家・石堂清倫氏を悼む」（鶴見俊輔） 328
敬愛する同志・横井亀夫君の生涯……野田弥三郎 329
古参労働者共産主義者の最期に寄せて……いいだもも 333
「横井少年」の思い出……山本 菊代 337
父・渡部義通と「横井少年」との接点……渡部 義就 339

Ⅱ 一九四〇年代—大連時代 345

大連時代からの付き合い……三輪隆夫・きみ 346
大連引揚げの混乱の時に……廣田 妙子 347
大連の民主化闘争で出会う……藤川 夏子 347
大連で「高木のおっちゃん」に叱られる……羽田 澄子 348
反戦平和、本物で生きた人……武井 満男 352
温かい気持ち、人生の大きな教訓……香山 磐根 357

Ⅲ 一九五〇年代 361

おだやかな話しぶりの思い出……小野みどり 362
亡父に熱いメッセージ……小野 瞭 364
「泣虫記者」の師……近藤 悠子 363
春風たいとう無垢な心の方
——川崎・古市場平和懇談会……二階 淳介 367

Ⅳ　一九六〇年代　369

平和行進のこと……早川康弌・美佐　370
ともにヒロシマ平和行進を歩く……石谷瑶子　371
滋賀でともに平和行進、「原爆許すまじ」……上田良子　372
「いかなる国の核実験にも反対！」……津脇梅子　374
先輩の教えを胸に議員活動……武田郁三郎　378
不二越精機労働争議と平和行進……佐野芳三　379
弁護士生活五十年で忘れられないお一人……山本　博　381
ベレー帽のおじさん……船見文子　382
労働者で生きる……中山百合子　385
惜しみなく教えてくれたかたでした……山下治子　387
川崎・下平間時代の思い出……辻　和也　389
溝ノ口診療所の支援に感謝……多田　靖　390
詩吟の友……平野　弘　391
風景画のよき理解者……広瀬えつ　392
いただいた〃尾瀬〃のすばらしさ……中村睦夫・婦美子　392
尾瀬・長蔵小屋への便り……平野紀子　395

Ⅴ　一九七〇年代　397

高津さんの野田・学習会でともに学ぶ……高橋清子　398
貫かれた精神に敬意！……高津暁子　399
昔のメーデーのお話に感謝……窪川えい子　400
片山さとし・ひまわり学習会のこと……東条利一　400
交通事故災難を救われる……野口晋輔　402
大きな信念で励ましていただきました……小林麗子　404
川崎・幸病院時代のこと……矢口　巌　405
川崎・幸病院でお世話になりました……但馬文紀　408
「米黒人支援」でお会いする……中島和子　409

Ⅵ　一九八〇年代　411

あたたかな笑顔、厳しいまなざし
——「山代巴を読む会」で……牧原憲夫・暁子　412
山代巴・読書会
——私が私であることを愛する如く……関屋照洋　414
画業を励まされた先輩……伊藤よう子　416
母・九津見房子の一周忌のとき……大竹一燈子　418
『女たちの証言—労働運動のなかの先駆的女性たち』の産婆役——石堂清倫先生と横井亀夫さん……鈴木裕子　420
主人なきあと十三年の文通の友……河合八重子　424
静岡にお招きしたときの私の気持ち……大庭伸介　425
大阪唯研への支援と励ましに感謝する……森　良文　427

Ⅶ 一九九〇年代 433

横浜市議生活十六年を支えていただく……丹野 貞子 434
シルバープラザで父を激励……内田真知子 435
「中川の里」の横井亀尾さん……高橋 幸治 435
「中川の里」の食いしん坊……田村 恵 437
老人ホームの不思議な人……小田島千枝子 438
みどりたすけあいの会とのお付き合い……井口 房江 440
コーラス・リラの会への応援に感謝……青井加津子 442
コーラスの友……新田 啓子 442
「手紙」の交流の大切さ学ぶ……加藤 広子 445
横井さんの風……手島 幸子 446
教育関係の実習でお会いしました……吉野 誠 446
最期まで瑞々しい知的関心に驚き……柴山健太郎 447
「療養は、学習の機会……」……福田 玲三 449
「花の杖……」……藤木 和子 452
付：「中川の里」句会での俳句（横井白浜作） 453
胸打つ「みなさん、ありがとう」……常岡 雅雄 458
付：「みなさんありがとう」 458

Ⅷ 父・母・祖父へ 459

父と母を送る……横井 陽一 460
父を送る 460／父と野の花 462／今年の雛祭り 464
父と母へ……小山 黎 466
親子三代の癒し……小山 科子 470

略 年 譜――横井亀夫（亀尾）・横井マツ 475

あとがき――人と人の絆は百年単位で 487

イラスト（おじいちゃん） 菊池 史子
さし絵（あさがお） 横井 マツ
写真・創作人形（雛人形・おどり・ノンちゃん） 横井 マツ

カバー写真（尾瀬） 横井 亀夫
扉題字 近藤 悠子
扉デッサン 吉田 峰夫

第一部

横井亀夫の思想と実践

I　大正・昭和戦前の思想と実践を語る

一　大正時代の青年労働者——「運動史研究会」で語る

幼少時代

——お生まれは明治四十二（一九〇九）年ですね。ご家庭の状況を簡単にお話しください。

横井　家庭は非常に貧しいんです。出は百姓でなく、父の祖父はもと尾張藩の書道の先生だったらしいんです。父は東京へ出ていろんな事業をしたんですが、あまりうまくなくて、僕が生まれたときには友人の馬力屋に出入りしたりしていました。子供がたくさんいまして、母親は四十七歳で死ぬんですが、それまでの間に十二人産んでいます。男の子が九人、女の子が三人ですが、満足に成長したのが九人です。

そのころはまだこんなに職業も発達してなくて、一番上のは機械屋に行って旋盤工になり、二番目は、帝劇にお弁当を仕出ししていた「花月」で料理人になって、これは戦後もずっと一方の旗頭になります。その下が文学青年で、白樺派の武者小路の弟子になり宮崎県に行って農耕をやったり……。でもこれは頭がおかしくなって、若くして死んじゃうんです。その下の弟が、昔は自動車屋さんと言っていましたが、ハイヤーもやれば修理もやりましてね。それから、すぐその下の姉がいまして、これはいまでも生きています。それから僕で、僕の下に男が一人います。これは築地の魚屋組合の常務か何かをやっていますが、

父母のお墓参り

叔母（ゑゐ）　長姉（つる）　長男（一二）　亀尾（亀夫）　次男（金次郎・通称：英夫）

そんな家族です。

僕は小学校に入ったのが大正五（一九一六）年か六（一九一七）年ですが、初めに住んでいた所は新堀町です。いまは港区の三の橋の近くです。そばに東町小学校というのがあって、もう一つ、本村町の側に絶江《ぜっこう》小学校というのがあったんです。この絶江小学校というのは、東京市に十ぐらい、下谷万年町とか芝の新網町とか、スラム街の子供たちを対象にした学校があるんですが、その一つなんです。教科書や文房具をくれて、週に一回か二回お風呂に入れてくれるとか、散髪もしてくれるんです。家庭が困っていましたから、親としてはその方がいいので、修学届を東町小学校からそっちへ移すんです。子供としてはちょっといやだなと思ったんですが、一応入りました。

そこで四年までは昼間、五、六年は夜学に

行ったわけですが、途中、学校へ行くのがいやになりましてね。友だちに「絶江学校いい学校、上がってみたらクソ学校」とか「あれ絶江へいってるんだよ」なんてからかわれて、一ヵ月ぐらい行かなかったんじゃないかかな。受持ちの先生の熱意もあって、ふとした動機でまた学校へ行くようになりましたが、昼間遊んでいるんだったら学校へ手伝いに行けと言われて、東町小学校の小使いさんの手伝いに行くとか、それが子供のときにはとてもいやだったね。

四年生のときに母が死んで、今度は夜学へ行くんです。夜学へ行きながら近所の工場に入ったりして、旋盤工になりたいということで……。学校もそのころになると少し面白くなったんですが、忙しいと残業をさせられましてね。いまみたいに「少年工は残業をさせてはならない」ということはないし……。工場法はそんな厳格なものではないしね。そんなことで、学校を休むと、前のことがわからないからつながりがなくて、非常に苦心します。それで好きな科目もありましたが、算術のようなものになると苦手だから、適当に過ごしてしまうというふうなことを経験しています。そういうことは、やはりいまになって非常に負担を感じていますね。ただ精神的には、非常に要領がいいというか、明るい性格で、飛びはねたりしている方でした。

工場生活に入る

六年を卒業するのが大正十一（一九二二）年かな。そのころは、職工として過ごすのではなくて、学校へ行って少しは技能者にもなりたいという希望を持ったりして、第一実業学校といったかな、そこへ入るんです。夜学です。そして、六年を卒業してから家が麻布から大崎に移ったんです。その当時は荏原郡西品川槍が崎と言いましたが、その近くに木工機械をやっている大橋兄弟商会の工場があったんです。わりあい古い工場です。人数は少ないんですが、大崎の方と品川の方と二つありました。僕が行った所は二十人ぐらいいたのかな。そこへ大正十一（一九二二）年に行くわけです。

そこにちょうど杉浦啓一さんたちの組織に属していた浜野幸一郎さんがいたんですね。前に大日本機械技工組合というのがありましたが、それが分かれて関東機械工組合というのを、杉浦さんたちが組織するわけです。だから分かれて間もなくですね。

——そういう少年時代の就職は、募集に応じてなさったんですか、それとも紹介で？

横井　近所の知っている人がそこへ行っているんで、その人に声をかけられたか声をかけたか、それで行くわけです。みんなそうやって手づるで……。新聞広告なんかは、いまみたいなのと違うんじゃなかったかね。ただ人夫やなんかはよく東京で募集していましたね、組があって。よく広告が出ていたけど、僕らのは町工場ですから。

僕が工場らしい所へ行ったのは小学校四年で、近所の三九商会といって、海軍の船のバルブか何かを造っていた工場ですね。それからベル工場（東鈴社）に移ったんです。そこは百人ぐらいいたんじゃないかな。相当盛大にやっていましたよ。

——そこでなさったお仕事は？

横井　小僧ですから、メッキの方を手伝ったり、パフをかけてきれいにするとか、ボール盤を使うとか、小さい型を抜くとか、職人じゃないけれども、装置されたものを手伝うというような仕事でした。それで給料はいくらだったかな。安かったんじゃないのかな。給料のことは本当に覚えてないんだなあ。覚えてないということは、取った給料で自分で生活するということではなく、給料は家へ持って行くでしょ。家はつぶれて苦しいですから、子供の働きを当てにするような状態でしたからね。そんなことで覚えてないんでしょうね。日給が二、三十銭じゃなかったですか。

それで、その浜野幸一郎という人が杉浦さんの所の組合員で、オルグなんですね。弁当のときにダルマのストーブを囲みながら、新聞に出たこと、政友会のこと、憲政会のこと、労働運動のことなんかを……。ちょうど労働組合の総連合があった時代ですが、それが割れたとかね。そのころ大正十二（一九二三）年だな、僕に、野田醤油の争議に行かないか、と。小松川から朝六時ごろ出発するんだけど、そのときは非常にうれしくなっちゃってね。そんなことが記憶にありますが、その人からいろいろと労働組合の話を聞いたりしたわけです。

特に心に残ったのは、深川の先の大島の大島製鋼でストライキをやったときに、機械をぶちこわすわけですね。そのとき警察側はこの事件を大きくするために故意に事件をデッチ上げるというようなことを聞かされて、おれの所の兄貴もよく警察に連れて行かれたけど、こんなふうにしてやられるのかなと思い、こういう運動に入るのが自分の道として一番いいんじゃないかと感じたんです。そのころになると、学校に行って技師ぐらいにはなりたいという夢はそんなに強くなくなって、労働運動に入りたくなった。

ところが、ダメだって言うんです。まだ若いしね。しかしいろいろせがむもんで、「本当に生涯をかけてやるつもりなら、いい所を紹介する。そのかわりだれにも言っちゃダメだ。今度、年が明けたら連れて行ってやるから」という約束になったんです。

関東機械工組合大崎支部

年が明けて行った所が、関東機械工組合大崎支部なんです。若い人では、のちにソ連に行ったりしている吉村英なんかが来ていました。そこに田所輝明さんという人が住んでいました。僕はそこへ連れて行かれて、若い人からいろいろ聞かれました。「どうしてここへ来た」とか「ウチで怒られないか」とかね。そうすると脇の青年が、「怒ったっていいじゃないか、ここが本当のおれたちの家なんだから」と。そして「これから一所懸命やろうと思ったら、ここへ来ることと同時に、本当のことをみんな話し合わなくてはいけないんだ」なんてことを言われましたね。

そのころ集まって来る青年は、お互いの労働運動に関して得た知識の交換とか、日々の工場における出来事を報告し合うとか、あそこの工場を何とか組織しなければいけないということも、そこで対策を立てたわけです。ただ、その当時は関東機械工組合は拠点的な工場なんてもっていなかった。労働組合として組織されているのは、大きな所では兵器工廠は官業労働総同盟がありますし、園池製作所とか明電舎とか日本鉄工場とかそういう大きい所は、すでに日本労働総同盟（総同盟）系で組織されているし、いまで言うところの新左翼の手になっている組織みたいに、あっちに二人、こっちに三人というふうに、それも零細な小企業で、そんなに大きい所はないわけです。

そんな組織状況ですから、賃金をいくら上げるというような要求を持つ以前の、青年として、また人間として、これから社会主義を志向しようというための学習ですね。当時は学習とは言わなかったですね。

「研究会」と言ったんじゃないかな。そのことに重きを置いていました。
そんなことで、田所さんも本箱なんて持っていない、りんご箱に紙を貼って、そこに本が並べてあるのですが、荒畑寒村さんの訳したウェッブの『英国労働運動史』とか佐野学の本とか高畠素之の『資本論解説』などがありましたね。われわれが読むのは堺利彦さんの所から出している無産者パンフレットです。「賃労働と資本」とか、「ロシア革命の話」とか、水曜会の「タンクの水」とか、「キバを抜かれた狼」とか、リーフレットの「犬芝居と猿芝居」とか「桃太郎と労働運動」とか、そんなものが教育材料でしたね。

1920—30年代

―― そういうパンフレット類とか、少しあとに出る『資本主義のからくり』とかは、当時非常に人気があったようですが、ああいう本を読んで、自分たちが考えていることを非常によく表現してくれているという気持ちは、やはりありましたか。

横井　ありましたね。あの当時出ていた本は、血肉になるという感じですね。山川均さんの『資本主義のからくり』というのは、フランスの例を引いて、値段を上げるために、それが必要なものでも海にぶちこんで値段の上がるのを待つ、こんなバカな話があるか、というようなことから書き出してあって、全く

20—30年代の機械工場の仲間たち（左から４人目が横井亀夫）

だなと思いましたね。『タンクの水』なんていう小さなパンフレットの場合でも、昔は自由にできたのが大きな勢力の者がそれを買い占めちゃう、一所懸命に働いて水がたまると、自分たちがその水を買って飲まなくてはいけなくなる、と。それは時代にぴったり合うことですよね。

請負制度なんかでも、労働者に争わせて搾り取り、単価を下げていく、と。そんなことでも「犬芝居と猿芝居」なんていうリーフレットで読んで非常に喜んでね。当時の運動のレベルというのがそれでわかるわけです。理論的には低いんだけれども、闘う態度としてはいまよりも真剣だし、尖鋭ですね。

大正十二（一九二三）年に大橋機械製作所を辞めたんです。やはり大きな工場へ入らなければならないと感じましてね。そして次に行った所が、いまの大崎橋のたもとに、池貝庄太郎さんの妹婿がやっている発動機の工場があったんですが、その本城鉄工所という工場です。その当時、あの近所では相当大きい方でした。二百人ぐらいいたのかな。本城鉄工所には、大正八（一九一九）年、九（一九二〇）年にあちこちで争議が起きていますが、そういう争議を経験した若い人たちが、みんな入って来ているのです。蒲田の新潟鉄工所にいた木戸さんとか、園池にいた人、日本鉄工にいた人とかね。松岡駒吉とか河田賢治などを知っている人たちがいるわけです。

大正十二（一九二三）年の春ごろ不景気になって、震災で機械の修理なんかがきて、ちょっと息を吹くんですが、大正十三（一九二四）年にその工場はつぶれます。そこで争議をやりましてね。

新しい世界に入る

僕が思想的にだんだん教育されてきたのは、大橋機械製作所にいて田所さんの所へ出入りしているときです。田所さんが若い人に経済学なんかを講義していて、僕もそばで聴いているわけです。僕はまだ子供だから、僕が寝ちゃうと、ひざっこに僕をかかえながら、「機械生産が発展してくると、いままで十人でやっていたものが今度は五人でできるようになる。そこで労働者の余分が出る。これを労働予備軍といって、資本家が労働者を安く使うための安全弁としている」と。そこで「労働予備軍」という失業者の名前を覚えたりして、非常にうれしく思った経験があります。

メーデーが近づくと、二、三日前の晩から、予備検束があるから誰かは姿を消さなくてはいけないとか、若い人たちは帆布を買ってきて、それを染めて竹竿につけるというので、工場にある三角ヤスリの目を落

年表　労働・社会運動の潮流：大正時代（１）

年(明治・大正)	(月.日)
1909（明治42）	11.　亀戸モスリンで男女工800名が賃上げを要求してストに入る この年、福井県、香川県に小作争議起こる
1910（明治43）	2.　大阪の友禅染職工2,000名、賃下げ反対スト 京都電鉄280名、規則改正反対でスト 5.　「大逆事件」の検挙始まる 8.　韓国併合の日韓条約締結
1911（明治44）	3.　日本最初の労働立法**「工場法」公布**される 8.　警視庁特別高等課（特高）設置 10.　片山潜、藤田四郎ら社会党を結成、結社禁止となる 12.31　東京市電従業員1,000名、ストに入る、片山潜ら指導
1912（明治45・大正１）	8.　鈴木文治ら会員15名で**「友愛会」結成**（日本労働総同盟の前身） この年、米価高騰で生活困窮、一家離散が増加
1913（大正２）	2.　桂内閣打倒・憲政擁護・反官僚の民衆は、政府系の新聞社、警察を襲撃、軍隊出動、大阪・神戸・広島・京都に波及して桂内閣総辞職
1914（大正３）	7.　第１次世界大戦はじまる 8.　日本、ドイツに宣戦布告 10.　大杉栄、荒畑寒村ら月刊「平民新聞」創刊
1915（大正４）	8.　友愛会、「労働新聞」創刊、21支部26分会に発展
1916（大正５）	4.　堺利彦の「新社会」増刊号「労働組合」を発行 9.1　「工場法」施行 11.　河上肇の**「貧乏物語」**、朝日新聞に掲載開始。中条百合子、「貧しき人々の群れ」発表、 この年、吉野作造、民本主義を主張、“大正デモクラシー”論議盛ん
1917（大正６）	3.12　ロシア・ペトログラードに労兵（労働者・兵士）ソビエト成立、ロシア２月革命 3.14　北海道・室蘭の日本製鋼所3,000名、賃上げスト、敗北 6.18　長崎の三菱造船所12,000名、３割賃上げスト、勝利 11.7　**ロシア十月革命**、ソビエト政権誕生
1918（大正７）	7〜9　富山県下から**米騒動**始まり、全国に波及 8.　日本軍、シベリア出兵 11.　第1次世界大戦終わる
1919（大正８）	3.　朝鮮、独立宣言、“万歳事件” 3.　コミンテルン（国際共産主義組織・第３インターナショナル）創立 5.　渡政（渡辺政之輔）ら全国セルロイド職工組合結成

（注）佐藤秀一追悼録刊行会編『佐藤秀一追悼録』（路人舎、1988年５月刊）、「佐藤秀一略年譜」より作成。以下の年表も同じ。

として、わざわざ焼きを入れて真槍にして持ってくるというようなことをやって、すさまじいんです。

メーデーに行くと、「聞け万国の労働者」にしても、軍歌にもなるような歌の替え歌でしょ。勇ましいんですよ。そしてのぼりは「八時間労働制の制定」とか「社会主義鎮圧法の撤廃」とかね。そののぼりが上がったと思うと、それが横揺れになぎ倒されて、その周りをあごひもの警官が囲んで、印半纏《しるしばんてん》の労働者や菜っぱ服の労働者をトラックにほうり込んでるんですね。そんな光景を眺めて、恐ろしさと同時に、すごいなと思いましたね。こっちの会場では、取り残された巡査がみんなに袋だたきにされ、あわててあごひもの帽子をかかえて逃げ出している。そして入り口から増上寺にかけては、金ピカの飾りをつけた警視総監がオープン・カーに乗って騎馬警官がずっと警戒しているしね。労働者も、自由労働者なんかはゲートルを巻いて、骸骨を染め抜いた黒い旗なんか持って参加しているわけですよ。これはアナーキストですね。ボル系といわれるのは、いま言ったように帆布に書いたりね。日本労働総同盟の旗は縁《ふち》に飾りをつけた旗でしたが、そういうのが非常に印象に残っています。

そういうふうに一つのデモンストレーションに参加することが、自分が労働運動の中の一人の人間になっていくんだという自覚になってね。そして帰って来ると、その日の出来事をいろいろ話すんですよ。いまの人は、「聞け万国の労働者……」という歌を聞いても大して感激しないでしょ。僕らの場合はあの歌が本当に身にこたえたですね。内容もそうだし、あのメロディは軍歌調ですけれども、それも戦闘性があるわけですよ。本当に血わき肉おどる思いでした。おそらくあの当時の労働者はみんなそうですよ。あのメーデーの歌一つとってみても、当時の労働者がどういう気持ちで労働組合に参加していたかということがわかります。あの歌の文句がいいということではなくて、あの歌そのものですね。ですから、それをよ

年表　労働・社会運動の潮流：大正時代（２）

年（大正）	（月.日）
1919（大正８）	６．　東京俸給生活者同盟発会式
	７．　博文館スト
	８．　下中弥三郎ら埼玉県教員を中心に「啓明会」結成、「啓明」発行
	同．　東京砲兵工廠の職工ら小石川労働会を結成、８時間労働制などを要求してスト
	同．　大阪砲兵工廠に「向上会」結成、その他、足尾銅山、東京市電をはじめ各地･各産業に労働組合が組織される
1920（大正９）	１．　労働、思想団体43で「全国普選（普通選挙）連合会」結成
	同．　「啓明」誌に論文“教員も労働者である”掲載
	２．　友愛会など「普選期成、治警（治安警察）法撤廃関東労働聯盟」結成
	2.11　東京で111団体・数万名の普選大示威行進
	２．　八幡製鉄１万数千名のスト（“**溶鉱炉の火は消えたり**”）
	３．　**平塚らいちょう・市川房枝**らの「新婦人協会」発会
	４．　東京市電スト
	５．　日本最初のメーデー、上野公園で開催、参加労働団体で「日本労働組合同盟」結成
	６．　高畠素之訳**「資本論」刊行**
	10．　警視庁特別高等課に労働係新設
	10.3　友愛会８周年大会で議会派と直接行動派と論争
	11．　友愛会東京労働講習所設立
1921（大正10）	７．　上海で中国共産党創立大会
	7.3　モスクワでプロフィンテルン（国際赤色労働組合組織）創立
	10．　大日本労働組合友愛会を**「日本労働総同盟」**と改称
1922（大正11）	３．　全国水平社創立
	４．　日本農民組合創立
	同．　治警法改正で婦人の政談集会参加と発起を許可
	７．　**日本共産党創立**
	９．友愛会日本労働学校開校
	10．　渡政ら南葛労働協会を組織
1923（大正12）	１．　「婦人参政権同盟」結成
	２．　過激社会運動取締法・労働組合法・小作争議調停法の制定反対、および普選即行のデモ——東京、大阪、京都、八幡などで挙行
	３．　野田醤油争議
	４．　「赤旗」創刊
	６．　第１次共産党事件（堺利彦ら逮捕）
	９．　関東大震災—東京・亀戸署で南葛労働組合の闘士10名、軍隊に殺される（亀戸事件）、甘粕憲兵大尉、大杉栄ら３名を扼殺

く理解できれば、戦前の運動のあり方がだいたいわかりますね。

それから同志愛ということ。これはいまとは本当に違いますね。昔はそういう点では新しい人間で、お互いに親兄弟よりも大事なんだということはありましたね。僕なんか少年でしょ。だからみんながかわいがってくれましたよ。おっちょこちょいだから、松坂屋の前で治安維持法反対のデモをやったとき、巡査がいるとみんな黙っちゃうから、自分一人で「赤旗の歌」を歌ったら、たちまち捕まって、トラックの中へおっぽりこまれて車坂のブタ箱にぶちこまれてね。「ああ、こんな所に長い間いるのは大変だな……」と思ったり……(笑)。とてもかわいがられていたから、釈放されて帰ると、みんなが「おい、大丈夫かい?」なんて言ってくれてね。

労働運動に入ることで新しい世界に入ったというとちょっと大げさだけれども、自分の人生観というものも、哲学的に言えば唯物論の立場に立って物を眺めるんだということよりも、資本と権力に対して刃向かっていく一員になったような、非常に素朴で、非常に感覚的ですよね。社会のあり方を体得し、こうしなくちゃならないというふうなことで、運動の形なんかも非常に素朴で、大工場の資本家も零細企業の資本家もみんな同じですよ。

当時は組合に入ると、まず警察の監視下に置かれると同時に、ブラック・リストを作られて、それが一生ついて回る。ですから大きな工場へ入ろうとする場合は、変名で入るというような形もあるわけです。いまの人から見ればレベルは低いのですが、気力、闘争心というのは旺盛でしたね。自分が組合に入ったかぎりは、自分の周りの友人たちをめざめさせ、仲間として入れなくてはいけない。同時に、自分自身も勉強して社会主義者たらんとする、という意欲的な気風がありました。したがって組合なんかに行くと、しょっちゅうみんな集まっているわけです。

いまでは賃金値上げなんかのときは集まりますね。その当時は、賃金の問題ではなかなか闘えないということもありましたが、労働組合の内容について一生懸命に研究する。それも、現在でこそ労働組合論なんていうのができているけれども、当時は組合イコール社会主義運動で、体系的なものではなくて、マルクスの『賃労働と資本』なんかがお手本で、それを一生懸命に勉強するのです。それの片言を覚えて、演説会なんかがあると、それをちょっと言葉にはさんでしゃべり、自分がちっとばかり立派な者になったような気分になるわけです。

また、工場で労働歌なんかを口ずさみ、それを知っている仲間がいる場合はとてもうれしくなって、帰りには食堂でご飯を一緒に食べるとか、おごるというようなことで、親密感をもったものです。現在は、組合の話とか社会主義の話をしたって、ああそんなものかなと思うだけですが、当時はそういうことが少なかったこともあって、そういうことを語り合う友がいれば、本当に昔からの友だちに会ったような気分になって、交わりを深くするというようなことでしたね。

僕なんかは子供だったからよけいそうでしたが、それは一般的にも言えるのではないですか。ですから横の交流も、たとえば僕は金属労組にいるわけですが、金属労組の者が出版の労働組合に遊びに行くとか、南葛労働会に出入りするとか、お互いにやるわけです。それも一つの争議があると、その争議を通して交流するというようなことでした。ことに総同盟の分裂がきっかけになりました。毎日のように事務所に印刷労組や金属労組や東京合同労組の若い人が集まるわけです。そこに集まった人のなかには、印刷労組では、ソ連に留学した向仲寅之助とか、向こうへ行って死んじゃった次田正一とか、あるいは伊藤政之助とか、ちょっと主導的な人では安村庸次とか寺西三郎といった人がいました。東京合同労組の方では伊藤学とか舟貝幸作。これはあとで自殺するんですが、日下部千代一ですね。それから南巌さんとか袴田里見。こういう連中が交流するわけですね。

そんなことで総同盟の分裂というのは、あの時期にみんなが交流して、右翼ダラ幹をたたき出して自分たちの組織ができたというような……。いまから考えれば、労働組合というものの任務とか限度なんていうのをわきまえているから、そんなに手をたたいて喜べるわけはないんですが、当時は社会主義運動も労働運動も一緒に考えていましたから、組合が分裂して、自分たちが主体となって左翼戦線の旗上げができた、と。

ですから観念的には、立身出世しようなんて気風はなく、この運動に入ってどんなに圧迫されようと、どんなに悲惨な目に遭おうと、そこで生き抜くんだという気持ちです。やはり当時は、ストライキをやればすぐ治安警察法で検挙し拷問にかけて「主謀者は誰か」と追及するというような時代でしたから、悲壮でしたね。したがって組合の活動家というのは、頭が良くて切れるより、まず勇敢に暴れ回ることが先で、理論研究なんて二の次でしたね。

だから難しいことを言ったりすると、「あのヤロウ、あんなことばかり言ってやがる。問題はどう動いて、どれだけ労働者を味方にしてくるかだけなんだ」ということで、きらわれていましたね。ですから徳球（徳田球一）さんなんかのタイプは受け入れられるわけです。お酒を飲んできて、みんなの前で徳球さんなりのアジテーションをやるわけですから。

共産党の細胞ができる大正十五（一九二六）年の終わりか昭和二（一九二七）年にかけては、だいたい組合の中堅的な人々も勉強して、一応自分の力で内外情勢を分析して、理論を創造するところまでは行かなくとも、たとえばブハーリンの「コミンテルンにおける報告」なんかが翻訳されると、それを要領よくまとめ、それを頭においてしゃべるという形で育ってくるんですね。
これが運動に入った本当の初期ですね。その経過のなかで今度は日本光学に入るわけです。

機械工へのあこがれ

—— 横井さんだけではなくて、その当時、機械工になりたいという少年たちがいますね。これは機械工というものに一つの憧れというか、いい職業だという気持ちがあったからですか。

横井 ありましたね。三次産業というのはまだそんなになかったけれども、軽蔑していましたね。人間としては、職人としての腕を身につけるということで、なかでも次代を背負う機械工というものに憧れるわけです。ことに旋盤工は最も近代的な仕事だということですね。ですから組合のなかにも差別があって、われわれ金属労組の場合は産業構造からしても重要です。ところが東京合同労組のおもちゃを造っている組合の場合は、「なんだ、おもちゃか」とバカにしていたもんです。ただ、階級的に戦闘性があるかどうかという場合は、ひっくり返って、東京合同労組の人たちは元気があったですね。理論的な水準では、やはり印刷工組合の人々が上でしたね。

機械工になる場合、普通は徒弟制度で、三年とか、五年で……。僕らがいたあたりでは、池貝鉄工という所は工作機械で、名家だし、あそこにもやはり徒弟制度がありました。それらの流れが芝一帯にあるわけですよ。

徒弟制度というのは、そこへ入るときに何ヵ年間と約束して前借りするわけです。そういうのが一般的だった。少し大きくなると、そういうことをしない工場もありました。僕らはそういう徒弟制度ではなくて、一般的に工場に入って、旋盤を使うことによって仕事を覚えていったのです。

―― 大きい工場へ入る人と小さい工場から出発する人とでは違うんですか。つまり小さい工場から出発した人の方が、最初から機械にさわれるとか、そんなことがあったわけですか。

横井 あります。なんでもやらなくてはいけないでしょ。戦前までは、大きな工場より町工場育ちの方が腕がいいんだという定評がありましたね、なんでもこなせますから。そして不自由な機械で精巧なものもやりとげなくてはならないでしょ。ただ技能的にはどうですかねぇ。大きな会社は、ちゃんと教育機関を持っていますし、頭脳は大きい工場の人の方がいいんじゃないですか。

―― 町工場から出発したという人は比較的に移動が激しいでしょうね。

横井 激しいですね。というのは、職業も安定してないし、何年たつと賃金がこうなって退職金がこうなるというようなことは全然ありませんからね。ですから「Bの工場で、こういう仕事で、これだけ手間を出すと言ってるが、行ってみないかい」と。そうすると、知っている者を連れて動いて行くわけです。ですから、一人の中心者がいて、二、三人連れて「あっちの工場へ入ろう」なんてことが、小さい工場ではありますね。

―― 大きい工場にいる人も、そのころはまだ動くこともあったでしょ。

横井 日本光学なんていう所へ入ったときには、もうあんまり動いてないですね。日本光学は当時は大きい工場の方です。もう百人になると大きな工場の方じゃないですか。二十人になると一応工場らしい工場と言えます。そしてそのころは、職人上がりの人が工場主ということが多かったですね。

——日本光学時代までを含めて当時の機械工の人たちというのは、都会出の人が多かったですか。田舎出の人もたくさんいましたか。

横井　日本光学に入ったときには地方の人もいましたけれども、それまでは、本城鉄工にしても前の工場にしても、だいたいその地域の人々ですね。若い人たちは知りませんが、二十歳を過ぎている人たちは、住居の関係で地方の人は少なかった。

——生まれが東京の人が多いんですね。

横井　その近所の人ですね。そこへ行くと、重労働、つまり人夫をやるとか、職がなくて体だけ動けばすぐ労働に携われるような、たとえば南葛のああいう所は、地方から出て来た人がいると思うんです。僕らの場合は、地方から出て来るにしても、何か機械の経験を持っている人です。

——工場を移って歩く場合ですが、その範囲はだいたい、東京・京浜ぐらいですか。それより遠くへ行くということもよくありますか。

横井　それはめったにないですね。つまり自分の居住地を中心にして通勤可能な範囲です。そのころから僕の友だちだった小暮元治君なんかはときどき福島に働きに行ったことはありますが、そういうことは少ないですね。

日本光学に入る

――それでは次に日本光学の時代のことですが、ここへお入りになる事情を……。

横井　実は本城鉄工所を辞めて日本光学に入る前に、淀橋の方の工場へ行くのです。そこに石川島の書記か何かをやっていた坪井専次郎という人がいまして、その人たちの所で富川という人も仕上げ工で働いていました。まず二十五、六歳の若い人でしたが、非常にボス的な人で、それが淀橋の工場がつぶれて日本光学へ入り、その人と一緒に日本光学へ入ったと思うんです。大正十三（一九二四）年の夏ごろです。

その十三年ごろというのは、僕は大崎の田所さんの所へ行っているときで、関東機械工組合の組合員になって、もう学校へは行かなくなり、兄貴にひっぱたかれたりして家を飛び出しちゃって、関東印刷労働組合の方に泊まったりしているんです。つまり関東印刷労働組合と南葛労働会と時計工組合と関東機械工組合の四組合が、十三年の春ごろから総同盟に加盟するんです。そのころから印刷組合に泊めてもらって、そこから日本光学に通うんです。安村庸次という人の所ですが……。

――その印刷組合の事務所というのはどこにあったんですか。

横井　富坂です。坂の途中の蔵みたいな家なんですけどね。そこには死んだ大島英夫、橋本英吉、寺西三郎、亀田金司、そんな人たちがいましたよ。伊藤政之助はときどき来てました。どういう関係であそこへ行ったのかな。

日本光学へ入ったときがまだ十五、六ですが、オルグのようなことをやっているわけですね。つまり日本光学にはどういう人がいるか、それを杉浦啓一さんなんかに聞くんですよ。杉浦さんと一緒に活動していた鴨川さんなんて、労働者に似合わずマルクスを研究したりしている人でしたね。それから、池貝鉄工にいた人とか明電舎にいた人とか園池製作にいた人とか、それらの人たちがみんなクビになって日本光学に入っているわけです。私はまだ小僧ですから、油を差しながらそれらの人たちと話をするんです。組合のことを話して賛成してくれる場合としてくれない場合があるんですが、そういう状況を報告したり、こういう人がいるからと言って組合の人に会わせるとかしていたわけです。

そういうことのなかで富川さんが中心になって、あそこへ組合をつくるんですよ。日本光学こう友会というのをつくるんです。工友会だったか光友会だったか、忘れたなぁ。発会式をやるんですが、そこに関東金属の松尾さんかだれか呼んできたんです。富川さんにいやな顔をされましたけれどね。

―― ちょっと系統が違うからですか。

横井 そうそう。これは割合にボスで、組合の背景を持ちながら会社側とボス交渉をしているわけです、自分の労働を高く売るためにね。ですから間もなく彼は失脚します。富川さんが失脚したあとで、志萱《しかや》さんとか岡本藤男さんというのが主力になりまして、それらの人を松尾直義とか杉浦啓一に、僕が仲立ちで引き合わせるのです。そして組織が進むわけです。志萱正慶《しかやまさよし》という人は北海道から出て来た人ですが、これはなかなかいいオルグですよ。これが組合長になったんじゃなかったかな。

―― 志萱という方はいくつぐらいでしたか。

横井 いま生きていれば、八十五、六かな。当時二十五、六歳ぐらい。岡本さんはそれよりちょっと下じゃないかな。

―― 日本光学というのは、いわば軍需工場ですね。当時軍縮（政策）がありますから、会社としては割合不景気だったのではありませんか。

横井　特殊光学機械というのは当時少なかったでしょ。それに軍のことをやっているんで、そう直接の影響はなかったんです。ただ注文が少なかったので単価が低いということで、職人はあまり日本光学には来たがらなかったんじゃないですか。だから、あの当時すでに、他にないのに、社宅制度がありまして、会社から五分ばかり離れた所に棟割り長屋がありました。そこに、呉から出て来たとか、北海道の室蘭から出て来たとかいう人が、募集で入って来るというケースがありましたね。

――　この工場には軍の監督官なんかが来るわけでしょ。仕事をするうえで秘密を守らなければいかんとか、そんなことで取り締まりがあるとかいうことはなかったですか。

横井　当時そんなことはないですね。

――　そこで働いている人には、軍の仕事をしているというふうな特別な意識はありましたか。

横井　なかったですね。会社を通して、ただ監督をするために来ていて、いわゆる軍直轄の工場ではないですからね。

職場の様子

――　工場の様子ですが、日本光学大井工場というのは当時、第三工場まであるんですね。横井さんはどこにおられたんですか。

横井　第一工場です。

―― 人数は？

横井 第三工場まで合わせて三百人ぐらいじゃないかな。

―― 職場で働くときの組織ですけれども、組みたいなものがあるわけですか。

横井 機械工場と仕上工場があるでしょ。たとえば、仕上工場の一組、二組とあるわけですね。一組の組長さんが斉藤さんなら、斉藤組と言うんです。一組が二十人ぐらいいるんじゃないですか。機械工場は二つありまして、僕らの機械工場は斉藤組と児玉組とありました。そして組長が伝票を切り、機械の配置や仕事の割り振りをするわけです。ですから相当権限を持つんです。もっとも組といっても普通、港湾労働者が荷上げするような場合の組ではなくて、生産の工程を管理する親方で、別に親方が仕事を請け、賃金も親方が配分するということではないんです。端的に言えば第一工場の主任とか、そういう意味ですね。そういう組を固有名詞で斉藤組と呼ぶ点は、いくらか人間的な要素が残っている一つの現れでしょうね。

そして、たとえば斉藤組は野戦銃砲の観測器をやるとか、児玉組は潜望鏡の眼鏡を造るとか、組によって分けていました。組頭は、この人にはこういう仕事をやらせる、この人にはこういう仕事を……というふうにやるわけです。ただその配分をするなかに、えこひいきはどうしてもあります。ですから親方は管理者です。戦後は課長も組合員になった時代がありましたけれども、当時、役付きはむしろ組合に反対の立場にありましたね。

―― 賃金はどういうふうになっていましたか。

横井 その当時は非常に単純で、請負いをやらない者は固定給です。付加給としては皆勤賞与とか、そんなもんですね。そして常備給を基準としながら、Ａの仕事を取ったらＡ＝何銭とくるわけです。一時間二十銭のものを三十銭分働けば、それだけ利益になるので、それにひかれて職人はやるわけです。そういう制度が戦前まであったんじゃないですか。

――横井さんの場合、常傭給はいくらぐらいでしたか。

横井 五十銭か五十五銭ぐらいです。

――請負いのいろんなものを入れて、平均どのくらいになりました？

横井 月に十五、六円しか取れなかったですね。食堂に払うといくらも残らないんです。小僧だと、昼休みにお茶をいれるんですよ。月に二回勘定だったと思いますが、そのときにお茶代を十銭くれたかなぁ。二十人なら二十人から集めてお茶を買ってきていれると、いくらかのお小遣いになる。そういうこともありましたね。

――職人になるともっと高いわけでしょ。

横井 ええ、職人になると高いですね。兵役検査を受ける前は職人扱いされないんです。それまでは徒弟とか若い衆扱いですね。

――その間は、家から離れてしまうと食べるのが大変ですね。

横井 僕なんか家を出て初めて親のありがた味がわかったというか、床屋へ行くんだってお風呂屋へ行くんだって、自分でお金をひねり出さなくちゃいけない。床屋とかお風呂屋とか着物とか下駄は、それまではみんな親が出してくれたわけです。自分で買って初めて、ああ親って大変だなと思ったですね。僕は十五、六のときからそうしてやっていますから。

――労働時間は？

横井　日本光学は良かったですね。七時半から四時までで、休み時間が三十分です。実質八時間です。それに残業が二時間ぐらいあったんじゃないですか。でも、たいがい、帰ってたなぁ。

青年労働者の待遇

――いま横井さんがおっしゃった賃金は、その年ごろの人としては一般的なものでしょうか。

横井　そうだと思いますね。いや、ちょっと安かったのかなぁ。そして労働者つまり職人が四、五十円じゃないかな。いまは、中学校や高校を卒業して会社へ入っても、初任給がそんなに一般の人々と違わないですね。何倍というほどではないですね。僕らの場合、職人と小僧とでは三、四倍違ってたんではないですか。

――十七、八になると、仕事の能力の点では職人とあまり変わらなくなるんではありませんか。

横井　変わらないんですが、日本光学の例をとれば、やる仕事が決まっているんですよ。

――そうすると、あまりお金にならない仕事しかやらせてもらえないということですか。

横井　そういうことですね。だからそういう不満もあるわけです。

――当時「同一労働同一賃金」のスローガンがありますね。

横井　一般的なものとしては、よくそれを口にしましたね。仕事以前に、もう十八、九になると腕も伸びてきたし、こなせる力もある。それが評価されないと不満ですね。しかし賃金については、親元から通ったりする者は、わりあい親がかりになりますね。ですから「同一賃金」ということは、精神的なものが強かったのではないかと思います。技術的にも二十歳の人がやる仕事と四十歳の人がやる仕事は、内容的に片方は粗くできている、片方は総合的に見ればいろんな点で技術能力を発揮できるんだ、と。そういう感情もあります。また一つには、現実的な問題としては遠い、と。「同一賃金」ということを叫びはしても、ぜひとも勝ちとらなければならない、というところまでは燃え切らない。いま、「最低賃金制の確立」ということを叫んでいますが、それと同じようなものじゃないかな。実現がちょっと遠い。要求は持っているんですけどね。

いまみたいな生産設備で、腕ではなくて機械がしてくれるというような時代で、二十歳の人と五十歳の人と同じ仕事をやっているにもかかわらず賃金が違うのはどうか、と。そういう意味とは当時のは違っていると思います。

―― 当時の若い労働者は、横井さんも先ほど夜学へ行ってもう少し勉強しようという意思がおありだったということでしたが、そういう意思を持つ人は、割合に多かったのではありませんか。

横井 多かったです。立身出世ですね。修身の影響でしょ。

―― 内容はやはり自分の技能を向上させるということなんでしょうね。

横井 また、そのことによって社会的な地位を得たいという願望ですね。

―― 将来の希望としては、だいたいどこらへんまで行けたらいいなと思っていたんでしょうね。

横井 私は機械技師になりたいと思いましたね。旋盤工になって、技師ぐらいになりたい、と。つまり工場の作業指導ができるくらいになりたいということですね。

いまはテレビが発達しているし、物を造るということではなくて、流通過程に入り込んでうまくそれをこなせるという才能が認められれば、労働者出身の人でもかなり伸びられますが、僕らの時代は職業の幅も狭いし、努力によって無限の可能性があるんだ、というふうな環境ではなかったですね。ですから「少年よ大志を抱け」という言葉はあるけれども、僕らの時代は、われわれ働く者には現実性のある言葉として受け取られていなかったと思います。良家の人々は違いますよ。良い学校にも行けるし、学校を卒業してお役人になるような人は、「大志を抱け」ということであったかもしれませんがね。

城南の労働運動

――日本光学の周囲のことを伺いますが、横井さんはよく城南とおっしゃいますね。城南というと、だいたいどこからどこらへんまでですか。

横井 新宿は西部になりますから、世田谷から芝（現在の港区）、大森まででしょうね。蒲田まで行くと城南のはずれで、あれは京浜になるんじゃなかったかな。山手線の田町から渋谷あたりまでじゃないですか。

――それが運動の方でも一つの地域を成しているということですか。

横井 そうですね。城南というのは城の南ということで、天皇制の意識の一つの現れなんだろうな。ただ、城南というと言いやすいのか、労農党の場合でも城南支部というのがありましたね。

もう一つ城南という言葉のなかには、機械工場の中心地だという一つのプライドみたいな意味も含まれているんじゃないですか。賃金も、芝、大崎あたりと板橋とか本所のあたりと比べると、二割ぐらい違ってるんじゃないですか。職人のこしらえるものにしても、本所あたりの人はオモチャをこしらえるのが上手だけれども、非常に安いわけです。こっちはオモチャなんていう産業は少ないし、技術的に器用さはないけれども、根幹的なものをやっているという気持ちがありましたからね。

――当時の東京にすれば、比較的大きい工場が多かった。

横井 そうですね。東京で大きいといえば芝浦製作所、日本電気、沖電気、池貝鉄工クラスですけれども、町から離れた所で、土地も安く広々として、工場を造れるという関係もあったりしたんでしょうね。日本鉄工なんかで発動機をやるといえば、川もあったしね。池貝もやはり芝浦の海が近いし……ということでね。

比較的早くから労働運動も起こっていました。僕が小学校ぐらいのとき、大正七、八（一九一八、九）年でしたか、よくストライキがありまして、若い兄《あん》ちゃんたちが三々五々そこらをのし歩いて、「ばかなことをして……」と、おふくろがよく言ってましたよね。僕がいたのは麻布ですから、池貝鉄工所もあるし日本電気、沖電気もあるし、それにまつわった小さい工場があるし、それらの労働者がストライキを起こすと、みんながあっちこっち歩く姿が見えるわけですよ。

――同じ日本光学の豊岡工場も、そうした工場の一つですね。

横井 僕が組合運動に入ったころには、豊岡の日本光学にはもう運動家がいましたね。もう社会主義運動に近い運動をしていました。ちょうど大正十一（一九二二）年に総連合が失敗して、十二（一九二三）年の春から関東のボル系の人々が中心になって『労働組合』という機関誌を出すわけです。その編集発行者の笹沼耕作という人は、日本光学に入っていましたね。それから田辺幸則さんとか沼尾義一郎さんです。

それらの古い人と伍して関根晃信さんが、たしか震災の翌年ぐらいに入ってくる。そんな関係から、大井工場には組合はなくとも、あの近所に豊岡工場の人々が影響を与えていたんじゃないかな。僕らはやはり影響を受けていますよね。

職人と素人工

—— 大井工場では機械関係はほとんど全員組織されたわけですね。

横井 そうです。機械関係、仕上げ関係ですね。それに基づいて、小さい部門の彫刻関係などもそうです。レンズ関係は奇妙なことに、あの同じ棟の工場にいて、組織しようという意識を起こさないんだからね。ばかにしちゃっていて、単能工だということでね。それがおかしいんだな、その当時の指導者というのは。関東金属労働組合の方の指導者でも、本来なら全部固めなくてはいけないんだけど、そういう指示はしなかったですね。

　組織して、それを自分の所で取りたいけれども、質的にどう闘争をやるかという指示はあまりなくて、組織の上の方は上の方で、思想的・政策的なものを自分たちが形づくるので、手いっぱいだったんじゃないかな、あの時期は。だから日本光学の場合でも、組織の指示は来ない。むしろ日本光学で健康保険制度が布《し》かれるというので、それにどう取り組むか、日本光学自身、では労働者の手でこれを管理してやろうじゃないかということで、岡本さんなどが中心になって打ち出すわけです。それで非常に評価されているんです。

そういう現場の闘争から逆に本部の方が教わっていくという面があったようです。だから日本光学の組織ができると、今度は瓦斯《ガス》電気の大きい工場、いまの「いすゞ」ですが、あそこは自由連合派の拠点です。拠点だけれども、わりあい近いわけです。それらと地域的な運動をどう起こすかというような指示は、ほとんどなかった。ないというのは、本部にいる人たちの能力の問題ですね。と同時に、内容的にはあの当時、モスクワからの問題や党内のいわゆる左翼組織をどうしていかなくてはならないか、というようなことを含めての問題で手いっぱいだったんじゃないのかな。そこへもってきて、今度は福本和夫さんの思想が入って来るしね。

――レンズ工の場合ですが、レンズ工というのはレンズを磨くんでしょう。何人ぐらいいるんですか。

横井　五十人より上ですね。百人はいなかったと思いますが、相当大きい数だった。主として男ですが、賃金は安かったと思います。あれは技術者というより、なにか素人工の扱いをされていましたね。

――昭和二（一九二七）年に豊岡工場の方で争議があって、そのときに素人工の問題というのが出て来るのですが、素人工というのは、少し齢を食ってから入って来たような人のことを言うんですか。

横井　いや、特定の技術を持っていない人のことですね。

――素人工の場合でも、同じ機械工場にいれば組織するわけですね。

横井　そうです。たとえば雑役夫なんかはそうです。しかしなんとなく職人と素人工というのは差別していますね。これは搾取制度の反映で、しようがないんだけれども。

当時、たとえば農村からいきなり出て来て労働者になれるかというと、なれないことはないんですが、ただいわゆる職人にはなれないんですよ。ですから日雇いとか素人工ですね。職人は、やはりその土地で生まれて、学校を卒業するとすぐ機械工なら機械工の親方の所に入るんです。たとえば中学を卒業してぶらぶらしていて、労働者になりたいと言っても、いやがるわけです。職人としてやるには、やはり小僧からやらなくちゃいけないんです。

請負制度

――組織をしていく場合ですが、請負制度が労働者に不利なようにできていて、これが組織のきっかけとして大きな意味を持っていたということがありましたね。

横井 請負というと、自分の能力を際限なく発揮したいということで、かなり能率が上がるわけです。また、そういうことによって他の人々との差もできますよね。十時間でやるものを、十一時間かかる人と九時間かかる人と出てきます。ところが、一方では会社の方で、十時間のものが九時間でできるんだし、だから、もう少し単価を削って請負わせる、と。

実際問題としては、十時間でやるものをみんな五時間ぐらいでやっちゃう。そうすると会社の方で、ある時間まで認めて、残りの時間の利益を取り上げてしまうわけです。組合ができるまではそれが野放図だった。どんどん下げるんで、これではたまらないからというので、組合ができたところで協定しはじめたのです。五時間で止めなくてはいけないものを四時間でやった場合、その一時間分は、今度は組合の方でプールするわけです。そういう制度をとりましたね。それ以前は会社がそういうふうにピンハネしてくるんで、これが闘争の題目になってくるわけですね。

――『無産者新聞』にそのことの記事が出ています。

横井　そうそう。その記事は僕が書いたんだと思います。『無産者新聞』に二回ぐらい投稿しているから。会社が、「これを一円で、一時間でやれ」として、労働者がそれを三十分でやっちゃうとしますね。そうすると、単価を半分に下げてしまう。工程係というのがいまして、時間をずっとつけているんですよ。こういう請負制度は戦前は一般的でした。

――職人たちの場合は自分の腕に自信があるわけですから、運動なんかやらなくたって少し時間を多く働けば手間は取れるんだから、という形が出てくるようなことはなかったですか。

横井　組織化以前にはそういうことがあったでしょうけど、組織化が成ると、資本に対して一定の自主性を持つわけです。つまり装置よりも人間の主体的な働きによることが多い時代です。だから、その人が自分の労働力を高く売るためには、自分の周りの者をまとめてやらなくてはいけないわけです。親方の周りに何人かついているから、辞めて他へ行く場合でも、それに四、五人がついて行くというケースが往々にしてありましたね。そういう職人にさきの『資本主義のからくり』なんかを読んだ人がいると、非常にすごいんですよ。ところがそうじゃなくて、ただ親方的だと、ある程度まで運動が進むと離れちゃってね。ですから組合運動をずっとするのは、やはり若手ですね。

ですから僕たちが組織運動をやるとかストライキをやる場合に、柱になる人をまずつかめ、と。つまりその工場で、もちろん能弁家ということも大切ですが、その裏づけとして、なんでも仕事をやりこなせる親方的な人をつかむということですね。その工場において中心的な、影響力のある人をつかめということでしたね。戦後になると、人というよりも、どこの職場が大切か、でしょう。ところがわれわれのときには、人が中心になっていたわけです。

「計画的組織」

――評議会ができてから、もう少し組織を計画的・持続的にやらなければいけないという考え方が出てきますね。オルガナイザーを養成して各工場を意識的に組織するということがありますでしょ。

横井　それはむしろ小さな東京合同組合あたりが非常に典型的にやっていましたね。最初はどこどこを目標にするということで、そこで問題点を拾い上げ、実行委員会というのを組織して……。

――それは工場のなかにですか。

横井　いや、表からです。そして、そこの労働者と渡りをつけるんです。渡りのつけ方なんかも、そこの工場でビラをまき、労働者の反応を見て、非常に喜んでもらって行く労働者には、その人との関わり合いをつける。つまりその人たちがめし屋に入ると一緒にめしを食いながら話し合うなかで、自分たちの意図する目途を進めるために、その労働者から聞いてさらに問題を再び工場に投げかけ、工場を揺り動かして組織するという方法です。そういうことを東京合同組合ではよくやっていましたね。

関東金属組合の場合は、たとえば日本光学や芝浦はもちろんオルグがいるし、それらの若い人たちが集まって、どこそこの工場をオルグしようじゃないかということはやりました。僕らは、できている青年部のなかに青年同盟をつくるとかなんとかいう仕事をやっていて、実際に組合をつくったのは、福助足袋から分かれた鬼足袋というのが大森にあって、小暮元治君なんかはそこを組織するために入り込んだということもありますし、小さい工場はかなりあったと記憶してますが……。

その点で最も典型的なのは、昭和二（一九二七）年の金融恐慌のときに賃金不払いについての工代会議（工場・職場代表者会議）の提唱、それはすさまじかったですね。いままで左翼が孤立していたのが、組合同盟系の人なんかとも渡りがついて、ことに江東の方は木材の労働者も立ち上がるとか、未組織の労働者も工代会議に参加するとか……。二年目になるとそれはだめになりましたが、一年目は非常に素晴らしいもので、「工代会議日報」なんていうものを田中長三郎さんが関東金属組合の書記をやってまして、ねじり鉢巻きで毎晩ガリ（謄写板印刷の原紙）を切って、それをみんなに配るというようなことでした。

東京合同組合の人たちがどうしてそういうふうになったかというと、われわれ金属組合の場合は工場に落ち着いて働けましたが、合同組合の人々は職業紹介所に行って日雇いに出るとか小さい雑貨工場に入るとか、身分が定まっていないということから、どうしても組織が大きくなくてはいけないということが本能的に要請されているということで、東京合同組合の人たちの方が活発に動きましたね。

「団結」をどう考えるか

―― あるとき、あるところの労働運動がどのように高揚するかということも一つの視点ですが、同時にそこの現場にいる労働者と活動家たちとがどういう原理で接していくかという問題がありますね。先進的な労働者の意見をなるたけ職場で通していくという運動になるとすると、先進的でない労働者にすればいままで会社の秩序のなかにおったのを、新しく階級的価値観を持ってきて、それでもって支配される以外にない、という側面もあるわけですね。先進的とか後進的とかいうのではなくて、どんな労働者でも、百人いれば百分の一の重みがあるのではないかということを戦前はどう考えていたのでしょうか。

横井　それは置かれている環境が戦前といまとでは違いますね。いまは、怪我をすれば労災法もあるし、職業病の認定もある。曲がりなりにも年金もある。ですから、そういう労働者は一つの自分なりの考えを持つ。

ところが僕らの初期の時代は無権利な状態で、労働環境もお粗末だし、怪我をしたって死んだりしたって「ヤツはぼんやりしてたからだ」で片づけていたわけです。ですから一つの問題があって、それをやる場合も、非常に環境が厳しいのです。資本家と同時に権力の圧力もあったし、だから疾風怒濤のごとくにやらないといけない。ですから押しつけになるし、むしろ押しつけ以上の強迫もありましたよ、「参加するのかしないのか」と。

その点では戦前のは強引ですね。そして、やった結果、成功した場合は「それ見ろ」ということで、争議やなんかでも、いい地歩を得たときに、その時機を逃さずに人物を養成しなくてはならない。指導者はよくそういうことを見抜いて、あそこだったらどうすればいいかと、それに目をつけて特別に教育するわけです。つまりオルガナイザーの養成なんかをやるわけですね。

――　問題が大きいときは、強迫してでも団結してぶつからなければならんけれども、切羽詰まった問題でないときは、かなりあっち向いたり、こっち向いたりという状況が出てくる。労働運動というのはそんなもんじゃないかなと思うのですが、そのへんどうでしょう。

横井　長い時間の場合はそういうことでしょうけれども、戦前の運動というのは時間的には非常に短いですよ。私たちの運動はわずか四、五年でしょ。総同盟が、初めは労資協調の友愛会から労働総同盟になって組合の形をとりだした。これが大正十（一九二一）年ごろですね。さらに社会主義を目指すような労働運動の姿をとった日本労働組合評議会ができます。これが大正十三（一九二四）年から昭和三（一九二八）年までの六年で切られるわけです。そして「三・一五」弾圧事件以後、「日本労働組合全国協議会」（全協）というものができるけれども、全協の運動というのは評議会の余韻の運動で、労働組合運動としての姿じゃないですよ。そういう短期間の運動でしたからね。闘争の起きてないときは、もちろんいろいろな考えの人もいる。ただし、その場合でも、しょっちゅう思想闘争はやってました。組合の行事なんかに来るとか来ないとかいうことが、一つのバロメーターになりますね。来ない人に対しては、どうして来ないんだとか、闘争が起きたときにも、一緒にやらない者を呼び出して、どうしてみんなの問題に参加できないのかということでやるとか、そういう形をとりますね。だから、どういう時代にあったかという時代背景というものを考えないと、論じられないと思います。

労働者の意識というのは、いまは高等学校を卒業して来る人が一般的で、ことに戦後は自我意識が強くなっていますね。戦前は、まず労働者としての惨めな立場自身についてどう考えるか、ということをはっきりさせなくてはいけなかったわけです。ですから、思想闘争をやる場合にも、各人の立場というものがいまみたいによくないから、これでいいのかということで、立ち上がろうとします。ところが「そんなこと言ったって、キミだめだよ。資本家がいるからこうして働かしてもらってるんだ」という意識が一般的でしたね。それを改めてもらおうという運動は、運動する者にとっては絶対に必要なんだ、と。ですから非常に執拗に、あるときは喧嘩をし、あるときは遊びに行きながらやるということでしたね。いまの場合

労働組合への組織状況と争議状況――発展と崩壊

年	労働組合数	労働組合員数	スト件数	スト参加人員数
1913（大正2）			47	5,242
1914（大正3）			50	7,904
1915（大正4）			64	7,852
1916（大正5）			108	8,413
1917（大正6）			398	57,309
1918（大正7）	107		417	66,457
1919（大正8）	187		497	63,137
1920（大正9）	273		282	36,371
1921（大正10）	300	103,440	246	58,225
1922（大正11）	398	137,381	250	125,750
1923（大正12）	432	125,551	270	36,551
1924（大正13）	469	228,278	295	48,940
1925（大正14）	457	254,262	270	32,472
1926（昭和1）	488	284,739	469	63,644
1927（昭和2）	505	309,493	346	43,669
1928（昭和3）	501	308,900	332	36,872
1929（昭和4）	630	339,085	494	60,840
1930（昭和5）	712	354,312	763	64,933
1931（昭和6）	818*	368,957		
1932（昭和7）	932	377,625	778	46,025
1933（昭和8）	942	384,613	525	35,880
1934（昭和9）	965	387,964	562	42,149
1935（昭和10）	993	408,662	531	31,853
1936（昭和11）	973	420,589	498	26,772
1937（昭和12）	837	395,290	530	53,429
1938（昭和13）	731	375,191	224	12,769
1939（昭和14）	517	365,804	290	20,640
1940（昭和15）	49**	9,455	239	24,152
1941（昭和16）	11	895	159	10,867
1942（昭和17）	3	111	173	9,625
1943（昭和18）	3	155	292	10,626
1944（昭和19）	0	0	216	6,627

（注）佐藤秀一追悼録刊行会編『佐藤秀一追悼録』（路人舎・1988 年 8 月刊）佐藤秀一略年譜」より作成。* 印は、組織率が戦前最高の 7.9 %、** 印は、組織率 0. 1 %、　産業報国会 6,049（102,799 事業所）、加盟者数 4,815,478 名。

は、かなり個として感受性を持っている。その点はやはり違うんじゃないですか。

だから当時の運動は、労働組合というのが労働者の労働力をどう売るかということと同時に、資本制をなくさなければいけないということと結びついていましたから、いまから見れば、赤色労働組合主義うんぬんと言われますが、当時は労働者の運動の成長と同時に、環境がそういうことだったから、あながち赤色労働組合主義が間違っていたとは言えないと思うんです。結果的には間違っていたけれども、なぜそういうことが起こったかというのは、やはり注釈をつけて考えないといけないのではないかという問題がありますね。

総同盟の刷新運動へ

―― 大正十五(一九二六)年の二月に日本光学の大井工場に争議がおこりますね。これをつうじて大井工場が関東金属に参加していくことになります。

横井 あのときは二週間くらいやったのかな。籠城しましてね。

―― 警察の方の記録では、二月十八日から始まって三月二日ごろまでですね。

横井 二週間ですね。もっと長くやったような気がしましたけれどね。このときは、こっちの条件はかなり良かったんです。犠牲者は一人も出ないし、組合も士気が上がったし、青年たちがうんと出て来たし。当時は「眼鏡《めがね》工場」と近所で言われていたんですよ。あと大きいのは後藤毛織といって鐘紡の毛織会社があって、ああいう産業ですから、これは寄宿舎制度もあったし、それらの人々が若い青年と交流を始め

年表　労働・社会運動の潮流：大正時代（３）

年(大正・昭和)	(月.日)
1924（大正13）	２．東京東部合同労組（旧南葛労働会）、関東機械工組合、総同盟加入 ３．新潟県木崎村に小作争議 ６．嶋中雄二、青野季吉ら無産政党結党を目指して「政治研究会」結成（翌年８月、嶋中ら右派脱退） この年、１月沖電気、３月足尾銅山、５月博文館、大阪ガス、大阪鉄工・因島、三池製作所、ダンロップ・ゴム、6月森永製菓、野田醤油、日本セルロイド、８月別子鉱業所で争議
1925（大正14）	２．治安維持法・労働争議調整法・労働組合法の３悪法反対のデモ――東京はじめ各地で挙行 ３．普選法案修正・治安維持法案改正可決、 同.総同盟、印刷工連合など30余組合で関東労働組合を結成――失業防止・治安維持法反対を決議 ５．総同盟を除名された左派組合、**「日本労働組合評議会」**を結成 ８．日本農民組合のよびかけで、第１回無産政党組織準備会開催 ９．日本共産党・合法機関紙「無産者新聞」創刊 12．学連事件（初の治安維持法違反適用）、農民労働党（書記長・浅沼稲次郎）結成・即日結社禁止 この年、**福本イズム全盛**、出版産業スト――日清印刷、秀英社、精美堂など
1926（大正15・昭和１）	１．共同印刷の2,300名、操業短縮に反対し、ストー工場閉鎖・全員解雇と60日間にわたって闘う ２．労働組合法政府案に反対デモー東京、大阪、京都、岡山、横浜、神戸 ２．18～３．２．**日本光学大井工場争議** ３．左翼３団体を排除して「労働農民党」結成（委員長・杉山元治郎） ４．浜松・日本楽器、1,200名、待遇改善スト、105日間にわたる ５．新潟県木崎村で４年越しの小作争議激化 ８．**「全日本無産者青年同盟」**結成 10．議会解散請願全国協議会、大阪で開催、この運動は労働農民党に左派への門戸開放を促す 12．評議会、日農などで労農党支持の統一運動、労農党、大山郁夫を委員長に左翼無産政党として再出発、日本共産党再組織・山形県五色温泉で第３回大会開催
1927（昭和２）	**金融恐慌**始まる――４．３週間のモラトリアム施行 ４．評議会、全国各地で工場代表者会議の運動を展開 ５．評議会、第３回大会で「組合と政党の混同的傾向を脱し、日常経済闘争を重視する」方針を決定

ました。それから、駅の近くに三菱鉛筆があったし、東京電気の工場があったんですが、それらに対しての影響力が非常に強まって、労働者の団結の必要についての気風をつくり、そうした影響を与えたということは、あの近所の人たちが「眼鏡工場の人たちはいい、いい」と言う声から感じていましたね。

――そのころ横井さんご本人としては、まだ大井工場が関東金属組合に参加してないけれども、関東金属組合の本部なんかに、しょっちゅう行かれたわけですか。

横井 泊まってたんですよ。大正十三（一九二四）年の十月かな、関東同盟の大会があるんです。そこで渡政（渡辺政之輔）を先頭にして内田議長の横暴に抗議して退場するんですね。それを機会に出版労組の若い人たちと知り合いになって、それで僕は出版労組の方に泊まるんじゃないかと思います。そして出版労組の人々と懇意になるわけですね。

それから総同盟に革新運動を起こすというので、「総同盟革新同盟」というのができたんですね。その革新運動の中心は渡政なんですが、むしろ山懸（山本懸蔵）さんとか杉浦啓一なんかは、相当まずいのではないかと思っていたんじゃないですか。ところが渡政は非常に感情的ですからね。もちろんわれわれ若い者は、分裂というより、われわれがむしろ右を追い払ったということで意気を上げたということです。春日庄次郎なんてその急先鋒ですよ。まだまだあの当時の春日庄次郎は、渡政、杉浦啓一をAとし、われわれがCとすれば、その中間ぐらいの活動家です。彼はあの当時はやりのオールバックにしてロイド眼鏡をかけ、大声で演説するというタイプの人でしたね。それで羽振りを利かせていて、目立つから、除名組は春日庄次郎、立松市太郎とか。河田賢治はむしろ総同盟の右派の幹部政策で排撃の対象になったわけです。それらの関係もあって事務所を分けることになって、総同盟の芝園橋から三田四国町に二階屋を借りて移ったわけです。そのときに僕はレポーターをやりながら評議会にずっと泊まっていました。僕が泊まると同時に、中心者の山懸が夫婦であそこへ泊まって、間もなく『労働新聞』が発行されるわけです。僕は一号か二号に少年工として投稿してますよ。それが載っているはずです。

そういう関係で、日本光学の組織化が割合に緊密に運べたということがありますね。わざわざ本部に行くのではなくて本部にいるから、工場にいてすぐ様子を幹部に伝えることができたわけです。そして杉浦啓一が、一緒にやった人たちが日本光学にかなりいましたから、あの人と会えとか、この人の話を聞いてみろとか指示しました。

少年レポとして

僕は政策的なことは子供だからわからないのですが、評議会（日本労働組合評議会）創立過程のその場に居合わせたことで、思い出がある。大正十三（一九二四）年に四組合が総同盟に参加することは、震災でみんな痛めつけられているし、その前年に総連合で失敗しているし、どうしても組織を大きくしなければいけないと同時に、総同盟になだれ込むということが必要だったわけです。

そして第一次共産党事件の検挙や牢獄における態度で、徳球さんとか渡政さん、杉浦さん、田所さんという若手の間で精神的な信頼感が生じていて、そういうことをてこにしながら、四組合はとにかく入って行かなくてはならない、ということになったということですね。そういうことをよく田所さんは語っていました。徳球さんはお金をこしらえてくるのがうまいから、杉浦さんや田所さんや渡政さんに同じワイシヤツを買ってきてプレゼントするんですね。「これ徳球さんにもらったんだ」と言って着ていました。そんなことをしながら、今度は四組合の合流が実現して、そのなかの時計工組合と関東機械工組合と関東鉄工組合とが合流した。大会が二月だったかな、

――河田賢治が主事になるという、その大会でしょ。四月ですね。

横井　そうそう。それでもめたりなんかしましてね。非常に活気のある大会でした。それで今度は関東同盟の大会を迎えるわけです。そのころになってくると、左翼の進出と同時に、組合の右傾化が進みました。特徴的なのは岡部電機の労務に土井直作が入ったことですね。労働運動をやっているのが労務に入るのは何事だということです。当時のわれわれから見たら、完全な資本の走狗だということで、その問題を中心に大会でやるわけです。そんな場面を見ながら僕は教育されてくるのです。

もう一つは、関東同盟から分かれて評議会ができ、刷新運動のメンバーから毎日のように電報が来るわけです。東京では造機船工労組合。これは三千名の組合ですが、わが評議会に加盟するとか、それはとってもうれしかったですよ。それから大阪電気労働組合が参加するとかね。

そんなことで大阪から人が出て来ると、山懸さんに、こういう所へ案内しろと言われましてね。細かい指示は与えないんですよ。細君が「もう少しよく教えてやらないとダメじゃない」と言うと、「そんなこと教えなくたって、横井君はちゃんとやるんだから」とおだてられちゃって、案内するわけです。

それから、農民労働党ができる前に京都からいろんな人が来るんです。国領伍一郎さんなんかは、評議会へ直接来るとまずいんで、三田の豊岡工場の事務所へ来て、豊岡の事務所から今度は僕が神田の旅館へ案内するんですよ。よく神田の旅館を使った。杉浦啓一さんなんかでも、一応合法的には住んでいても、

その家を知らせないんで、その旅館へそういう人たちを案内するとか、僕のその当時の仕事はそんなことでしたね。そんなことしながら日本光学に通っていたわけです。

第二次共産党をめぐって

横井　田所さんは、ずっとあとになりますが『無産者新聞』ができて、あの人も行ってましたね。そこを辞めるいきさつだとか、佐野学さんと荒畑寒村さんとの関係とか、佐野さんが非常に主体性がなくて、幾日もたたないのに前に言ったことをひっくり返してしまうので、それではとても信頼できないということなどを……。それから福本和夫さんは、理論上の問題ということもありますけれども、運動者としての経歴のない人で、そういう人を即座に共産党の主要な地位に就けるなんてことは理解できないとか、そういうこともわりあいに話してくれました。

荒畑さんなんかに対する評価も、「いい人だけれども感情家で、組織の指導ということになると問題があるんだよ」なんて言ってね。それから近藤栄蔵さんがお金を使い込んだことについてもね。だいたい田所さんの傾向は、アメリカ帰りの党員は信頼してなかった。ですから片山潜さんはあんまり評価してなかったのです。子供でしたが、そんな近い所にいたから、割合にそんなことを聞かされました。それから大正十二（一九二三）年の検挙の問題を通しての総括もなされないままに、ああいう党再建をすぐやりだして……というふうなことではなかったかと思いますね。

少し大きく言うと、震災前のアナキストの人々とボル系との対立と言うけれども、非常に観念的なもので、合同か自由かなんてことで分裂する。もっと深いものがあるんでしょうが、われわれ下っ端の者にはそんなふうなことで、震災を経て総同盟にみんな入って、一応、組合戦線の統合が進むわけです。

そのころになって、感覚的に動いていた人々もだんだん考えて、やはり組合の組織化ということと、その点については内外の情勢についての理解を深めていかなくてはいけないというふうになったわけです。

その時期は、共産党の組織形成ということも、第一次は、いままで運動してきた山川派の人とか堺さんのグループとか、ボル系の人たちが雑然とした思想的な一致方向を求めてできたわけですが、第二次は、渡辺政之輔さんにしても杉浦啓一さんにしても、階級闘争の発展と同時にこちらの考え方もやや進まざるをえなくなり、前衛党というものはもっとこうあらねばならない、と。そういうときに福本さんが現れて、観念的ではあるけれども、共産党の組織というのはこうあらねばならないのではないか、というような問題を投げかけ、早稲田、東大の学生さんたちが大挙して福本理論に激励されながら運動に飛び込んで来るわけですね。

学生と労働者

―― その学生たちと労働運動の関係ですが、学生たちがチューターでやって来るというようなことが出てきますでしょ。その場合、使うテキストはどんなものでしたか。

横井　学生さんたちが出て来たのは、やはり総同盟の分裂以後で、その前は山川均さんとか堺利彦さんの所から出ている小さなパンフレットですね。難しい本では、山川さんの個人的な『社会主義研究』（注

・大正八年創刊）ですか、それから河上肇さんのところからも『社会問題研究』（注・大正八年創刊）が出ていますね。ああいうのを先進的な労働者は読んでいました。初めのうちは組合に一緒に張りついていた人が講義するということで、僕の場合は田所輝明さんがそれです。テキストとしては『プロレタリア経済学』という、当時みんなに感銘を与えた本を用いていましたね。

総同盟が分裂し、福本さんが大正十四（一九二五）年ごろから出て、『マルクス主義』（注・大正十三年五月創刊）という雑誌のなかの諸論文をテキストとして東大の新人会の人たちが中心になって……。日大の人たちもいましたけれども、東大、早稲田の人々が多かったですね。

1920年代—組合幹部と東大生らと、後列左が横井亀夫

——どんな名前を記憶していらっしゃいますか。

横井 東大の人はみんな錚々たる連中だからね。是枝恭二さんとか村尾薩男さんとか……石堂清倫さんたちはちょっとそれより後なんですよ。それから上は、嘉治隆一さんだとか『社会思想』（注・大正十一年創刊）の人たちですね。

——『社会思想』の人たちにも教わりましたか。

横井　『社会思想』の人たちは、むしろ総同盟の労働学校ですね。あそこには平貞蔵さんなんていう人も来ていましたし、志賀義雄さんとか慶応の経済学の野呂栄太郎さんとか、そういう人が来ていましたね。それから元老の小林輝次さんなんかが労働学校へ来ていて……。

組合に張りついて、むしろ学校に行きながら組合の書記をやる人も出て来て、出版労働組合の大島英夫さんなんて、くっついちゃってますね。関東金属組合の場合は田中長三郎さんが建設者同盟から徳球さんの所に行き、そこから今度は関東金属組合の書記に入る。藤原久（斎藤久雄）さんは東洋大学へ行ったけれども、あの人が東京合同組合へ行って。藤原久さんなんて、建設者同盟にいるときにはあまり評価されてなかったですよ。東京合同組合へ行ってから非常にメキメキ伸びちゃって、東京合同組合の理論的支柱になったんじゃないですか。ですから評議会の婦人部設置問題のときも、婦人部設置論者として活躍していました。幹部の杉浦啓一さんたちと渡りあうほどに成長していましたね。

それからよく見えたのは、高山洋吉さんとか、「三・一五」で大阪で検挙された冬野猛夫さん。有名なのは門屋博さんですよ。あの人はよく現れた。

新人会の人で学校を卒業してない人たちは、よく組合へ来て、張りついてはいないのですが、労働者からどういう状態の下にあってどれだけの認識を持っているかということを学びつつ、同時に学生として学んだことを労働者にわかってほしいという形ですね。

上の指導者の連中は、学生さんを軽蔑していましたね。その当時の言葉で「学校坊主」というような言葉を使ってね。田所さんからよく聞きました。杉浦さんもそう言ったと思いますよ。

年表　労働・社会運動の潮流：昭和時代（１）

年（昭和）	（月.日）
1927（昭和２）	７．コミンテルン日本問題委員会、「27年テーゼ」を決定 ９．野田醤油大争議
1928（昭和３）	２．日本共産党中央機関紙「赤旗」創刊 ３．15. 日本共産党全国的大検挙 同. コミンテルンの「日本問題に関する決議」（27年テーゼ）、雑誌「マルクス主義」の別冊付録に発表 ４．10. 労農党･日本労働組合評議会･全日本無産青年同盟に解散命令 ４．内閣印刷局争議 同.「解放運動犠牲者救援会」創立 10. 渡辺政之輔、台湾で死亡 12. 22. 新労農党結成大会、25. 解散命令 12. 25. 全国労働組合協議会（全協）第1回全国会議 12. 28. 政治的自由獲得労農同盟準備会、創立宣言
1929（昭和４）	２．東京モスリン吾嬬向上スト ３．５．衆議院で治安維持法改悪案（死刑を盛り込む）を緊急勅令で事後承諾、19. 貴族院も通過 同日．衆議院でただ一人反対した山本宣治代議士、神田の宿舎で刺殺される ３．15. 渡辺政之輔・山本宣治の労農葬―京都・東京で開催 ４．16. 共産党員全国的大検挙 ６．沖電気スト ８．大山郁夫ら新労農党樹立を提案 ８．９．第２無産者新聞創刊 この年、「ニューヨーク株式市場大暴落」・世界恐慌、産業合理か政策―本格化
1930（昭和５）	２．26. 共産党全国的検挙 ５．武装メーデー（日本共産党､「全協」に極左冒険主義的指導強まる） ６．10. 佐藤秀一、神山茂夫・内野壮児ら「全協刷新同盟」結成 ８．プロフィンテルン第5回大会開催・決議「日本における革命的労働組合の任務」採択 同.河上肇ら「労農党解消論」提唱 10. 23.「全協刷新同盟」解体宣言
1931（昭和６）	１．風間丈吉・岩田義道ら日本共産党指導部中央を再建 ４．22. 日本共産党「政治テーゼ草案」を赤旗紙上に発表
1932（昭和７）	１．上海事変おこる ６．警視庁に特別高等警察部設置、各府県に特高課設置 ７．「赤旗」特別号、コミンテルン32年テーゼ「日本における情勢と日本共産党の任務」（河上肇訳）掲載 11. 岩田義道、神田署で虐殺される

――学生たちがやって来て、話を聞いたりして、面白かったですか。

横井　だいたい、昔は中学卒業なんていうと工場で使わないし、労働者はみな小学校卒業という形で工場に就職するという時代でしたから、いまでこそ英語がかなり日常的に使われるようになっていますが、たとえばプロパガンダとかオルガナイザーとか、一つの言葉を知るだけでもうれしかったですね。山懸さんでも「戦略」というのを〝ストラテジー〟なんて言葉を使いながらやってましたが、あんな指導者でも、そういう言葉を使うことで理論家めいた感じがしたんでしょうね。

言葉も、昔、僕たちが入った当時は、「組合運動」なんていう言葉よりも「無産階級解放運動」とか、あるいは「大衆」という言葉じゃなくて「民衆」という言葉を使っていましたし、福本和夫さんが出て来てから、「労働者階級」という言葉を使うようになりましたが、それ以前は「労働階級」です。

それから権力機構なんかに対しても、まだまだそれまでは、理論的に究明する以前にこの問題を軽率に扱ってはならないということでした。つまり天皇に関する問題がありましたからね。

そういう点でも、僕らの当時は粗末ではあったけれども、それだけに「無産者解放運動」とか「われわれ民衆が……」とか、そういった言葉の方が親しみがありますね。それから、プロとかブルとか、「われわれ労働者はプロレタリアだ」と言うと、それだけ聞いても喜んじゃったりしてね。そういう言葉を学生さんたちが教えてくれたわけです。

いまでは「三権分立」なんて言うけど、僕らの研究会へ来て是枝恭二さんが政治機構の点について、立法府とか行政府とか司法とか、ブルジョア政治の機構を話してくれて、「ああ、いいことを教えてくれたな」と。

1920—30年代の旧友たち（写真は1953・昭和28年２月22日、故・藤沼栄四郎氏一周忌追悼会・東京大井・泉宅）
向かって左より、浜野信次、関根晃信、湊七良、南巌、稲葉助四郎、唐沢清八、難波英夫、泉盈之進、伊東学道、杉浦文太郎、横井亀夫、立松市太郎、赤島秀雄、阿部義美、山我徳一の諸氏（敬称略）

故藤沼栄四郎君一週年忌追悼会紀念撮影
一九五三年二月二十二日 於大井、泉君宅、
向って左より（敬称略）

浜野信次 練馬区北町二丁目
関根晃信 三鷹市牟礼 一八八
湊　七良 大田区上池上町 九〇
南　巌 横浜西区高島町 全日本借家人組合
稲葉助四郎 目黒区上目黒 四ノ二、一四二
唐沢清八 埼玉県埼玉郡袋村鬼鳥地蔵坊
難波英夫 目黒区碑文谷 二ノ二、二九八
泉盈之進 品川区大井廣塚町 四六八六
伊東學道 横浜市鶴見区寛政町一二八
杉浦文太郎 墨田区吾嬬町 西 四ノ七
横井亀夫 大田区馬込 東 四ノ一五六
立松市太郎 世田ケ谷区野沢町 二ノ一〇五
赤島秀雄 大田区馬込西 一ノ一、六三六
阿部義美 渋谷区千駄ケ谷 四ノ六八四
山我徳一 港区新橋七ノ二、国民救援会

尚、
太田慶太郎（伊東市湯川）中座のため、
山辺健太郎（渋谷区千駄ケ谷一ノ五五三、代々木病院内）及
田中歌子（港区新橋七ノ二 国民救援会）遅刻のため
写真に入っておりません。

関東金属の人びと

――関東金属組合の執行委員をやっていた人々の名前がありますから、僕の知らない人はちょっと教えてください。まず松尾直義、市村光雄、菊田善五郎、湊七良、金子健太たちはいいとして、藤田来一。この人はどういう人ですか。

横井 この人は北部の人で、俗に言うストライキマンですね。大きな声を出して演説して……。北部のどこの人ですかね。ちょうどそのころ出て来た人です。勇敢な人ですね。

――この人はあまり後まで運動をやっていませんね。

横井 途中からやめますね。僕はその人と昭和十（一九三五）年ごろに仕事のことで会いましたけど。「三・一五」ごろはやってないです。党員じゃないです。

――党員じゃないということは、あまり信用がなかったということですか。

横井 工場についていた人ではないし、そうなんじゃないですか。奥さんも活動家だったんですよ。上森健一郎という人が印刷関係で出て来るでしょ。あんなタイプの人です。

――それから、柿崎甚一という人、これは時計工組合の……。

横井 ええ、時計工組合の若手の活動家です。

――関根晃信、山田義雄は日本光学の豊岡工場。大久保秀次、これは石川島の「右」の方の人でしょう。新谷久三郎、芝浩も石川島、武藤武は北部ですね。それから長江甚成さんは時計工組合ですね。

横井 あれは景気のいい、威勢のいい運動から脱皮して、運動を理論的に、しかも情勢をよく見てやらなくてはいけないと言って、若手のホープだったですね。ですから、これは党員でも関東地方委員級の人じゃないですか。

―― 塩田定男は……。

横井 除名されましたよね。これは北部の人ですが、堺利彦さんの所の書生をしていたんですよ。これはおそらく評議会に反対するんで、スパイという汚名を着せて放逐したんだと思います。

―― それから大内という人がいましたか。

横井 これは沖電気です。沖電気の五反田工場だったと思います。佐藤泰衛なんかと一緒ですね。佐藤泰衛は活動家です。

―― 松岡稔は田中長三郎さんのこと、小暮徳一、倉重新はわかる。立原正という人がいますが。

横井 それは時計工組合じゃないですか。

―― 岡本藤男が日本光学、高橋智徳……。

横井 それは芝浦製作所です。

―― 鶴見ですね。村松英雄が東京工場の方。寺峰弘行……。

横井 それも北部の方じゃないですか。

―― 高岡栄馬というのは沖電気ですね。この人はボスなんでしょ。

横井 ボスです。戦後は大田区の区会議員をやっていましたからね。右翼ですけれど、民社か何かかな。

―― 関東金属組合というのは、第一回大会が大正十五（一九二六）年三月なんですね。それまでに名前が見えなくなってしまった人がいるわけです。たとえば関谷亀之助とか田辺幸則だとか、そういう人た

1930年代：故・渡辺政之輔の母上“おっかさん”テフさんと（場所は目黒のもよう）

ちはこういう所に名前が入ってないんですが、関谷氏なんかについては何か理由があったんですか。

横井　これは初め主事をやったんです。ところがあの人が、たとえば松尾直義氏の所へ来ると、松尾さんが居留守を使うんです。それで僕は、なぜそんなことをしなくちゃならないのかなと不審に思ったことがあります。というのは、なにか訳のわからない支那浪人のようなところもあるし、スパイだという説もあったしね。だけどそうじゃないと思うんですよ。

関根悦郎さんたちの関係で「木曜会」というのが、高津正道さんたちの系統であったらしいんです。そのメンバーだったらしいんです。僕も関東金属組合に入ってから割合と親しくしたし、引っ越しを手伝ったりしましたが、いわゆる街頭分子で信頼がおけないんですね。そういうことだったのではないですか。それで辞めていったんじゃないですか。

――この人は工場にいた人ではないんですか。

横井　工場じゃなかった。戦争中は関根さんたちと組んでブローカーみたいなことをやっていましたね。関谷さんというのは、僕たちが検挙されると、星製薬という大きな製薬会社の争議の指導なんかをしていました。会社から金をもらったなんて悪口を言う人もいました。そんなタイプでしたけどね。

――そうすると、そのころには、いわば労働ブローカーみたいな感じになるわけですね。

横井　そうですね。とにかくレフトの連中は警戒しましたね。ですから、どうしてあの人を主事にしたのかわからないですね。

田辺さんは、田所さんの関係で、再建された共産党に反対で、田所さんがその線を通して日本光学にてこ入れしたときに、日本光学のエージェントをやりましたからね。それで外されたんです。日本光学は田所一家の関係だというので、塩田定男も田所系ですが、僕もにらまれたことがありましたけどね。

それから山本懸蔵ですが、僕は関東地方評議会の事務所ができたときも一時、一緒にいました。この人はみんなには人気がありました、「山懸」、「山懸」とね。ですから党の方ではそんなに中心に立って活動しないけれども、たとえば京浜のオルグとして重要地帯で活躍したし、みんなその影響を受けてやってるんですからね。だから山懸さんの位置づけというのも、改めてちゃんとした方がいいと思うんです。

——あの人は、渡政や杉浦啓一氏なんかはあまり重視しなかったんじゃないですか。

横井 そういうことはありますね。一つは、山懸さんの方がずっと上でしょ。上の年代から運動しているし、一つは、よく知らないけれども、政治性が低いと見ていたんじゃないのかな。杉浦さんはまた一方では、渡政さんのカッとくる点を抑えなくてはいけない、と。関東同盟の退席問題でも、渡政は態度としては失敗しているんだ、と。それから労働農民党をつくる場合でも、統一を進めないで壊していったということで、降ろされるわけです。しかしなんといっても非常に気風が良く、頑張ったですね。福本和夫さんが出て来たときに、福本さんの組織的な一定の部署を切り開いたということは、良い悪いは別としても、渡政さんの……。渡政が福本主義に反対したのは後のことでね。ですから福本さんを悪く言うんだったら、それはむしろ渡政に功罪があるんじゃないの。（この聴きとりは、編集部を中心とした数人のヒアリング・グループによって行った）

〔運動史研究会編『運動史研究』第十四巻、六一頁〜一〇七頁所収、一九八四（昭和五十九）年八月、三一書房刊〕

渡辺政之輔氏・略歴〔一八九九（明治三十二）年〜一九二八（昭和三）年〕

一八九九（明治三十二）年、千葉県市川市生まれ。一九一九（大正八）年、新人セルロイド工組合を結成。一九二二（大正十一）年、南葛労働協会（翌年、南葛労働会に改称）を設立。一九二三（大正十二）年、第一次共産党弾圧で逮捕・投獄。一九二五（大正十四）年、日本労働組合評議会設立。一九二七（昭和二）年、徳田球一とともにコミンテルン日本委員会に参加。「二七年綱領」を確立、党書記長となり、中央機関紙「赤旗《せっき》」を創刊。一九二八（昭和三）年十月、台湾の基隆《キールン》で官憲の凶弾で倒れる。享年二十九歳。徳田球一・市川正一とともに日本共産党の三賢人の一人。

〔「革命英雄記念碑入魂者・名簿」より作成〕

渡辺テフさん・略歴〔一八七八（明治十一）年〜一九四五（昭和二十）年〕

一八七八（明治十一）年、千葉県東葛飾郡生まれ。渡辺政之輔の母。東京・亀戸に住み、政之輔とともに長峰セルロイド工場に勤め、政之輔の運動を支持。党・組合の同志から「おっかさん」と呼ばれ、慕われる。政之輔死去後、解放運動犠牲者救援会（モップル）の活動に挺身。一九四五（昭和二十）年七月、逝去。享年六十七歳。

〔「革命英雄記念碑入魂者・名簿」より作成〕

藤沼栄四郎氏・略歴〔一八八一（明治十四）年〜一九五二（昭和二十七）年〕

一八八一（明治十四）年、栃木県栃木町生まれ。小学校卒業後、北海道に渡り、一九一四（大正三）年ごろから鍛造工として日本製鋼所室蘭製鋼所で労働運動に参加し、一九一五（大正四）年、友愛会に加盟。翌年、日立鉱山本山製作所で友愛会支部建設で検挙・投獄。一九二一（大正十）年、上京し、渡辺政之輔らと活動。翌年、「南葛労働会」結成の発起人・理事長。一九二三（大正十二）年、関東大震災後、亀戸署に検挙。釈放後、亀戸虐殺事件に対して糾弾運動を組織。一九二五（大正十四）年、評議会結成にあたり関東地方評議会常任委員となり、一九二七（昭和二）六月、共産党に入党。三・一五事件で検挙。一九三〇（昭和五）年、保釈後、解放運動犠牲者救援会活動。その後、再三検挙されたが、釈放後、渡辺政之輔の母・テフさんを守る。敗戦後、救援会再建に参加、中央常任委員。一九五二（昭和二十七）年、逝去。享年七十一歳。

〔『日本社会運動人名辞典』一九七五（昭和五十）年刊より作成〕

二　私の一九二八年三月十五日（三・一五事件）

昭和三（一九二八）年三月十五日の早朝、所轄の品川警察署の私服の特高係と官憲五、六名が私の起居している関東金属労働組合日本光学分会の事務所を襲い、家の隅々を捜索し、組合関係の諸文書を押収し、令状なく私を捕らえ、留置所にぶち込みました。

留置所には、すでに顔見知りの同志たちが捕らえられて来ていました。深刻な面持ちの同志もいます。夕刻ごろ、女性が捕らえられてきました。私の知らない人です。まもなく、どこかへ連れていかれました。

それから、二、三日が過ぎたのに、特高たちはなにも言いません。私の方は、党の関係だと感知していましたが、党関係の文書は何も取られていないので平常心を保っていました。検挙される前夜に、党関係の文書を読み、どこに隠そうかといろいろ考え、枕を覆っている手拭いの下か、七輪の火受けの下に隠そうか、迷ったりしましたが、家の外の方が、なによりも安全と思い、そのようにしたので、（留置所では）難に会うこともなく過ごすことができました。結局、このときは、四日ほどの留置で釈放されました。

細胞のキャップの岡本藤男同志と岩田義道同志は捕まっておらず、連絡が取れ、三名で会合を持つことができました。検挙前に秘密に持っていた間借りの部屋は、すぐに明け渡すことに決め、家主に引き渡しました。その時の家主の微笑が、なんとなく気になりました。検挙による党の被害は、さほど大きくなく、ことに中央部は、ほとんど健在だったので、当面の任務は各細胞組織の再確立であり、その努力をすることを協議し、次の連絡について決めました。

だが、数日後に、キャップの岡本同志は、地区責任者の渡部義通（後に日本古代史研究の第一人者になる）とともに、会議中に捕らえられ、会合は持てなくなってしまいました。三・一五検挙から二週間ほどたったころです。品川署の塚田という刑事が、組合の分会事務所にいる私を訪ねてき、なにげないふりで、「署まで来てくれ」と言うのです。

覚悟はしていましたが、とうとう来たな、という感じです。逃げられるものなら、と腹を据えて、「いま、支度をするから待ってくれ」と言い、塚田刑事の油断をみて、裏口の窓から飛び下り、逃げました。素足だったので、近所の友人のところに、少しの間潜んで気を落ちつけました。青山の青山学院神学部の井上慶一、井尻重午の二君のところに逃げ延び、数日の間、匿ってもらいました。道路で行き交う人を見るたびに特高に思え、どうしようもないほど、びくついていました。それでも、数日たつと、恐怖心は消え去り、大胆に行動するようになりました。岩田義道同志とも、元法政大学教授の小林輝次さんの家で会うこともできました。小林さんには、生まれたばかりの乳飲み児の娘さんがいました。

娘さんは、現在、埼玉県西川口で相当な規模の大きな病院を経営しています。輝次先生は、昨年（一九八九年）の八月、九十三歳の高齢で他界されました（278～282頁参照）。

岩田義道同志と連絡が取れ、組織を再建することにしましたが、追われているので検挙前のような行動はとれません。上から、なんらかの援助があるのでは、と淡い期待も持ちましたが、上部はそれどころではありません。下部党員を擁護するどころか、特高の追及をかわし、指導部の安全圏をつくるのに窮している状態でした。

そこで、私は私なりに活動を続けようと、とにかく、東京芝区志田町の無産青年同盟の事務所に、地方から来ている書類を取りに行くことにしました。十分警戒しているつもりで、裏口から入ろうとしたのですが、そこで張り込んでいた私服刑事に逮捕されてしまいました。三・一五から数十日も過ぎているのに、私服たちは事務所を占拠し、潜んでいて、訪問する者を、片っ端から捕まえていたのです。私は、その網にまんまとひっかかって、芝の高輪署に連行されてしまいました。不覚の至りでした。私は高輪警察署から品川警察署に引き渡されました。

例の塚田刑事は大喜びです。私を見るなり、

「このヤロー、どこを逃げ回っていたんだ」

と、私の体をあらためため、検査すると、土間に転がし、膝で顔を押さえつけて、

「さあ、言え」

と怒鳴りながら、なぐりはじめました。

やがて、なぐり疲れたのか、手を休め、

「また、明日だ」

と脅迫して、留置所に入れました。そのときは、気が張っていたせいか、痛みはあまり感じませんでした。

翌日、警視庁からも悪名高い毛利という特高が、拷問係を連れて来て私の取り調べを始め、「言うのか、言わないのか」と凄まじい勢いで迫ってきました。

この時、私は退却していました。

――どうやら、相手には私と日本光学細胞のことは、わかってしまっているようだ。拷問されて、はかされるより、特高が握っていると思われることにかぎって話そう。ただし、職場の他の同僚のことについては話さない、と。

こう覚悟を決めて、毛利の取り調べに応じました。

党員に推薦されたこと、誰に推薦されたか、細胞組織は誰と誰で構成されているか、細胞会議は何回持ち、どのようなことを議題にしたか、などを話しました。

特高は、さらに「細胞のまわりに、戦闘的分子を獲得したか」「文書を発行したか」「党員としての役割や部署はなにか」などと聞いてきました。

これに対しては、「細胞が成立して日も浅く、ストライキ中でもあり、党活動らしきことはできなかった」と言い通しました。

青年共産同盟の日本光学細胞についても、「未確立」と言い通しました。

毛利は、「帝大から竪山利忠（「連合」の初代議長の竪山利文の兄）が来ているだろう」と追及してきました。

これには、「来るはずだったが、来なかった」と応じ、それですみました。

私が一番心配していたのは、逃走時の住所や職場の支持者の名前を聞かれることでしたが、毛利特高は、あまり、このことは重く見ていなかったようです。

多分、私が十九歳の小僧っこで、党歴も浅く、活動らしきものもなく、他の検挙した党員を調べるのが忙

SANSHA-SHIMBUN　昭和三年三月廿三日

無産者新聞

月六回

日本共産黨彈壓のため
全國に亘る大檢擧
千名を檢束百五十名を起訴する
と資本家地主政府の發表

犧牲者を即時解放しろ
治安維持法を撤廢しろ

「無産者新聞」1928・昭和年3月23日付（「日本のこえ」、1965・昭和年3月15日号より複写）

しく、起訴事項さえつかめれば、これ以上、小僧にかかずらわなくてもよい、と思っていたのでしょう。おかげで、痛い目にあわず、被害を多くの知人にもたらすことなく過ごせました。これは、偶然のたまものと思います。しかし、多くの同志たちは、豚の叫び声に似た生理的な叫びを上げ、呻吟の中で、締め上げられながらも数日間耐えていました。

　私は、いまでも、黙秘で官憲どもと闘えなかったことを思い、自分の弱さを省みています。憎むべき特高毛利は一巡査から、太平洋戦争半ばには、佐賀県の警察部長にまで、のし上がっています。これをみても、いかに、この人間が、多くの党員を苦しめ、辛辣な振る舞いを続けていたのかがわかります。

　私は毛利・特高の取り調べの数日後、留置所から裁判所に連れていかれ、塚田正三判事の起訴文により、市ヶ谷刑務所に収監されました。

一九九〇（平成二）年十月四日記

三　私の体験した三・一五と治安維持法の反対運動

――忘れられない「私の昭和史」の一頁

今年、平成元年（一九八九）年は三・一五事件の六十一周年に当たります。この当時敵の弾圧をうけて投獄された同志で、存命している方は、数えることができるほど少なくなりました。野坂参三、河田賢治、石堂清倫、春日正一、五十嵐元三郎、志賀多恵子、波多野操、倉重新、片山さとし、浅野晃、門屋博、志賀義雄（八十八歳で三月七日に逝去）の諸氏が数えられます。

昭和三（一九二八）年二月は、日本で初めての普通選挙の闘われた年であり、この政治戦は日本共産党に対するコミンテルンの方針「日本の情勢と日本共産党の任務」の実践でありました。

これまで党は非公然の存在を続けてきましたが、このような組織状態は誤りであり、いまや公然として大衆の頭部に立たなければならない。普通選挙は、党の公然化を闘いとるための絶好の機会としました。

細胞の建設、党名のあるステッカー貼り、ビラ撒き、非公然の大衆的集会、党中央は、パンフレット数種類を発行し、中央機関紙「赤旗《せっき》」第一号が発行されました。

細胞は組織の拡大のため、職場内におけるエージェントの組織の確立と工場新聞の発行を急務としました。これが二月の普選闘争から、三月十五日の大検挙（一道、三府、二七県、約一、六〇〇名の逮捕者、起訴された者四八三名）までの党活動のあらましです。

三・一五の弾圧を受けても、党中央部の組織は健在であり、党組織に未登録の活動家は怖れることなく、進んで党員となり、下部組織の拡大強化のために身命を賭す活躍の状況でした。

党中央部が、「二七年テーゼ」を日本の運動へ具体化する努力に対応して、下部における党員の役割は、日本人民大衆の中に党の存在を知らせることでした。

演説会で日本共産党万歳を絶叫することも主要なことでした。

三・一五の検挙から、四・一六検挙の度重なる弾圧にも党の組織は絶ゆることのない活動を続けました。特高警察の弾圧手段も狂暴化し、テロルも残忍をきわめました。被検挙者の拘置は一年、二年に及ぶのも通常のこととされ、特高の殺人的テロもしばしば行われました。監獄の中で看守が党員に加える暴行もありました。社会運動家に対する特高の監視と手段も綿密になり、尾行、張り込み、聞き込み、御用ききを装う偵察、密告、家宅捜索、予備検束、私宅訪問の頻繁化、家庭への干渉、駐在所警官による監視、職場への監視と干渉、手紙の開封、スパイ潜入の長期にわたる画策、疑心暗鬼の醸成、党員間の相互不信と精神的打撃、拘留中の手記の利用、党組織の攪乱策、極左方針の持ち込み、赤色テロによる査問、等々。

治安維持法は最高十年の刑から、無期、死刑に改悪され、さらに、法の拡大解釈によって止むことのない弾圧をほしいままに遂行しました。

大正十四（一九二五）年、治安維持法が制定されるのに反対する大集会が、二月十一日に有馬ヶ原の広場（三田警察署の坂上、現在の郵政省）で挙行されました。私は少年のころでしたが、参加し行進にも加わりました。行進が上野松坂屋前まで進んできたとき、デモを弾圧する関所とするこのところで布陣する官憲に襲われ、たちまち検束されて、下谷車坂署に連行され、ブタ箱にほうり込まれて夕方まで留置され

解放運動犠牲者合同葬追悼会〈第23回〉（青山墓地）

ました。

初めて検挙されたことで、こんなところに長く置かれたらと不安を感じました。獄中生活をものともしない指導者のことを思い、勇気を出しました。

続く三月七日に、悪法治安維持法に反対する演説会が、芝公園の協調会館で開催され、憲政会の清瀬一郎、星島二郎の両代議士も演壇に熱弁をふるっていましたが、集会の中途で「臨官」が解散命令を下したので、会場は急に混乱し、参加者は会場から流れでて、議会へ、議会へと連呼し進みました。集会への参加者の中に、東京合同労組の人々を多く見うけたことを覚えております。この日は朝からみぞれ混じりの天候でした。内幸町付近で、野坂さんと評議会の河田賢治さんに会いました。

この日は、第五十一通常帝国議会で治安維持法が可決・制定されたのです。

私は治安維持法制定反対の二月十一日のデモで、はじめて検挙に遭い、昭和三（一九二八）年三月十五日の検挙で投獄されました。忘れることのできない、昭和史の一頁です。私は、元日本光学大井工場細胞員でした。

〔「旧縁の会会報」一九八九（平成一）年五月二十七日号〕

四　私の「獄中記」

絶対君主制政府の下で、その権力の恣意的な悪政に呻吟する労働者、農民の側にたって権力と抗争することは、遅かれ早かれ警察権力により逮捕拘引、検察官の取調べの順を追い、監獄に幽閉されることを覚悟しなければならない。

青年の時代に労働者、農民の闘争、社会主義運動に参じている同輩らと、いかなる権力にも、われらは屈しないと誓い合う情熱にほだされ、その闘いの日々を追うように、なかば楽しく過ごした。

赤旗一たび破れては　同志虚しく露と消ゆ
二たび巻に叫びては　われは捕らわれ断頭台……

と、秋月に向かい高鳴き酔うがごとき想いのうちにおかれた。

日本共産党の組織が公然化の方針に沿い、全ての人民闘争の場面に、非公然を振り切るように宣伝活動を展開する以前は、投獄される人たちの罪名は、治安警察法違反であった。ストライキ闘争の労働者、地主に対する小作農民の闘争に警察が干渉した治安警察法違反事件であった。しかしまだ投獄される人たちの数も少なかったのです。

運動の経歴も少なく、検挙されたり、投獄された経験のない私たちは、経験の積んだ指導者や先輩の同志から獄中生活の経験をいろいろと聞かされ、そのプラス面とマイナスの面を学びとるのでした。

獄中生活は社会から隔絶され、厳しい獄則と朝から晩まで監視されて、自由のない毎日です。これに耐えぬけば、反面、獄中生活でこそ持てるのが学習の毎日です。この学習のできる時間が、労働・社会運動をする者に多くの教養と理論を与えていて、革命運動に寄与することになるのです。

大杉栄さん、荒畑寒村氏が、投獄されるたびに外国語を習得してきたという逸話があります。大正十四（一九二五）年、京都大学で東西の学生が集まり、学生運動の方針を論議するため参加した学生の多くが検挙されましたが、この京大事件で投獄された人々は、多くのことを獄中で学び、戦後、学者として業績を積んでいます。

ロシアの革命家たちは、流刑地こそ自分たちを理論を持つ者に育ててくれたと確信しています。収監まぢかの私は、右に述べたことを思い浮かべて、将来の自分に期するものがあるかのごとく、投獄の生活により自己を磨き、党員として立派に育つことを念願しました。

品川警察署の留置所から警視庁を経由して裁判所に送られたのは四月の中旬ごろと思う。警視庁の空き地にタンポポの花が咲いているのに心が魅かれた思いがある。陽の陰るころ、裁判所に通じる黴臭い陰惨な感じの暗い地下室に入れられて、役人の呼び出しを待った。日もすでに暮れて、ようやく判事の呼び出しがあり、訊問の席に着いた。特高毛利基の作った調書をもとに判事の訊問があり、判事による収監書がつくられて、読み聞かされてそれに捺印することを求められた。捺印を済ませて市ヶ谷刑務所へ収監する形式書類が作られました。判事は塚田正三という老年の人であった。訊問が終わったとき、判事は私に、「世「君は未成年なのに何故、党の組織に関係したのか」と言われたのに対して、私は心のたかぶりもなく、の中が悪いのです」と答えました。

牛込区の市ヶ谷刑務所に着いたのは、夜の八時も過ぎていたころと思う。闇のなかに高々と囲いをなす、暗色の監獄の塀、それと併立する鉄製の大門、その右側の小門をくぐり、すこし離れたところに平屋の建物があり、そこは外部との全てを遮断する初めの関門である。収監される者の持ち物の一切を取りあげ、着ている全てを脱ぎ放ち、獄衣と替え、また裸体にして身体の全ての特徴を身体図に記入するのである。身体にある、わかりにくい小さなほくろまで見逃そうとはしない。そして身長、体重を計る。ここでは健康の検査ではなく、調べなのである。人間社会との一切の関係をこのところで始末し、この建家を出て、廊下続きにしばらく行くと、監房に通じる鉄の門があり、そこをくぐる。そこは放射状に各房の建物をなす中央の監視を兼ねる要所であり、監房に入るには、ここ中央と各房とを隔離してある鉄扉を堅固にしてある鍵を開けねばならない。こうして、ようやくにして入れるのであります。

私は四舎十七房に入れられ、獄名は「四一七」となりました。夜も更けたころに、監房に入ったので、監内は鈍い灯光に包まれて、凄然の感を深くしています。ときおりどこかの房で咳《せき》をする音が静寂をうちふるわしています。同志のうちに結核に悩んでいる人がいるのではないか、と思いをめぐらしました。

全国で四八八名を数える起訴される者がおり、東京での起訴される者は、他の地方と比べ、ことに多いので、市ヶ谷刑務所での収監はたちまち困難を抱える状況であった。刑務所の監督者は党員間を隔絶し、連絡を防ぐため腐心するのだが、あまりに多い党員の収監でそれは不可能であった。党員たちは入浴時や運動場、筆記場などに行くため、出房するたびに顔を合わせることがしばしばであり、これは楽しいことであり、また勇気を倍加するものであった。こうした状況なので、監房に閉じこめられていてもすこしも寂しく思うことはなかった。それどころか看守の隙をみつけて、いろいろな方法を用いて連絡して毎日を過ごすことに楽しみを得るほどです。

私の房の隣の「四一六」房は、鴻池銀行の手形詐欺の人で、毎日、お経を唱えており、左隣の「四一八」房は殺人、保険詐欺未遂の罪名の人であり、その隣の「四一九」房には東京合同労働組合の長老、藤沼栄四郎がいるのがすぐにわかりました。

党員たちは、房の一つおきに入れられていた。各房に誰が収監されているかは、じきに知った。四舎の房に入れられた翌朝、四舎廊下の中央にある看守台の下に、『アンチ・デューリング』などのマルクス主義の書籍があるのをみて、マルクス主義の文献が読めるのかと思い、喜びを感じたのであるが、それは読書禁止のもので、取り上げられたものであることを知り、がっかりしました。

市ヶ谷刑務所の食事は、他の刑務所より質が悪いと言われてきた。古米で臭いのする物相飯《もっそうめし》である。朝の主食のめしの量は、毎時1・2と浮き出た容器に入れられたものに、荒く切った沢庵《たくわん》二切れとみそ味の少ないみそ汁一杯で、昼と夜食は、故意に古くして臭いのする竹輪《ちくわ》とか鰊《にしん》、豆類などの煮物である。刑務所生活に馴れると、1・2と印される型押しの、めしの量の少なきを痛感するようになり、オカズの沢庵を鼠の噛むがごとく、チビリチビリと周りを噛みすすめて、腹を満足させるのである。

指導者たちが監獄生活の余談に、鰊を「控訴院」、鶉《うずら》豆を「赤鳩」、竹輪を「遠眼鏡」、馬鈴薯と豚を煮たものをジャガ豚ジャガ豚で「楽隊」など、と陰語を話し、若い仲間を笑わせていたのを自分の在獄で思い出していいます。

房内から担当看守などに用件のあるときには、扉と同じ壁面の扉の右斜め上のところにボタンのようなものがあり、それを押すと小板が突き出るように前に倒れ、音を発する報知器があって、房内からの全ての用件を知らせるようになっている。

針と糸の欲しいときにも、薬を求めるとき（刑務所にはアスピリンと胃散だけしか備えていない）、看守長に面接したいときなどなど、この報知器をを使う。

手紙を書くのにも、発信願を担当看守を通じて出して許可を得なければ筆記場にいけない。発信の許可も限られていて、週に一回ほどであったと思う。手紙を身内、友人に宛てて書くのは非常に楽しいことで、数日前から頭の中で準備を続け、充分に用意して筆記場に入り、封緘葉書にこまかな字でぎっしり詰めて書くのです。それは封緘葉書と葉書だけしか許可されておらず、また枚数も限られているからです。

友人たちから寄せられる便りは、とても嬉しいものです。検問で数ヵ所、墨で消されたりして手もとに届くのですが、私の場合は手紙の来るのは月に一度くらいです。それでも毎日午前十時ごろに、担当看守が房のはじめの方から二〇センチくらいの小窓を開け閉めするコトコトと音を響かせて配ってくるのに、その音が自分の房のところにくるのを耳をすまし、緊張して待つのです。そして、私の房の小窓は開けられず、過ぎて行きます。その翌日もその翌日も同じ思いで、遠くの方からコトコトと近づいてくる音に耳をすますのです。監舎の中で囚われ人が日々繰り返す期待と失望の挿話です。

楽しみに週一回の入浴があります。その日には看守が大声で「入浴用意」、「シャツとフンドシ、サルマタを外せ！」と号令をかけます。入浴の規定時間は十分間なのですが、待望の日です。一日三十分の運動時間に房から出されて、手足を思う存分にのばせる生物的な喜びと、網笠を上にあげる規則違反を犯して同志たちと会釈することは楽しいことです。お互いに勇気を与えあうことができて嬉しい思いになります。

ながい獄中生活に耐えて、監房での日々に意義を積極的に見いだせるのは、自分の時間の大半を読書に傾倒できることです。房内で許可される書籍の数は、辞書を除き四冊までです。知識者や学生の人々は学問に深いものを備えているので、その人の専門的分野をさらに進めて他の分野に学問を深めるために書籍の選択を行っています。ただし、思想関係のものは不許可です。

刑務所備えつけの「監本」を借りることもできます。監本図書目録は房内にあります。新刊書よりも明治、大正時代のものが多くあります。古い監本に鍛冶橋懲治監の印が押された書物もあり、明治期の監獄の厳しさが想像されます。小学校卒の私は専門的な書籍の選択をする前に、通俗的な書籍を読むことで大いに啓発される思いでした。結構、監本を利用することができました。藤村、漱石、紅葉、蘆花のものも読みました。『レ・ミゼラブル』や『復活』も。シベリヤに流刑されて行くカチューシャの姿に自分たちの置かれていることを重ね併せて連想し、感慨を深くしました。岩波文庫発行のエルンスト・ヘッケルの『生命の不可思議』を読むことができて、唯物論者の輝かしい学者を知り喜びました。岐阜県白川村の地主が生家である東大農学部卒業の伊藤隆吉さんが差し入れしてくれたウェールズ著『世界文化史体系』をみて、悠久な人間の歴史、文化の起源のなぞを知ることができて、啓発される思いでした。隣の房に東大出身の内垣安造同志がいました。私がウェールズに感じているのに、彼が言うのにウェールズは思想家としてはたいした人物ではないと否定的なことを言われたので、いささか反撥を感じました。

彼はまた、私がゲーテの『ヘルマンとドロテア』、『若きウェルテルの悩み』なぞに感心しているのに対して、労働者のくせにといって、たしなめる様子を示していました。

監房の生活を二年を過ぎるころ、階上の房にいる井之口政雄さん（戦後、兵庫県から衆議院に当選）がロシア語を習えといい、俺が君の方にいくよう金を托下するからと言われました。まもなく金が届き、さっそく八杉貞利の『ロシア語階梯』を購入して、独習を始めました。そのころ、保釈出所が許可されて出獄することになり、ロシア語の独習は途絶えることになりました。

獄中生活も二ヵ年すぎることになると、週の替わるのが早く思えるようになり、監房での生活も落ちついたものになりますが、それでも昼近くになると獄外から流れる豆腐屋さんの笛の音、夕暮れどき、獄塀の近くで童《わらべ》たちが日暮れに別れを物語るように童歌を流し舞っているのであろう、と想像を誘導されるのには郷愁を押さえきることができません。

未決囚として一年半を経過するころ、検事の呼び出しがありました。検事局に行くと検事は、水野成夫（のち産経新聞の社長）、浅野晃、門屋博、南喜一、唐沢清八の諸同志が検事の援護の下で、共産党中央部を批判し、党の解党を計る上申書を出してきた。

上申書の内容は二つの柱からなっていて、一つはわが国の天皇制は古来、天皇と人民との精神的結合により永遠の歴史を築いてきた、党が正しく発展するためには天皇を戴く社会主義でなくてはならない、二つは、コミンテルンと決別すること、党中央委員の遊興を許さず、このような堕落した党を解体することを主張するものであった。

党を理論と方針の面で否定したのが、水野、門屋、浅野の諸君であり、党生活の堕落に失望し、組織上、現在の党はひとまずきれいに精算し、出直しを計らなければならないと主張したのが、南喜一、唐沢清八の諸君であった。

検事は私に読後感を求めてきたが、これだけの文書ではまだはっきりと理解することはできないと、上申書に賛成する態度を示さなかったので、それ以後、検事は私を呼び出さなかった。それは昭和五（一九三〇）年の一月の段階であったと思う。

それから二年後に至り、佐野、鍋山の両指導者の「獄内被告に告ぐ」の転向声明があり、この当時、初期の段階では、この声明に公然と賛成する同志は少なかったが、特高警察のさまざまな圧迫のなかで、二ヵ年くらいの経過をへて、党員の多くが転向を表明するに至りました。私もそのなかの一人です。共産主義や党を心では持ちつづけましたが、日本の中国侵略が拡大されるにともない、曖昧な態度も厳しく追及されることになりました。

〔執筆年月日、発表先不詳〕

五　「早稲田大学・建設者同盟の歴史」についての感想

（一）

日本社会党中央本部機関紙局から『早稲田大学・建設者同盟の歴史』が発行された。この書は、建設者同盟に終始かかわっていた十名の刊行委員の努力のもとに編纂された。

この書が今日ここに発刊されるまでには、生き残っている同志たちは、東京で会う度ごとに、各々の身辺や心境を語りあい、ときには同盟の発祥の地・池袋九三〇番地らしき跡を訪ね、そこで、半世紀前の自分たちを回顧するのであった。この間に伊東光次さんの場合は「風雪」（九州旧友会紙）に思い出を記載したり、田中肇、稲村隆一さんらは「建設者同盟の概史」などをまとめていた。しかし、こうしたものではすまされぬ思いで、さらにまとまったものにまとめておきたい念にかられていた。そこで第一回の全国的な旧友会の発展となり、昭和五十三（一九七八）年四月十四日に全国的な旧友会が開催され、この日は三宅正一衆院副議長公邸に、全国に散在する同志たちが、遠くは九州、青森などから上京して懐旧座談会が行われ、十人の旧友たちからなる刊行委員会が設けられた。それ以来、二年有余の歳月を経て、今回、世に創り出された。

〔二〕

第一次世界大戦は、日本の社会主義運動をして、漸く民衆的な基盤を得るようになった。工場労働者の増大と労資闘争の激増、全国的規模で燃え上がった米騒動の人民運動、そしてロシア革命による労農政府の樹立、等々は、知識人をして大正デモクラシーとして結集させていった。

大正八（一九一九）年には東京帝国大学では新人会が創立され、早稲田大学では「一九一九年二月二十一日、同じデモクラシーの団体・民人同盟会を創立させる原因となった。そしてそれが間もなく北澤新次郎先生の指導の下に、「建設者同盟」として分裂発展し、大正十五（一九二六）年の解散に至るまでわが国の社会主義運動、労働運動、特に農民運動において重要な初歩的任務を遂行したのであった」。

この著作にかかわった人々は、作業を最終にまとめた伊藤晃さんを除いて、今世紀の大半を無産者解放闘争に全身を打ち込んで、激しい活動とその生活体験を持つ八十歳を迎えようとする人たちである。

理論を先行させることをこばむ如く、ひたすら民衆の中へ没入していくことを誇りとして、社会運動に参加していった。

私はこの先輩たちの活動の余塵を受けたものの一人として、本書についての感想を述べてみたい。

〔三〕

同盟の人が好んで歌った革命歌の中の一つに

一

ああ革命は近づけり　それそれ機《とき》は迫ったぞ
起て万国の労働者　目覚めよ全土の小作人

二

奴等の楽しむ劇場も　奴等がすっとばす自動車も
みな俺達の血と汗の　固まりならぬものはない

三

俺等が一年夜も寝ずに　栄養不良にかかりして
やっと作った穀物は　地主がみんな　奪い去る

四

国と国との戦争は　きゃつブルジョアの腹《ふと》ころを
肥やすばかりで俺達は　大事な仲間の殺し合い

五

ああ、この圧制に迫害に　もはや我慢はなるものか
吾が同胞はロシアにて　早や革命をやったのだ

六

ああ万国の革命よ　無産階級おしなべて

団結堅きモスコーの　第三インターナショナル

（後節　省略）

レーニンの党によるロシア革命と、日本では全土を捲席した米騒動にみる人民運動の焚火に、同人たちは心を燃やし労働者農民に近づいた。

革命はあと三年だ、ストライキと蜂起だ、議会主義の毒素に感染するな、みんなそのような雰囲気の中で、夢を見、活動をしていた。

議長公邸で旧友会や運動史の研究に闘士たちが集まったとしたら、それだけで大変な騒ぎになってしまう。

三宅さん、稲村さん、武内さん、戸叶さんの諸兄は議員先生になるなんてことは、当時夢想だにしなかった。そんなことを考える者は運動から去ってしまえ――恥とさえ感じていた。

運動に参加している者の間には、一般に上下の差別や、距離はなく、友だち的であり人間的な交わりであり、真に同志的であった。

指導的な同志には敬意を抱いても、また指導的同志は敬称で接しられることをあまり好んでいなかった。

個人崇拝などという観念や言葉は知る由もなかった。

どん底の生活を強いられ、虐げられている人々の解放の闘争に身を置くことに、崇高の想いを抱いた。

この時代は今日のような大労組と組合員が、一千二百万人にも組織されているのとは雲泥の違いで、官立の御用労組と、総同盟友愛会の組織を別として、群小の組合が、指導者別に混立し、職場全体で組合に組織化されることはほとんどなく、各工場の中から一人二人と集まってくる自覚した分子による構成であった。

このような状況なので、ある工場で仲間を見つけたらそれは感激で、指導的な同志たちは、労働者を大事に扱い育てることに努力と情熱を傾けた。

こんなことがあった。大正十二（一九二三）年の五月のメーデーを過ごして間もないある日、僕と組合仲間の小暮元治の二人で、五反田付近にあった星製薬会社の下に住居していた田所輝明さんを訪ねた。僕らが入手した印刷工組合の作った「枯れすすき」の替え歌を田所さんに見せたとき、田所さんはそれをみて、僕も作ってみようと、即興的に、

俺は天下の労働者　　同じお前も労働者
どうせ二人は資本家の　　お気に召さない労働者
俺は天下の労働者　　同じお前も労働者
労働者だとて　ねえお前　　一円五十銭では暮らせない
俺は非道の芝浦で　　お前は涙の鐘ヶ淵
肺はむしばみ目は凹む
（以下略）

この替え歌は、それからまたたく間に全国の組合の仲間の間で、愛唱されるようになり、その後も唱いつづけられて、『野麦峠』の本の中にも、岡谷紡績の争議のとき女工さんが一部を替えて闘争歌にしたことを記載されている。

（四）

建設者同盟の先輩たちが、活動をはじめたころは、大学出身の運動家は、鈴木文治，麻生久、赤松克麿の諸氏にみるごとく、すでに一家を成しているふうで、また大学生で実際の運動に参加している数も少なく、僕ら、労働者の目には偉い人々にみえた。

建設者同盟が社会運動に残した財産は偉大である。文中にある大正十二（一九二三）年五月十日、大学を舞台にして展開された反軍闘争は、あまりにも教訓的であり、直接的には青年、学生たちの運動の大衆化のさきがけとなった。

同盟はさらに、明治からこの期まで閉ざされがちであった日本の社会主義運動を、孤立した社会主義者のものから、扉を開くように自己の止揚と運動の大衆化のスタイルを創り出していった。それは、

イ、　自己鍛錬と主体の確立のために、講習と合宿による研鑽
ロ、　大衆向けの講習会の計画と遂行
ハ、　頻繁と催す講習会と演説会
ニ、　盛り場における書物販売と辻説法（ブックデー）
ホ、　活動の対象となる（農村の）実地調査
ヘ、　労資闘争へ参加を通して、その実態の把握と学習の検証と自己止揚
ト、学内においては、弁論会その他、学生大衆に働きかけられる部面への意欲的な活動等々

以上のことは今日では、運動のイロハになっているが、この当時においては右にあげた七つの例を、意

識的に計画化してすすめることは目新しいことでもあり、大きな努力を必要とした。

三つは、同盟に参加した、先輩たちのスタイルが、「ヴ・ナロード（人民の中へ）」の言葉に示されているように、純朴で没我的で、きわめて人間的な姿を残してくれたことである。帝大の新人会の運動家が理論的で、すぐれて透徹した態度で運動にのぞみ、日本社会運動の理論面を切り開いたこととは対照的でさえある。

建設者同盟の同人が、大学卒業後の生き方について、師の北澤先生に相談したとき、先生は、君たちは学校の成績はあまりよくないので農村に行き、そこで生活を拓いていったらどうかと言われ、それに従い一生を貫いたことによく示されている。

（五）

最後にこの同盟の歴史の結びとして、編者が次のように語っている建設者同盟は、思想の面でも運動の面でも、まさに大正デモクラシーという時代が産み、育てたものであった。だがそれは単に、同盟が時代の受動的な反映であったということではない。

——言うまでもなく、客観的に存在する社会構造に完全に適合した認識は、ただ一つしかないはずである。けれども、そうした「正しい思想」といえども、歴史的現実の中で他のもろもろの思想に対して、先験的に正しさを主張し得たわけではない。いかなる思想も、それが主張する変革に根拠を与えるべき社会勢力を歴史的に発見し、それと実際的に結びつくことによって、その正しさを自ら証明しなければならない。そして、変革目標が大衆の確信にまで高められ、さらにそれが獲得されるのに適合した運動と組織の方式までが編み出されたとき、客観的認識ははじめて首尾一貫したものとなりうるのである。

――一九二〇年代後半になると、マルクス主義が社会解釈の原理的有効性が認められて、優勢になったかにみえた。けれども、実はマルクス主義も、日本ではそれに社会的根拠を提供すべきプロレタリアートと強い結びつきを作りだしたことは一度もなく、プロレタリアートの世界観として根づいたとは言えないのである。

――建設者同盟を含めた多くの社会主義グループが、自分の獲得した変革思想と人民のエネルギーとを結合するときには、多かれ少なかれ、ヴ・ナロード運動の様相が現れた。彼等は人民の中の革命性を信じた。現実の社会や諸階級の研究ではなく、自分の内面の反体制的な熱情や正義感や人民に近づこうとする純粋さといった主観的なものをよりどころにして、人民の中に飛び込んでいった。

――同人たちは、いったん成立した運動を、さらに批判し高めることには不向きだったようである。運動に加わるなかで自分自身を変革することも比較的弱かった。彼等は大衆的指導者として円熟するが、その円熟とは、積み重ねられた経験主義のことなのである。だがそこには大衆が組織をつくり、運動に立ち上がるときの法則性が、理論化されないまま、厖大な知識として含まれているはずである。

しかも、それは、その後において気づかれ、反省されることが少なかったのであった。

昭和期のマルクス主義は古い雑多なものを観念の上では明快に批判したが、実践的な意味での批判はほとんど素通りした。この時期の敗北はただ、権力の抑圧ということからのみ語られるのがつねである。建設者同盟の同人たちの経験が、これまでまともに顧みられることが少なかったのには、そうした事情も働いていよう。しかし、日本の運動の弱点克服をまじめに考えるためには、彼らの経験の批判的継承もまた不可欠であったはずである。

(六)

本書が出る一年前に、ヘンリー・スミス著『東大新人会の歴史——日本学生運動の源流』が発行された。この著作は、アメリカ人の若い学者の労作によるものであるが、新人会の歴史と日本の学生運動とそれが社会運動にしるした足跡が、最もよく整理され、丹念に著述されているので、併読されると本書の内容がさらに実りあるものとしてつかめることと思う。

私は本書を読んで、この書の書題に「偉大な遺言書」としるしたく思った。

そして、現存している先輩たちがこの作業を終えて心地よい想いを得ることに関連して、先輩の同人たちと日本の社会主義者に、大正期に最もよく親しまれ、影響を与えていたニコライ・ブハーリンの遺言を、痛恨のおもいで想起する。

この世を去るにあたり私は、仮借なくあるとともに純潔でなければならない。プロレタリアの斧のまえに首を垂れるものではない。恐らく中世的な方法を利用することによって、巨大な力をふるい、組織された誹謗をでっち上げ、臆面もなく自信満々と行動する地獄の機構をまえに、いかんともなしえないことを感じている。

私は諸君に、党指導者の未来の世代に訴える。諸君には、この恐るべき日々にますます巨大となってゆき、焔と燃え上がって党を窒息させる奇怪な犯罪の糸口をほぐすという歴史的使命がかかっている。

私はすべての党員に訴える！　多分、私の最後となるであろうこのとき、私は、歴史の濾過器が遅かれ早かれ私の頭から必ず汚泥を取り除くことであろうと確信する。私は一度だって裏切り者だったことはなく、レーニンの一命のためなら、ためらうことなく自分の命をささげたことであろう。私はキーロフを愛したスターリンに対して、何一つ企てたことはない。党指導者の新しく若く誠実な世代に、中央委員会総会で私の手紙を読み、私の無罪を認め、復党させることをお願いする。

〔発表先不詳、発表年は一九七九年ごろ〕

六　「野坂処分」と山懸さんへの証言

宮本指導部が擁立した野坂議長

「山本懸蔵の『疑惑』を通知した野坂同志の書簡問題について」の件で、二、三〇〇語にのぼる日本共産党の中央委員会声明を読んで感じさせられることは、第一の責任が中央指導部にあるのに、その反省はなく、ひとえに全てを問題の個人にかぶせて、ことを済ませてしまう常套手段のことである。

野坂さんがスターリン時代のソ連で山懸さんの失踪について知っているのではないか、また戦前、山懸さんの影響を受け、ともに活動した人たちは、野坂が保身のために山懸を売ったのではないか、ということを問題にしていた。

そのことは、一九五六（昭和三十一）年二月のソ連共産党第二〇回大会後の時期に、公然といわれて、中央指導部に事実を明確にするよう進言されていた。

一九六一（昭和三十六）年七月、第八回党大会で宮本指導部は反対派に勝利するため、また、その後の体制を補強するために野坂を議長に擁立した。今日、一九九二（平成四）年九月に至って、マスコミによる旧ソ連邦所蔵の公文書の公開で、問題が解明され、当人もそれを認めたが、当時、すでに疑惑のあった人を議長に擁立した責任はどうなるのか。

青年たちに人気のあった山懸さん

一九二四（大正十三）年十月五日の総同盟関東労働同盟会大会は、開催初頭に、関東機械工組合、南葛労働会、東京時計、出版印刷の四組合代議員の総退場と、これに横浜合同労組（糸川仁一郎・組合長）が加わり、総同盟第一次分裂のきっかけとなった。

当時、左派の青年活動家は、わが天下の思いで相互の交流・親睦を深め、コミュニスト像へのあこがれを謳歌した。われらの「山懸」がソ連から帰り、組合活動に勇姿をみせるのはこの一九二四（大正十三）年の初夏のころであり、友愛会時代からの長い闘争経歴を持ち、一九一九（大正八）年秋の米騒動のとき、日比谷公園の国民大会で大衆をアジり、検挙・投獄された英雄であり、総同盟幹部の左派を代表し、ソ連帰りの共産党員で、ルバシカ姿の「山懸」は青年たちの人気の的であった。

十月の関東労働同盟会大会退場を契機に、関東地方評議会が十二月に創立され、その事務所が総同盟本部の向かい側、東京・芝の四国町に設けられると、山懸夫妻は事務所の階下奥の六畳間に起居して、総同盟刷新運動を推進する総務を担った。

当時十六歳の少年の私は、日本光学大井工場に通勤していたが、事務所の設立と同時にここに寝起きして山懸さんの使い走りをした。

一九二五（大正十四）年、日本労働組合評議会が神戸での全国創立大会にこぎつけるころ、山懸さんは神奈川県鶴見の渡田に住まいを移して、京浜地区の日本鋳造、富士電機、トラスコン、芝浦製作所鶴見工場のオルグの任にあり、岸本茂雄、春日正一さんなどは山懸さんの指導下で働いた。大正の末ころから、私は山懸さんの姿を見かけなくなったのである。

西村櫻東洋さんと大竹一燈子さんの証言

野坂さんのディミトロフ宛の手紙で、三・一五（一九二八〈昭和三〉年）検挙当時、山懸さんが重症を装い、スパイの監視を逃れて、ソ連に亡命したことへの疑いが書かれていますが、山懸さんの脱出は、当時の党中央の周到な計画で実行されたもので、このことはこの件にかかわった西村櫻東洋《おとよ》さんの遺稿集に書かれており、それを私は保持しています。また妻君の関マツさんについても、野坂さんはことさらに重大視して、その手紙で中傷していますが、関さんについては三・一五事件から一九三一（昭和六）年ころまで起居をともにした生き証人ともいうべき久津見房子さんの遺児・大竹一燈子さんが生存しており、詳しいことを証言してもらえると思います。

〔「新時代」、一九九二（平成四）年十月十五日号〕

山本懸蔵氏・略歴〔一八九五（明治二十八）〜一九四二（昭和十七）年〕

一八九五（明治二十八）年、茨城県鹿島郡谷田部村（元・波崎町）に生まれる。一九一四（大正三）年、築地造兵廠に入り、「工人会」に加入し、労働運動の第一歩を踏み出す。一九一八（大正七）年八月の米騒動で、日比谷で演説、闘争の先頭にたち、逮捕・投獄。一九二二（大正十一）年七月、創立された共産党に入党。同年、プロフィンテルン第二回大会に参加。一九二四（大正十三）年、関東地方評議会創立に参加し、執行委員長になる。一九二七（昭和二）年、「二七年テーゼ」決定時に党中央委員になる。一九二八（昭和三）年四月、党の決定により、プロフィンテルンの日本代表としてソ連に脱出。プロフィンテルン執行委員となる。一九四二（昭和十七）年、スターリン粛清で刑死。享年四十七歳。「労働者出身の天才的な組織者・煽動家であり、仲間の労働者から〝山懸〟の愛称で慕われた」。

〔「革命英雄記念碑入魂者・名簿」より作成〕

野坂参三氏・略歴〔一八九二（明治二十五）～一九九三（平成五）年〕

一八九二（明治二十五）年、山口県生まれ。一九一七（大正六）年、慶応大学理財科卒業。在学中に友愛会に入会。卒業後、書記となる。一九二二年、山本懸蔵氏ら総同盟左派グループとともに日本共産党創立に参加。一九二八（昭和三）年、三・一五事件で検挙。一九三〇（昭和五）年、病気を理由に保釈。翌年、密かにソ連に入り、コミンテルン東洋部に重用され、日本共産党代表。一九三〇年代のソ連・スターリン大粛清を在ソ連・日本人共産党員としてただ一人無傷で切り抜ける。一九四〇（昭和十五）年、中国・延安に入り、中国共産党の下で対日本・反戦活動に従事。同年、反戦同盟、一九四四（昭和十九）年、日本人民解放連盟を結成、「日本人民に告ぐ」を声明。一九四六（昭和二十一）年一月、日本に帰国。「民主人民戦線」・「愛される共産党」を提唱。一九五〇（昭和二十五）年一月、コミンフォルム（国際共産党情報連絡機関）が野坂氏を名指しで占領下平和革命論と批判。日本共産党は、徳田球一・書記長、野坂氏らの所感派と志賀義雄・宮本顕治氏らの国際派に分裂。同年六月、マッカーサー指令で追放・地下活動、徳田氏のあとを追って中国に密航。一九五五（昭和三十）年七月、日本共産党第六回全国協議会（六全協）後、第一書記に選ばれ、公然活動を再開。一九五八（昭和三十三）年、日本共産党中央委員会議長に就任、宮本顕治・書記長とコンビを組む。一九九二（平成四）年、冷戦後の旧ソ連秘密文書の公開で、一九三八年に山本懸蔵氏を密告したことが発覚、名誉議長を解任され、さらに除名。翌年、逝去、享年百一歳。

〔『近代日本社会運動史人物大辞典』第三巻、日外アソシェーツ、一九七九（昭和五十四）年刊などより作成〕

七　運動家群像――「運動史研究会会報」より

九津見房子一周忌の集い

昨年（一九八〇〈昭和五十五〉年）の七月十五日、九津見房子さんは誕生日の十月十八日で九十歳を迎えることができずにこの世を去りました。その一周忌が七月九日、房子さんが生前住み慣れていて親しくした牛込神楽坂のお寿司屋さんの二階で、親友同志たちにより行われました。

参集した仲間の一人ひとりは房子さんと、大正期の権力のはげしい弾圧と迫害に闘ってきた人たちで、解放運動途上の頁を豊かにしています。

山内みなさんは八十三歳、丹野せつさんは七十九歳、近藤真柄さんは七十八歳、鍋山歌子さんと福永操さんは七十五歳を迎えてしまい、年少の大竹一燈子さんも既に七十歳を迎えようとしています。

一九二〇年代、労働組合運動の高揚と社会運動の進展を迎えた当時、彼女たちの存在は暁天にまたたく星のようであり、青年運動家の心に美しく描かれていました。

石堂清倫さんが新人会の学生時代、堺利彦さんの「無産社」へロシア革命についてのパンフレットや『賃労働と資本』などのものを購入に行くことになると、学生の仲間たちがみんな行きたがるので、くじ引き

左：久津見房子さん（出獄５、６ヵ月後）、右：長女の一燈子さん（1933年・昭和８年初冬、写真・大竹一燈子さん提供）

で決めたりした。堺さんの娘さんの真柄さんの姿に接することが若いものたちのあこがれだった。

石堂さんは、「メーデーの日に、三田署に検束され、同じく検束されている真柄さんの姿に接する機会を得たことがとても嬉しかった」と、当時の心境を若い人々に語っています。

鍋山歌子さんが、福永さんに向かい、「あなた、あのころ、ずいぶんかわいくきれいだったね」「いやいや、そうじゃないの、美しいのは多恵子さん（志賀夫人）よ」、そして鍋山歌子さんが、マネキンガールをやって大いに働き、活動資金を稼いだことなども話していました。

房子さんの娘の一燈子さんは、「大正十五年の浜松楽器ストライキ闘争のときは、母の房子が逮捕されてしまい、当時、数え齢十三歳で、真柄さんの家に預けられ、その後、彼女が生活に窮すると、いつも真柄さんが姉のようにして私を助けてくれていた。私が真柄さんを姉さんと

久津見房子一周忌の集い（1981・昭和56年7月9日、東京・神楽坂・撮影：横井亀夫）
前列左２人目から丹野セツさん、山内みなさん、牧瀬菊枝さん、黒川千代さん、鍋山歌子さん、中列左から佐竹黎子さん、近藤真柄さん、稲垣巌氏、後列左から荒木雅子さん（大竹さんの長女、久津見さんのお孫さん）、山本菊代さん、大竹一燈子さん、福永操さん。

呼ぶのは年の上の親しい人であるとともに、このようなことなのです。そして考え方でも私たちとは運動の上で、それでも真柄さんとちがったりしましたが、それでも真柄さんは私たちをよくお世話してくれました。真柄さんは思想のない人では決してないのですが、母の生前、そしてなくなった今日に至るも、よく私たちの親身になってくれているのに、いまだお応えすることもできずに心苦しいばかりです」と、話しています。

白髪の山本菊代さんは、昭和初年当時、関東婦人同盟への参加と、三・一五事件の前年の秋、評議会の河田賢治さんの使いで大阪に行っていて、三・一五事件に遭遇したこと、活動経験の不足に悩みながらの労苦などを思いうかべていました。

鍋山歌子さんが、昭和六年夏の、例の獄中の指導部奪回闘争は特高課長の毛利の謀略であったが、その使いが同志を装って私のところにきた時、いやな感じがして会うのがいやだった、など、女性の勘の鋭さを語った。そのほか、山内さん、丹野さん、佐竹黎さん、桧垣さん、そして、丹野セツ・田中うた・九津見房子の伝記をまとめてくれた牧瀬菊枝さんなどが、生き残った親友同志の心を豊かに支えあい、暗い時代をよく耐えてきたことを喜びあっていました。

昨年、九津見さんがなくなったとき、桧垣不流さんが「あじさいの　変化ののちの　行方かな」と詠まれました。九津見さんの親友の山代巴さんが、「この句も九津見さんを知る人でなければ作れない句だと思います。私も私のライフワークにするつもりの『囚われの女たち』の和歌山刑務所の巻で、九津見さんとの出合いを、ていねいの上にも、ていねいに仕上げたいと思っています。私にとって、あの変化の大きく、また数多い大輪の花は反面教師としても実に大きい存在でした」と、私への便りに書いています。

一九八一（昭和五十六）年七月十六日記

〔「運動史研究会会報」十九号、一九八一（昭和五十六）年七月〕

九津見房子さん・略歴〔一八九〇（明治二十三）〜一九八〇（昭和五十五）年〕

一八九〇（明治二十三）年、岡山県生まれ。家系は中国地方山地の小藩・勝山藩の旧家老職。母は産婆を開業、四歳の時、父母が離婚。一九〇三（明治三十六）年、県立岡山高等女学校入学。在学中、堺利彦の「百年後の社会」を読む。講演会で山川均と会い、しばしば訪ねる。一九一一（明治四十四）年、大逆事件で幸徳秋水らが処刑された翌年、一九一二（明治四十五）年、高山集蔵のもとに行き、翌年、結婚。一九一四（大正三）年、長女・一燈子を生む。一九二〇（大正九）年、高田と離別。一九二一（大正十）年、堺利彦の息女・堺真柄らと「赤瀾会」を創立。同年、三田村四郎と大阪へ。一九二三（大正十二）年、三田村とともに大阪印刷労組結成、総同盟に加入。山本宣治の指導で産児制限研究会設立。総同盟分裂・日本労働組合評議会に参加。一九二六（大正十五）年、静岡県浜松の日本楽器争議を応援。一九二七（昭和二）年、上京。三田村と非合法生活に入る。一九二八（昭和三）年四月、一燈子とともに検挙。一九三三（昭和八）年、出獄。三田村の転向声明を知る。獄内転向者の救援活動。一九三六（昭和十一）年、宮城与徳を知り、ゾルゲ関係の仕事に参加。一九四一（昭和十六）年十月、検挙。一九四三（昭和十八）年、懲役八年の判決。和歌山刑務所で山代巴を知る。一九四五（昭和二十）年十月、ＧＨＱの思想犯釈放命令で出獄。一九八〇（昭和五十五）年、逝去。享年八十九歳。

〔鈴木裕子著、『思想の海へ21・女性＝反逆と革命と抵抗と』、社会評論社刊より作成〕

堺利彦逝去五十周年と「平民新聞」創刊八十周年をむかえて併せて近藤真柄さんの死によせて

天皇制警察政治の圧制と隷属に苦しんできた私たち勤労人民に、闘うこと、学ぶことの道を拓いてくれた人、堺さんが亡くなられて五十周年をむかえる。

日露の帝国主義戦争の重圧に苦しむ、日本の人民大衆の覚醒を促し、反戦平和の声をあげて創刊された「平民新聞」の八十周年、この記念の年に、堺利彦と「平民新聞」が日本社会運動に遺した業績を歴史の頁に深くとどめるため、歴史学者の鈴木裕子さんをはじめ、そして堺真柄さんも、この記念事業の達成を願っていた。

が、昨年から今春にかけ、めっきり弱くなって、書く字も安定を欠いて筆を持つことすら闘いであった。彼岸をむかえた三月十八日朝から身体の変調を訴え、主治医の来診を受け続けるなかに昼を過ぎるころ、気息も弱くなり、家族や多くの人々の念願もむなしく、静かにこの世に別れを告げた。死因は脳梗塞の由。

告別には友人、知人、真柄さんを慕う多くの人々が参集した。通夜と告別の日を通して、近藤憲二さんの指導をうけた昔からの友人たちが故人につき添っていた。幸徳事件で絞首刑になった古河力作さんの弟で、真柄さんと幼年から親交を続けている古河三樹松氏、寒村会の人々、婦人有権者同盟のお友だち、新旧の友人の人々が別れを惜しんだ。

仏壇は設けられず、遺族と友人等、闘いをともにした人々からの献花が、亡骸を囲んでいた。

この人が世を去って、あらためてこの人の大きいことを知らされる思いを強くした。

婦人有権者同盟の運営の重責を担い、市川房枝さんを助けて、婦人の社会運動の裾野を広大なものにすることとともに、人間的優しさをも発揮していた。

大杉栄さんが人々の間から忘れ去られ、その墓碑の存在もあやうくなっているのに心を痛めて、静岡の寺に放置されているのを清葬するように掘り出し、また大正十二（一九二三）年の大震災に大杉さんと一緒に憲兵隊に絞殺された、甥の橘宗一さん（七歳）の墓が、名古屋地方の寺に存立されていることを知ると、その墓碑の保存と顕彰をすすめる組織作りに奔走するなど、さらに幼児の時代に大逆事件で権力の暴圧をうけた傷を、闘いの焔として持ち続けて大逆事件の真実をあきらかにする会の運動を続け、荒畑寒村翁とは社会運動の年代をともにして、人間的にも兄妹の仲であった。

堺さんは大正十二（一九二三）年の第一次共産党事件のあと、若い人々による組織再建について、若い友人たちと意見を異にした。若い運動家は堺さんに対して憎しみと悪罵に等しい排撃を加えていた。このような状況にあったのにもかかわらず、〔堺〕真柄さんは党側の九津見さんから少女の一燈子さんの養育を依頼されると引き受けて、妹のように世話をしてよくめんどうをみた。

大正九（一九二〇）年、年少の真柄さんは、九津見房子、仲曽根貞代、その他数名の女性たちでグループを結成し、「私達は私達兄弟姉妹を窮乏と無知と隷属を沈淪せしめた一切の圧制に対して、断固として宣戦を布告するものであります」と、その会の名称、婦人の燃ゆる心で社会にさざ波を起こす希いをこめて、「赤瀾会」と名づけて闘いの旗を掲げた。数年前、九津見さんを憶う会の際に、真柄さんは赤瀾会の名称の由来をこのように説明してくれた。

日本の歴史に、婦人の社会主義団体創設という足跡をのこして、赤瀾会に集まった人たちはほとんど他界してしまった。

厳しい弾圧にも怖れず、悲壮の中に楽しみと夢を抱いて同志の交わりを堅くしてきた。

赤旗一度び　破れては同志むなしく露と消ゆ
再び巷に叫びては　吾は捕らわれ断頭台

堺利彦：明治―大正―昭和、真柄：大正―昭和の現在に至る歴史は、人民大衆数百万人が起こす壮大ともいえる社会運動をみることになった。

真柄さん、随分とながい旅でありましたが、六十余年前のあなたの訴えに応えるごとく、いま幾百万人の女性たちは、反核、平和の旗をかざし、怒濤となって支配階級に迫っている。

父と娘、二世にわたり人民闘争に身命を賭けた誠実の人、仲間を排撃することを謹み、友誼を固めることを尊ぶ徳性を兼ねそなえていた。

堺先生の五十周年忌と「平民新聞」の八十周年記念を、真柄さんを擁してはできなくなったが、運動史研究会の会員として私たちは、この先人が示した、すぐれた人間性を、歴史の遺産として大切にしたい。

最後に告別式の瞬間に、岩波映画の羽田澄子監督がスタッフとともに、告別に参集した人々の姿とともに、日本社会主義運動初期の代表的指導者、山川均氏の子息、振作氏と、大杉栄氏の二女、菅沼幸子さんを映像に納めて、社会運動の人物像を残す労をとられたことを記す。

〔「運動史研究会会報」第二十四号、一九八三(昭和五十八)年五月〕

徳田球一没後三十周年記念祭

徳田球一没後三十周年を記念して、盛大な記念の集まりが、昨年(一九八三年)十一月十四日、墓前祭が多摩霊園墓前で、夜、記念集会が全逓会館で行われた。

例年に比して、今回の催しは、多くの人々が立場のちがいを越えて、記念しよう、多くの人々に参集してもらおう、催しを成功させよう、と前まえから話し合われ、よく準備し協力して行われた。

秋晴れの徳球さんの墓前には、終戦直後の党の再建に、徳球さんと協力し、またその呼びかけに馳せ参じた旧友たちの姿で賑わった。夜の記念集会も全逓会館の大会場は参加者で埋まった。

今回は志賀義雄、黒田寿男両氏が提唱し、主だった賛同者として、稲村隆一、亀山幸三、椎野悦朗、鈴木市蔵、長谷川浩、丸木位里、俊、宮川寅雄、金良清一、島上善五郎、城間得策の諸氏が協力した。

マッカーサーの追放令と党中央部の混乱時に、徳球さんと行を共にして、北京に逃れていた伊藤律氏などの参加もあり、マスコミも、宣伝の一役を担っていた。

運動史研究会からも、鈴木市蔵、増山太助、岩田英一、横井亀夫らが参加した。

夜の記念集会には、黒田寿男さんが若いころ徳球さんと一緒に仕事をしたこと、原爆画家丸木位里さんは徳球さんを偲び、島上善五郎さんは、東京市電自治会の青年部長であったころ、浅草橋の徳球さんの家によく呼ばれて行ったこと、またその家で徳球さんが妻帯するので結婚を祝う饗宴に加わったこと、などの想い出を語った。

志賀義雄さんが、党の組織発展につくした徳球さんの情熱と組織感の鋭さを、党の歩みのなかに位置づけて党史の話をした。

毎日新聞の記者が、徳球さんとたつ夫人との網走刑務所時代に文通した手紙について、貴重な人間史を語るものとして、驚異をこめて語った。

こうして三十周忌が行われたのに、奇妙なことに、日本共産党側は完全に黙殺する態度を示していることである。

日中十五年戦争で、党のカードルのほとんどといえる人々は、躓き、闘志を失い、頭をさげてしまって、終戦をむかえた。このような状況のなかに、徳球さん、志賀さんは、解放の身分を得るや、直ちに党の再建を人々に訴えた。旧友たちに呼びかけた。十八年の獄中生活に耐えたことも偉大であるが、それ以上に、天皇制権力の圧力の緩みと機構の壊滅を知るや、間髪をいれず党活動に身を挺した。私たちはこうした革命的情熱を、学び受け継がなければならないと思う。記念祭というものは、若くそして次代を継ぐ人々に党の歴史を教え、生きいきとした活力を与えるものだ。

ちなみに、徳田球一没後三十周忌に刺激されて、「没後三十年・佐野学氏を偲ぶ会」が、十一月二十三日、四谷の弘済会館で、大野信三、佐野博、滝田実、宇佐美忠信、金杉秀信、竪山利忠、古賀芳晴の発起で、五十余名の人々の参加者で行われた。想い出は、特別講演として大野信三氏が行い、学者として、歴史家として、実践家としてなどの、佐野学氏の姿を伝えたが、一九二〇年代の佐野学氏への追憶が多かったように思えた。

〔「運動史研究会会報」第二十七号、一九八四（昭和五十九）年二月〕

徳田球一氏・略歴〔一八九四（明治二十七）〜一九五三（昭和二十八）年〕

一八九四（明治二十七）年、沖縄県名護村（現在は市）生まれ。一九二二（大正十一）年、極東民族大会に出席、その決議を日本にもたらす。同年、日本共産党創立に参加、創始者の一人。一九二三（大正十二）年、第一次共産党弾圧で逮捕・投獄。一九二八（昭和三）年二月、三・一五事件に先立って逮捕される。一九四五（昭和二十）年十月、ＧＨＱ（連合国軍総司令部）指令で、「獄中十八年」から解放。戦後、共産党初代書記長。一九五〇（昭和二十五）年、ＧＨＱ指令で追放を受ける。中国に秘密裏に渡航。一九五三（昭和二十八）年十月、逝去。享年五十九歳。

〔「革命英雄記念碑入魂者・名簿」より作成〕

倉重新と日本労働組合評議会の創立

関東大震災と、国家権力の弾圧から漸く立ち直った労働組合運動は、大正十四（一九二五）年、わが国で初めてできた左翼労働組合、日本労働組合評議会の創立と活動の中で、若い活動家が輩出しはじめた。共産党事件で名を連ねた指導的活動家を除くと、この時期には、運動の後継者となる二十歳前後の青年活動家が生まれはじめたことが特徴的なことである。

現在、九州・田川市に住み、社会主義協会の顧問の地位で、老いを感じさせない活動を続けている倉重新も、その中の一人で、彼はことのほか抜きんでていて、左翼労働組合の創立、その大衆的基盤の確立に貢献した活動家である。

総同盟から分裂して創立した労働組合評議会は、渡辺政之輔、杉浦啓一、河田賢治、春日庄次郎、立松市太郎氏等の除名に反対する総同盟翼下の組合支部組織の参加のみで組織の確立をみたのではなく、関東地方では、出版労働組合をあわせ、三千名を擁する石川島造機船工労組合の参加とともに、東京芝浦労働組合などの大量の組織的な参加があり、また労働運動の指導理念の争いで、アナ系（アナキスト）の色彩の強い芝浦労働組合を思想的にも評議会側に引き寄せることに成功したこと、その中心的な活動家が、十九歳の倉重新であった。背後に彼を指導する杉浦啓一、松尾直義の指導者がいたことではあったが、それにしても見事な働きぶりであり、彼は四国町の評議会事務所では、すでに重きをなす人物であった。

なお倉重新とともに、この期に関東では金属労組の長江甚成、野田忠勝、東京合同組合の伊藤学道、竹谷幸次、南厳、片山峯登、出版労組の向仲寅之助、次田正一、野下勝之助、春日庄次郎、上野山博、雨森卓三郎、その他多くの青年闘士が生まれつつあった。

さらにこの青年闘士に加えて高橋貞樹、佐野博は、党指導部を担う候補者としてコミンテルンの管轄するレーニン・スクールに派遣された。この当時、風間丈吉は赤坂付近の安全自動車会社につとめていて組合活動に深くかかわらず、菅原光子君という女性と親しくなっていたことに親友の松尾直義が心配して、沖電気の与田徳太郎等とクートベ（旧ソ連の東洋勤労者共産大学）に送られる。倉重は一九八四（昭和五十九）年の春から、社会主義協会の機関誌に「ある社会主義信奉者の青年自画像」の自伝を連載しはじめているので、彼の後輩にあたる僕のところに、それを送ってきている。運動の歴史を見るとき、そこに個人の役割が時には大きな働きをすることに気づく。

五月三十日記

〔「運動史研究会会報」第二十八号、一九八四（昭和五十九）年七月〕

倉重新氏・略歴〔229頁写真参照〕

一九〇七（明治四十）年福岡県田川市生まれ。一九二五（大正十四）年、小倉工業学校卒業、芝浦製作所入社。同年七月のストライキで馘首。のち日本労働組合評議会全関東労組常任委員として労働運動に専従。一九二六（大正十五）年夏、共産党入党、京浜地区員会委員長をつとめる。軍隊入営中に三・一五事件に連座。一九三三（昭和八）年、出獄。仏門に入る。一九四一（昭和十六）年応召。戦後、日本社会党入党。福岡県本部書記長。一九五一（昭和二十六）年から一九八三（昭和五十八）年まで田川市市会議員。

〔『運動史研究』第十六巻より作成〕

鶴丸さんのお仕事によせて

『運動史研究』第十五巻に「日本共産青年同盟中央部組織の推移——一九三一年〜一九三三年」がのりました。鶴丸昭彦さんの長年の苦心の遺作がやっと陽の目を見たわけです。故人とともに苦労を共にしてきた遺族からも感謝がよせられ、私たちもうれしく思っています。遺族のことばを伝えてくれたのは野田弥三郎さんでしたが、野田さんは、草稿をものした故人が絵画史にも名を残された人であり、それをうかがわせるものが欲しかったとの感想を述べられました。

一九三〇（昭和五）年ごろは、資本家対労働者の階級対立が激しく、国家権力が資本家的私有財産を守るために、はなはだ露骨に傍若無人に等しい姿で勤労人民や弱い者を苦しめていた野蛮な政治下でしたから、知識の高揚と理想を求める開明的な文化人たちは、富裕な人々のなかからも解放運動に同情し、挺身する人が多くみられたのです。鶴丸さんもその一人でした。彼は画家としても秀れていました。組織仲間の野田弥三郎さんにレーニン像を描いて贈ったことがあります。レーニンの高い知性と強靭な意志、そして人間愛をよく描き出したものです。解放運動を鶴丸さんとともにした野田さんは、それを自室に掲げ、眺めて、若いときからの心を燃やしています。

日本の絵描きたちのなかには、運動に身を寄せた人々が多くいます。この分野での運動史研究会の仕事は全然緒にもついていません。鶴丸さんの遺稿を見ながら、いまさらのように私たちの仕事が少量であることを反省させられます。

〔「運動史研究会会報」第三十一号、一九八五（昭和六十）年九月〕

編注：横井亀夫は、美術の分野では、川合玉堂門下で、東京・世田谷経堂に住まわれていた村雲大樸子（毅一）画伯と戦前より大変親しくつき合っていたことを記しておく。

鶴丸昭彦氏・略歴〔一九〇六（明治三十九）～一九八四（昭和五十九）年〕

一九〇六（明治三十九）年北海道生まれ。中学を卒業後、画家を志す。労農芸術家連盟、前衛芸術家連盟に所属、全日本無産者芸術連盟（ナップ）結成に参加。一九三〇（昭和五）年より非合法運動に入る。一九三二（昭和七）年、共産青年同盟中央部で活躍。一九三三（昭和八）年、検挙。一九三九（昭和十四）年まで入獄。一九八四（昭和五十九）年、逝去。享年七十八歳。

〔『運動史研究』第十五巻より作成〕

運動に参加しはじめたころのこと

僕が労働組合に入り、社会の仕組みと貧富のへだたりの実相を理解しはじめたのは、小学校を卒えてまもなくのころである。一九二三（大正十二）年関東大震災の年のメーデーに参加して、労働組合集団が芝公園の広場を埋めつくして、壮大な激流の姿を示して武装警官と対峙し、あるところでは激闘をくりひろげて、彼我それぞれに負傷を被る情景をみせていた。五月の天空に響きわたる、「聞け萬国の労働者」の歌も、労働組合に参加してまもない僕の心をゆさぶった。この年は、六月五日の第一次共産党の検挙があり、支配権力者が、大震災の混乱を利用して、社会主義運動の弾圧と排外主義と大和民族の思想を煽りたてて、数千の朝鮮民族を虐殺した。麹町憲兵隊の大杉栄夫妻と橘宗一少年の扼殺、亀戸警察署での南葛労働者十数名の射殺、また、この年の七月には階級対立が個人的な人間対立のなかにも現出されて、アナ（アナキスト）系の高尾平兵衛が右翼暴力団の米村嘉一郎に射殺される事件があり、このような激烈なことごとは、僕らをとらえて階級人として目覚めさせた。

労働組合の動静もアナ、ボル（ボルシェビキ）派の対立の表現を装うほどに、その指導者の趣向に左右されるところからようやく脱しはじめて、労働者大衆の利益を守る組織として、資本家陣営をおびやかすほどに階級的な組織を形成しはじめた。この時期は大正期の末で、大学出身者が大量的に社会主義運動に関心を寄せてきて運動の知的擁護者の役割を示した。

労働組合運動家は、ただ単に資本の搾取とそれを守る暴政に、感性的に反抗を続ける態度から脱け出て、社会を全体的にとらえてその組み立てを理解し、その観点から活動を展開しなければならぬと執拗に説きはじめた。この時代の知識者の役割は新鮮であり、それを受ける労働者たちは情熱的にそれを吸収した。

会員の著書

昨年（一九八三年）の暮れからこの初夏の間に、運動史研究会員の方々の著作が出版されている。

牧瀬菊枝さんは『一九三〇年代を生きる』に、知識者が社会解放運動に身を寄せて苛酷な弾圧の中に生きる姿を描いた。

山代巴さんは、山代巴文庫第七巻、『さそりの眼の下で』、戦中（一九四〇年）共産主義運動の断絶期にともしびを守るように活動をつづけるサークルの姿を描き、この著作のなかに、研究会員の宇佐美承氏の力作、絵本作家「八島太郎と光子の亡命」、この二人の生きざまをも描いている。なお宇佐美氏の著作は、この二人の思想家、芸術家が信念を守り、反戦活動を闘い抜いた経緯を書きあらわした著作。

鈴木裕子さんは前年に完成した『山川菊栄全集』から、『女性解放論集』全三巻をまとめて岩波書店から刊行。

佐多稲子さんの随筆集『出会った縁』が講談社から出版された。八十歳の歳月を踏み越えてこられた作家の随想。以上目についた五人の会員の御努力に、会報の紙面をかりて喜びをひろげたい。

一九八四（昭和五十九）年五月

〔「運動史研究会会報」第二十八号、一九八四（昭和五十九）年七月〕

八　非合法下の労働運動

――「現在を問う！　労働者・市民連続座談会」で語る

A　山代巴の小説『囚われの女たち』にもでてくるが、戦時下で労働組合が音頭をとって軍隊に対する献金運動を職場でやっているが、そういうときの労働者の気持ちはどうだったのですか。

横井　戦争の初期は景気もいいし、民族意識をあおられているから、労働者も安易に流れるんですね。

A　じゃ抵抗らしい雰囲気はなかったんですか。

横井　軍部に協力すると同時に、不満があればサボってみたり、両面あったんじゃないですか。

A　石川島造船所では労働者自ら「自彊会」なんていう完全なファッショ団体をつくるが、どういうふうに理解したらよいのですか。

横井　友だちがあそこにいましたが、強いしめつけでね。神野とかいった指導者が悪い奴でね。

C　横井さんのころの宣伝活動は、どういう方法でやっていたんですか。

横井　ブックデーなんていって、パンフレットを持って神田とか早稲田の盛り場に出て、みかん箱の上で演説して、よくやったものです。それから、『無産者新聞』が出ると辻売りデーというのをやった。演説会とか講演会とかやるときは、前座に組合の若い人たちが、演説ならびに自分の思想の鍛錬のために五分間演説とかをやった。そのために、わざわざ海っ端《ぱた》や河原へ行って演説のけいこをした。

横井　同じ事件であげられても、朝鮮の人はとてもみじめですよ。差し入れする人がいないので歯みがきも買えない。看守も、われわれには名前で呼ぶが、「オマエ！」ですからね。そういう差別のなかでも、耐えてね。だから朝鮮の人たちをみると、あのように見習わなければいけないなぁって、教えられましたね。

A　非合法活動と合法活動のかねあいを、どんな具合にやっていたんですか。

横井　こういうビラをまけば、どれだけ持ちこたえることができるか、できない人はどういう方法をとるか、ということが、組織で論議されなければならないのに、それをやらずにいきなり持ち込んでくるところに問題があった。「日本共産党ここにあり」ということを知らせるのが当時の主目的になっていて、下っ端の者がどうなろうと、そんなことは仕方がないということではないでしょうか。

だからわれわれはかなわないですね。だから、「三・一五」事件のとき、僕らの細胞のひとりが大森駅の階段の上からビラをまいて逃げたっていうんです。そんなことで、ビラをちゃんとまいて、もらう人がどんな反応を示したか、それをたしかめながらまく、という原則的な活動が行われなかった。共産党との関係ができる前の組合運動をはじめたころは、その点はキチンとやっていた。

B　党の中で上級機関との意見交換はないわけですね。

横井　一九二八年の総選挙で共産党が公然化したときなんか、胸がいっぱいで他のことは考えないで、「オレは本当に革命家になった」という気持ちですから、いろんなことを考えてというより耽溺してたんではないですか、多くの人は。

B　「二七年テーゼ」が出てから、それを討論するというような……。

横井　討論をする余裕がなかった。ほとんど街頭連絡が主な仕事になってしまって。とにかく僕らに一番影響を与えたのは、「左翼社会民主主義主要打撃論」で、分裂をますます進めたということね。本当に工場にいて組織運動をやっていたら、あんな排撃はできなかったと思う。排撃したら闘えないわけだから。いまの共産党も同じですよ。

D　クールに言えば、戦前において党は存在しなかったんじゃないか。個々の党員や、党を名乗る組織は存在したかも知れないけれども、街頭連絡だけじゃ、労働者階級を指導していくという前衛にふさわしい機能を持つ組織体であったろうか、という観点からみると、非常に不十分であったわけですね。

横井　よく演説会やなんかで、「戦争に反対した唯一の党＝日本共産党」と、いまでも言いますよね。非常に寒気をおぼえますね。その帝国主義戦争をやめさせるために何をしたかというと、何もしてこなかったわけです。むしろ主要な党員は賛成しちゃったわけでしょ。党は反対したかわかんないが、それは観念としてであって、機能として組織がどうしたかというと、そうじゃない。

B　労働運動を昔といまとくらべてみて、現在の方がはるかに活動の自由がある。昔は組合に入ったり共産党に入ったりというのは、よっぽどヘソ曲がりというか意識的な部分で、直接的な経済的利益はほとんどなくて、弾圧からうける被害の方が大きかった。現在は、刑務所にほうり込まれるかも知れないということを予測して、組合運動に入る人は非常に少ないじゃないですか。みんな中流になっちゃったそうだが、労働組合運動を支えていくっていうのは、やはり階級意識以外のものではないと思う。私は、最近は実践活動から離れているので、その辺をうかがいたい。

E　たしかに昔にくらべたら、労働運動の分野でも自由があるんじゃないかと思う。ただそれは、権力を持った側・資本の側が許容するなかでの自由だと思う。たとえば日産でも企業のなかの異端分子というレッテルを張られたら、暴力行為なんかがまかり通っている。だから、いまでも、基本的なことを貫こうとすれば、自分の生活を捨てるという、戦前の人と同じような心構えが、本質的には必要な世の中じゃないか、と私はみているんです。

横井　昔は労働運動をやる人は自分の家なんかに住めなかった。山本懸蔵とか、杉浦啓一、渡辺政之輔とか、主要な人々は子供も産まないですね。それは産めないじゃなくて、産まないことにしてたわけです。そういう点も戦前のわれわれがみると、いまはやっぱりいいなあと思いますよね。警察の圧迫も、戦前はなにかあると、例えばメーデーだって、全拘束でしょ。だから僕らのような下っ端でも、刑務所に入って「アーア!」と思ったですよ。のうのうした(笑い)。

E　昔の人は食う物もろくに食えないような時代だったけど、「同志」というような言葉がそのまま額面どおりに通用する部分があったと、先ほどからのお話を聞いていたんですが、そういう意味では、いまよりも、しあわせじゃないかと思うんですけど。

昔といま、どっちがしあわせ?

横井　いまの人はメシを腹いっぱい食いたいなんて思う人はおそらく少ないんじゃないの、朝メシを抜いちゃう人もいるしね。われわれは、腹いっぱいたべてみたいなぁって、そういう時代に生きた。昔は労働運動で四~五人集まれば、「もうしばらくしてみろ、いまは苦しいけど、オレたちの天下がくるんだ、ソビエトをみろ」ということでね。本当にソ連がいいものだと思ってね。いまは「ソ連をみろ」なんていうと、なに寝ぼけてんだなんて言われちゃいますけど。

D　私もレッドパージになってから三十数年たつが、一九四八（昭和二十三）年の十二月ごろ、国鉄の地方本部のフラクション会議に野坂さんが来て、日本の人民民主主義革命の展望についてアジ演説を聞いて、二〜三年後には、世の中がひっくり返るようなことを真剣に思った。そのとき野坂さんと握手した家内から、最近、「あなた、いつ革命がくるのよ」なんて冷やかされますがね（笑い）。労働者階級を軸にして、広範な国民が立ち上がる。そういうことはできないのか、どうなのかね。

横井　戦前は住民運動なんてなかった。これも戦後の特徴だし、共産党じゃなくったって運動ができるし（笑い）。ただケンカする場合は、やっぱり司令部がないことには闘いがスムーズにいかないことがあるんで、どういうふうな司令部でなくちゃならないか、というようなことも課題ですね。

E　いまは、司令部らしきものが足をひっぱる時代ですね。それは権力と癒着しているなによりの証拠だと思う。私なんか、二十年ほど前に、職場の臨時工と賃上げ闘争を一緒にやったり、それまでは臨時工は永久に臨時工だったけど、その枠をとっぱらって組合員にするようにしたり、そういうときには「ヤッタゾ」と本当に胸がときめいたですよ。横井さんの場合、上からの一方的指示かも知れないけれど、そういう時代を闘ってこられて、どうだったんでしょうかね。

横井　組織に入って新しい人々との出合い、資本主義とはどういうものであるか、と解きほぐしてくれる、関東大震災のときにソビエトから救援物資を持って船がきたと、そういう時は胸をときめかしましたね。組合の仲間が十人から二十人になったといえば、やっぱりうれしいですよ。昔はだいたい三十歳代をすぎると、職場で労働運動をやっている人は少ないけれど、年とった人たちががんばっている姿をみると刺激されたしね。昔の運動というのは、うれしいことばかしじゃないの、そういう点では。いい同志がいたとかね。

B 昔は、個人生活の面での幸福とか、そういう点ではかなり犠牲にしてきたんじゃないかと思う。私も女房に、「あんたは結婚したのは間違いだったんだ」、とよく言われる。考えてみると、それだけの犠牲を家族にしわよせしてきたという一面が確かにあるんですよね。自分が犠牲を払ってんだというような、そういう意識で運動していくことは、いまの場合は、むしろマイナスだろうという感じが非常に強いです。

自分自身で納得できる生き方ができれば

D 最近は、世直しをする部分が、自分で自分を、何か変人であるというように自縄自縛に陥っているような感じがする。もっと横井さんの時代のような、天皇制打倒とか資本主義打倒ということを、公然と論議するという大らかさ、大胆さを、われわれは持たないといけないんじゃないかなあ。

私が仕事上で関係している従業員二十人くらいの会社の社長が相談にきて、うちの女の子が十日ばかり前から無断欠勤していて、調べてみたら、ビラ張りでつかまり完全黙秘でがんばっている。クビにするようなケチな気持ちはないが、他の従業員の手前、柔軟な処遇もできないし、ということだった。こういうご婦人もでているんで、あんまり情勢を悲観的にみることもないじゃないかと（笑い）。往年の横井さんたちの時代、あるいは敗戦後のある時期の嵐のような時代はまだ来ないけど、階級意識を持って、まじめに将来の変革に備えて努力している動きを、身近なところで知って鮮烈な印象をうけた。

A　いまのDさんのような話は、情報化社会の中で一般の人には伝わらないように隔離され消されている。自民党本部襲撃のような大事件でも週刊誌はほとんど取り上げない。これは編集部の次元での問題ではなく、国家権力の指示によるものだと思う。だから、戦前は、一般の人にとっても、世の中全体が暗い警察国家というイメージでとらえられていたのに、いまは、支配と被支配の対立を表面上やわらげるクッションがいくつもあり、情報の管理と操作が巧みになっているから、ひと筋縄ではいかない。意識的にわれわれの側からの情報の網をつくり、広げていくことが必要だ。

B　横井さん、暗い時代を生き、随分挫折も経験し、裏切りや変節も体験して、あらためて人間を信じますか。

横井　私は一九五〇（昭和二十五）年に共産党を除名されて以来、イデオロギーと人間性のからみで苦しんできた。いまもまだ、運動とはなにか、人間とはなにかと考えているが、ここでキレイな言葉でまとめてみても仕方がない。社会党の委員長の浅沼稲次郎さんは山口二矢に殺されて、「あれはいい死に方をした」という人もいる。いま、生きていたらダラ幹呼ばわりされているかもしれない。だから、わからないですね。自分も含めて、人間の尊厳を、みんな尊くして生きようと、これが持てればいいんじゃないか。自分自身に納得いく生き方ができればいいんじゃないか。

B　お釈迦さんが、弟子の迦葉から「知ってて犯した罪と、知らずに犯した罪と、どっちが重いか」とたずねられたら、「それはもちろん知らずして犯した罪が重い」と答えたそうで、私は非常にショックをうけた。運動の過程で、方針の誤りや自分の判断の誤りで随分、人に迷惑をかけ犠牲を払ったりということがあるわけで、知らずして罪を犯すということがあるんじゃないか、とだんだん臆病になってきた。反省や総括はある時期まで保留して、やれるだけやって、エネルギーを燃焼しつくしたところで自己批判したりすべきだと思うのだが。

横井　それができるといいですね。

一九八四（昭和五十九）年十月七日

〔合本『現在を問う！　労働者・市民の連続座談会「ニュース」』、一九八六（昭和六十一）年二月十六日より転載、編集・発行／実行委員会、静岡市大谷八三六　静岡大学・平田研究室気付〕

II

〔解説〕評議会と全協――横井亀夫氏の労働運動観

伊藤　晃

私は、横井亀夫氏が脳梗塞で療養生活に入られてから、年に一、二回氏を訪問していた。話は、だいたい共産党や労働運動の現状、社会・政治状況などについての雑談だったが、昔の労働運動、そこでの同氏の体験の話が出ることもあった。ときには私が質問を用意して行った。録音などはとらず、メモをしてくるだけだったが、いま調べてみると、それがだいぶたまっている。そのなかに、横井亀夫氏が三・一五事件で検挙されて保釈出獄後、日本労働組合全国協議会（全協）刷新同盟（刷同）に近づいた事情についての話が何回か出てきた。この機会にその話をまとめて整理してみた。それを紹介し、そこに示された同氏の労働運動観とその背景について少し述べてみたい。

全協刷新同盟のこと――横井亀夫氏の話

刷同については『運動史研究』でもぜひ取り上げる必要があったが、できなかった。これは大変残念なことで、あなたにはこの問題を話しておきたいと思っていた。刷同はやはり、共産党の思想的な誤りへの批判として出てきたものなのだ。

私が保釈で出てくると、刷同のほうはそれを待っていて、早速、小沢みち子が会いに来た。話を聞いて刷同のほうが正しいと思った。全協は党と大衆団体を混同していて労働運動としてまちがっているし、また全協はスパイの巣のようで、全協に連絡すればすぐつかまるといったふうだったからだ。他の三・一五関係者でそう思っている人はほかにもいたが、だいたい人脈の関係で去就が決まるのだ。唐沢清八や大島英夫などは共産党に批判的な考えを持っていたが、結局は党の側に戻っている。けれども、私はいまも刷同側に立ったことを正しかったと思っている。ただしそのためにマークされ、党の出世コースからは外れることになった。

私はプロフィンテルンの第五回大会に全協主流・刷同両派が代表を派遣するときには保釈になっていて、その前後のことも見聞きしている。佐藤秀一、神山茂夫にも会ったが、佐藤が中心と見え、神山が一目おいている感じだった。プロフィンテルン大会には刷同からは南厳（当時、官憲は南をやや寛大に扱うふうだったが、これは共産党と刷同とを離間する策動だった）が行くが、その前に佐藤秀一が、ある自己批判をしている。これはプロフィンテルンから来る批判が彼にはだいたい予想できていたということだ。プロフィンテルンの批判内容を私たちは喜んだが、それに従ってどういうふうに運動を作っていくかは決められなかった。私たちの態度は、国際的上部の批判には従うということだった。プロフィンテルンに従うことと運動の実際との矛盾を感ずるほど運動が大きくなかった、ということだろう。

私は全協主流派の指導思想に影響した三田村四郎の考えなども系統的に批判したわけではない。むしろ、もともと私たち青年のあいだでは、三田村四郎はわかりやすくものを書く人（宣伝と煽動の区別などが印象に残っている）で信頼感があった。もっとも、国領伍一郎について、刷同当時、全協に国領がいたらこんなことにはならなかっただろうという声があった、というようなこともある。

私は共産党系の運動の姿をどう正すかという深い考えを持っていたわけではない。新労農党に対しては、共産党側の立場から排撃する考えであった。しかし保釈で出てから見た党の姿は、指導部に知識人が多く、労働運動方面と体質的な違いを感じた。私は「戦旗」がよく売れていることなども評価しなかった。本当の労働運動ができない逃げ場のように感じられたからだ。知識人が中心になるのは、彼らのほうが方針の理解も早いということである。「赤旗」紙に対しても、これでは運動をこわすことになると感じていた。裁判の被告団は獄外では志賀多恵子、松尾茂樹、清家としら知識人党員が中心で活動していたが、私たちとは距離をとっていたと思う。三・一五以後の共産党は、党は健在だということを世間に知らせることが主たる目的になって、大衆運動の再建を阻害したのだ。

刷同に戻ると、私は三・一五以前、関東金属労組にいたわけだが、関東金属労組方面では刷同はあまり発展しなかった。ことに芝浦製作所に対しては、働きかけはしたが、むしろ共産党労働者派（解党派）の影響が強く、村松英男や上野邦雄（東京工場）、萱野義清の系統（鶴見工場）はそちらに獲得された。高橋権次郎（東京工場）などは刷同の立場も認めていたが、刷同そのものには関係がない。芝浦製作所は、評議会系の勢力が全体として解党派系になったということだ。私がいた日本光学大井工場では、加藤という人が三・一五後、目黒製作所に移っていて刷同の支持者だった。

その後に私は、共産党の運動に復帰しようとして連絡をとったところすぐ検挙されたが、これは岩田義道が殺される少し前だ。このときは党のほうから、出獄後の自分の行動を全部上申書に書いて出せということで、そのとおりにしたが、検挙されて刑事の話からその上申書が警察にとられていることがわかった。これには愕然とした。共産党は到底だめだと思ったのはそのときだ。それまで党について観念的に考えてきただけに、実際の党の姿を実感したことのショックは大きかった。権力のスパイ政策と闘うより敗北主義にとらえられてしまうのは自分の気持ちが弱いからだ、と悩みもした。それからは労農救援会のほうで活動したいと思い、いろいろな人を助けもしたが、本筋の運動には加われないと自分に言いきかせて、自分で運動から後退しているという状態ですごした。生活のほうは、就職するとすぐ特高が来るので長続きせず、町工場を転々としていた。

三・一五、四・一六事件で共産党員はほぼ一掃されたわけだが、その大多数は、横井亀夫氏もそうであったように、一九二〇年代の労働運動、農民運動が生み出した精華というべき大衆的活動家であった。彼らがその後とりうる道はいくつかあったが、横井亀夫氏の場合、その選択肢の一つを典型的な姿で示している。全協の歴史を見て気づくのは、同じ思想に立つはずであるのに、一九二〇年代の左翼労働組合、日本労働組合評議会（略称、評議会）で活躍した活動家の姿がわずかしか見られないことである（また彼らのほとんどは共産党運動からも後退、転向していくことになる）。それは個々の活動家が脱落したというより、ほとんど法則的な現象だったのだから、そこでは評議会の運動と全協の運動との質的な違い、評議会の活動家たちが全協に感じた「これは労働運動ではない」という違和感に注意すべきである。横井亀夫氏の話にそれがよく出ているのであって、同氏が接近した全協刷新同盟の主張は、一九二〇年代とのつながりから言えば、むしろ左翼労働運動の主流と見られる面がある。

刷同の全協幹部派への批判として、観念的なセクト主義、政治スローガンの押しつけ、超集権的な官僚主義、ああしろ、こうしろの命令口調、日常闘争の軽視、合法性を獲得して運動を大衆化することの軽視などが言われ、これらは共産党と大衆団体との混同の現れだとされた。こうしたことは幹部派のなかでも長い運動経験のある人は強く感じたところであって（竹内文次「東交大争議と党の壊滅」『神山茂夫研究』第二号を参照。竹内文次は評議会時代にタクシー運転手の労働運動を開拓した人。四・一六被告）、評議会時代の運動感覚と同質のものからする違和感が表現されているのである。

「評議会」(日本労働組合評議会)の労働運動

その評議会の労働運動について少し述べておきたい。評議会は日本共産党の統制下にある左翼労働組合であるが、その党派性には二つの面があった。一つは資本主義の危機という認識から来る急進主義。危機のもとで労働者階級は潜在的には革命の側に整列しており、ボリシェヴィキ的党の指導が存在すればこれを革命に実現できるという考えで、日本共産党を指導したコミンテルンの思想と日本土着の観念主義が合流したものである。そこから強いセクト主義と官僚主義も出てくる。もう一つは、労働組合が大衆的日常的な行動の機関として職場に根づくのでなければならないという思想である。

後者について少し説明すると、日本の労働運動は第一次大戦下の好況といわゆる「大正デモクラシー」の空気のなかで、それまでの衰退の極みから一九一〇年代末に一気にストライキの時代に入った。しかしこれに労働組合組織が間に合わず、労働者たちは各企業でにわか作りのストライキ連盟=争議団に結集してストライキを実行したのであった。高名な労働運動家、労働団体が請われてその指導にあたり、しばしば争議の万端を請け負った。自然、労働者たちの自立的運動は持続せず、負けた場合はもちろん離散するし、勝ったときもせいぜいお礼心から世話になった労働運動ボスが作る組合に入って組合費を払うだけのことで、大衆的労働組合はなかなか育たなかったのである。また一九二〇年代前半には、争議で解雇された活動家たちが作る労働組合もあちこちにあったが、それは彼らオルグ兼ストライキマンの集団で、労働者大衆にとっては、依然として、いざストライキというときに頼みに行くものなのである。

こうした、ストライキ連盟の延長でなければ活動家集団でしかない労働組合を、工場分会という形で職場の大衆的組織に作りかえることを評議会は主張したのである。組合の組織方法は、会社の労務政策に対抗し、工場に生起する具体的闘争課題と日常的に取り組むことと結びつけた科学的・計画的なものでなければならず、その計画性は、それを指導するオルガナイザーのみならず、大衆自身の意識的行動のなかに実現されなければならないものであった。

こうしたことは、戦後の労働運動論においては常識に属するであろう。しかし戦前において、評議会が提起した組織思想は、日本労働運動史上初めて現れた新しいものであった。評議会が広汎な若い活動家たちに対してもった吸引力は、労農ロシアの立場を日本で代表しているということもあったであろうが、右の新しさがもったアピール力もたしかに一つの要素だったと思われる。そして大衆自身の労働運動という思想にこたえる活動家層が、一九二〇年代の日本社会に生み出されていたのである。それは、本書に収めた横井亀夫氏の談話記録「大正時代の青年労働者」にも生き生きと語られているが、なお若干補足しておきたい。

大河内一男がかつて次のように述べたことがある。日本の労働運動では交渉する労働組合より闘う労働組合が優位に立ち、その闘争主義が企業の頑迷さと相まって、しばしば大衆を資本との抜き差しならぬ対決に引きこんだ。「組合の上部指導団体は発展し勇名をとどろかせても、下部の名もなき争議団員は、かれらの仕事と生活と、そしておそらくは労働者としての生涯をも喪ってしまうのである」（『暗い谷間の労働運動』）。これはたしかに戦前労働運動の一面の現実である。しかし労働者の受動性が全てなのではない。

一面で企業や権力への対立意識もまた彼らの実感である。いったん闘うときは、彼らは闘わなければならないと感じ、闘いたいと欲して戦った。当時、労働争議も労働組合も、法によって保護されるどころか、むしろ社会的反逆行為である。平均的な労働者でも、ストライキに入るときには、法の保護の外にある行為をあえて選択したのだとわかっている。労働組合は、戦後の大企業のそれなどと違って、自分の意志で入るものである。争議には、彼らが日ごろ表現できないでいた多くの願望、夢、怒りがこめられており、自ら起つという行為に解放感があるのである。ここで、貧困と抑圧への不満が一つの行動に接合されていく。彼らの生活を基盤として人間と労働の尊厳にかかわる価値観から、自分の現状、周囲の社会を変えたいという欲求が出発する。このことがなければ社会主義への共鳴はありえなかった。

ことに、小学校を出てすぐ労働生活に入り、過酷な生活のなかで鬱屈している青年労働者たちにとって、労働運動というものは、初めて経験する自己実現の場、人間同士の対等な付き合いの場、彼らが感ずることに何をすればよいのかの答えが与えられる場、多くの新知識を与えてくれる場であった。そこでは自分の精神と身体の躍動が日々の生活のやり切れなさを吹きとばし、自分の行動を通して他との連帯が感じられ、自分の価値と能力を発見することができた。ストライキにせよ労働組合にせよ、彼らが自分で作らなければこの世にないはずのものなのであった。

こうした夢と期待を内に含むエネルギーは、当時の青年労働者にかなり広く潜在していた、というべきであろう。一九二〇年代前半ころの労働運動家の初心をここに見ることができる。ところがここでの問題は、それにこたえるべき労働組合の組織と運動の形態が伴わなかったことである。前記のストライキの延長としての労働組合も少数の活動家の集団としての労働組合も、労働者たちの新しい意志と能力の受け止め手として十分ではなかった。戦前には、社会主義思想について、その思想的影響力に組織力が追いつかないということが言われた。労働運動にも同様の事情があったことになる。評議会に限らず、戦前の自主的労働運動は、五%とか七%とかいう組織率が示すよりはるかに大きい社会的影響力をもっていた。

横井亀夫氏を育てた評議会の労働運動には、こういう大衆的意志に直接立脚し、大衆と肌を接する運動という面があった。それを労働運動だと考えてきた横井亀夫氏が、全協の運動を労働運動と感じられなかったのは当然であろう。全協の運動は初めから非合法的性格が強かったが、評議会においては、いくらかの非公然面をもちながらも、合法性は運動の性格そのものが要求するところであった。権力に対する関係というよりも、大衆に対する関係からそうでなければならなかった、ということである。評議会は、官僚主義への傾きを見せながら、なお、同輩同士はもちろん、幹部もみな活動家たちが顔を知り、どういう人かわかっている人々である。全協で、人が機構の一部と化して、顔を知らぬ同士の街頭連絡が主要な「運動」になってしまったのとは大きな違いである。

もちろん、左翼労働組合としての評議会には、全協に現れるような特徴のいくつかがすでに存在している。さきにふれた資本主義の危機の急迫という認識から来る急進主義、カタストロフ型革命観の優越はそれであり、そこから観念的な政治闘争主義、イデオロギー至上主義も出てくる。コミンテルン直系にふさわしいセクト主義がそれと切り離せない。そのセクト主義は、フラクション活動や、各組合の教育、宣伝方面を掌握する機敏さなど、独特な組織活動能力を武器にしていた。つまり官僚主義への危険な傾向がつねに内在していた。

けれども大事なのは、一方に前述の大衆的運動への志向があり、しかも両者はただ併存していたのではなく、両者の矛盾がしばしば活動家たちに意識されていたことである。この矛盾の解決を、急進性の側面に対する大衆性の側面の確保という形で少しでも考えたことのある活動家にとって、全協の運動は納得がいかなかったはずである。全協における刷同の発生は、急進性の側面の極大化に対して大衆化の側面の反逆がとうとう組織的対立にまで発展せざるをえなかった、ということであろう。こうして、横井亀夫氏の刷同への接近に一九二〇年代からの歴史的背景を見ることができる。刷同運動が十分大衆化しなかったのは、そもそも全協が全体として大衆化しないセクト的運動であったからにすぎない。

ただし、全協の運動に対して評議会の運動のなかからは批判が出てこない面もあった。ことに女性労働運動、朝鮮人労働運動の軽視についてそれが言える。評議会の運動もこれらを著しく軽視していたからである。横井亀夫氏の口からそれへの反省が聞かれることがあったが、それは同氏が戦後の運動のなかで得た見地だったであろう。

刷同の運動は、結局、不完全燃焼のままで終わった。横井亀夫氏の回顧にもあるように、プロフィンテルンが仲裁の外観をとりながら実質上「分派の運動の中止」を命じたからであって、それをはねのける反権威主義を当時の活動家に望むのは無理なことである。そこで共産党―全協の性格はそのまま残存し、満州事変から一九三〇年代の重大な時代に実効ある左翼労働運動不在という状況になるのである。

一九三〇年代の大量転向の問題

一九三〇年代には共産主義者の大量転向ということがあり、これも横井亀夫氏の話に出てくる。大量転向というのは、本質的には、急進的セクト的運動のなかで自立的運動思想の形成を中絶させられていた活動家たちが、一九三三（昭和八）年以降、共産党の上からの崩壊のなかでバラバラにされ、学んだ共産主義思想にもとづいて大衆を動かすことについて考えを立て直すことができず、さりとて教わった思想から自由に何事かを考えることには、彼ら内面の党権威主義の重圧によって踏み切れず、自分には何もできないと感じて、やむを得ず没落の途を選んだ、ということである。全協に対する刷同のような運動が完全燃焼していれば、ここで何かの思想的助けになったのだったかもしれない。「転向のなだれ」が始まってから、刷同と同性質の運動、共産党分派「多数派」が発生したが、それはもう遅すぎたのである。

こうして、一九三〇年代に評議会の運動の伝統はいったん滅びたのである。その結果、評議会時代の大量の活動家が姿を消したが、この断絶の影響は第二次大戦後にまで及んだのではなかろうか。

敗戦後の労働運動は、戦前とことなり、百万単位の大衆運動になった。ある労働運動思想がそのなかから生まれ、それは結局、総評労働運動に体現されることになった、と私は思うが、そこでは戦前の運動との断絶が目立っていた。敗戦直後、産別会議と総同盟の対立に、かつての左右対立が再現したのであるが、少なくとも産別会議においては、戦前の運動思想がそこに生きかえったとは言えないだろう。産別会議組織過程における工場代表者会議方式など戦前の方式が持ちこまれたり、また戦後の活動家が徳田球一などから戦前組織思想の断片を聞かされたと回顧しているなどのことはあるが、肝心の現場に一九二〇年代を戦後に伝えることのできる活動家は極度に少なかったのである。敗戦後、一九四七（昭和二十二）年に満州から帰り、横浜ドック（三菱重工横浜造船所）で労働運動に復帰した横井亀夫氏も、そこでの活動が占領目的違反に問われて、一九四九（昭和二十四）年春に解雇されるまでの短期間では、戦前と戦後をつなぐ積極的な役割を果たすことはできなかったであろう。

若い研究者の戦前運動史研究への援助

けれども横井亀夫氏には、この点での重要な働きがあった。それは一九六〇年代ころからの、若い研究者の戦前運動史研究への援助である。その若い研究者のなかに私自身がいた（鈴木裕子氏などもそうだったであろう）のであって、私にとって同氏の援助はかけがえのないものであった。最後にそれにふれておきたい。

私が横井亀夫氏と知りあったのは、一九六五（昭和四十）年ころ、川崎でのなにかの研究会の席であった。ちょうど私は、何人かの友人といっしょに、それまで放置されていた戦前の活動家たちの体験を聴きとりする仕事を計画し、着手していた。横井亀夫氏はそれに共鳴されたのであろう、かつての運動仲間、ことに同氏が属した評議会関東金属労働組合の人々を何人も私たちに紹介し、聴きとりに同席し、多くの助言を与えて下さった。同氏本人が創設に加わった日本光学大井工場分会については自らくわしく語られた。そしてなにか旧活動家の会合でもあると私たちをひっぱって行って、顔つなぎをして下さった。そういう席で同氏が昔の「横井少年」（評議会時代の横井氏は多くの人に愛された十歳代後半の少年である）に戻って談笑するのを、私は楽しくながめていた。私は最近『日本労働組合評議会の研究』（社会評論社、二〇〇一〈平成十三〉年十二月刊）なる本をまとめたが、この仕事が横井亀夫氏に負うところはじつに大きい。私にとって横井亀夫氏は恩師の一人だったのである。

一九七七（昭和五十二）年、石堂清倫、宮内勇氏ら戦前活動家たちが、自らの体験を虚飾や党派的考慮なく、現代の人々に語り残そうという意図で「運動史研究会」を創立した。私もこれに加わって事務局のお手伝いを十年続けたが、横井亀夫氏もまた、毎週の相談会に必ず出席し、仕事を分担される一人であった。足まめな人で、昔の仲間のあいだでのこうした世話役の仕事に向いていたし、ご自身好んでもおられたと思う。同氏の努力で実現した編集企画もいくつかある。時折、議論が激しくなる会合で、同氏の温顔はいつもそれを和らげる働きをしていた。しかし同氏が多くの荒波をくぐり抜けてきた人として、きびしい一面をもっていることも折にふれて感じられた。横井亀夫氏は昔の活動家の気風のいろいろな面を、それとは意識せずに知らせてくれたわけで、私はそれを残りなく吸収するために、いつも同氏を横から見守っていたのである。

III

戦後の思想と実践

一　敗戦前後の旧満州・鞍山――五味川純平さんと出会う

一九四五（昭和二十）年八月十五日を境に、東北（旧満州）の製鉄都市・鞍山の街は、重い流れをなして変わりはじめた。いままで権力をほしいままにしていた支配者の姿はみる影もなくなり、大通りに面した家々の高窓には、用意していたかのように青天白日旗が掲げられるのが目についた。

私は、いわゆる関特演（関東軍特別軍事演習）の名でよばれる、ソ連への侵攻を意図して行われた満州への大動員で、一九四一（昭和十六）年七月に徴兵され、市川国府台の野戦重砲第一連隊から北満州のソ連国境に陣地を構える満州第八一六部隊に配属された（場所は黒河、地図参照）。

独ソ戦の緒戦の時期、私たち兵隊を訓練するとき、将校たち、来年は黒竜江を渡河してソ連を制圧するのだと、叱咤し号令をかけていたが、独ソ戦線がスターリングラード戦を転機に攻防が逆になり、太平洋戦争も日本軍の全面的後退が始まる一九四二～三（昭和十七～十八）年ごろには、勢いのよい大声は影をひそめ、もっぱら壕掘りの作業が日課のおもな内容となり、内地から送られてくる兵隊たちの装備がおそろしく粗末になっていることが目立った。南方戦線への転属命令が日毎に多くなり、命令を受けた将校たちは暗い気持ちをかくそうとはしなくなった。

関東軍のソ連侵略の意図はこの段階に至り影をひそめ、国境線から後退し、後方の備えを固める方策に

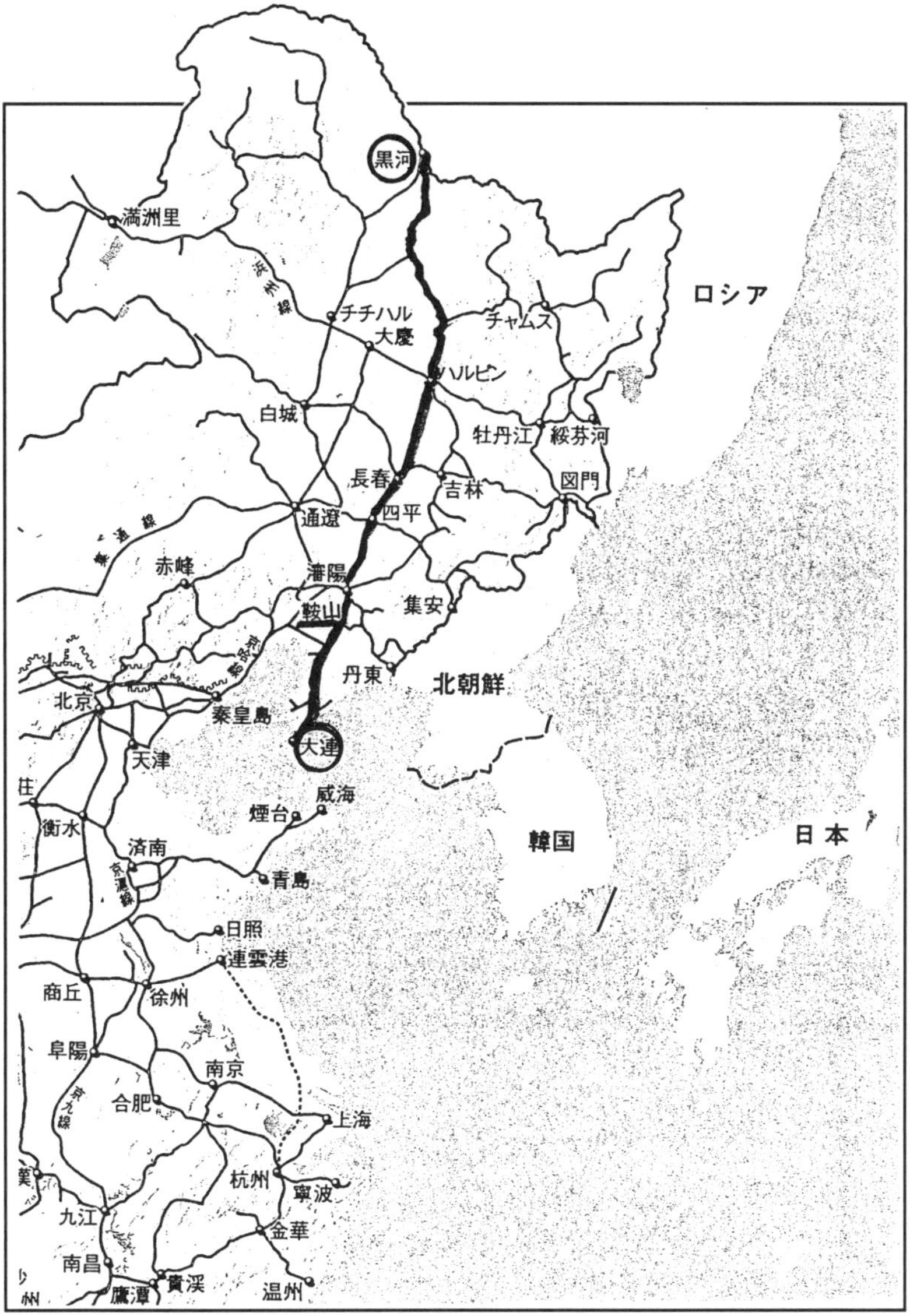

（注）黒河・鞍山・大連の所在を示す地図（中国研究所編「中国年鑑2001年度」・中国鉄道地図より作成）。

移るようになった。このころ、南満州にある各部隊の将校とその家族たちは、本土決戦に備えて守備を固めるといい、八月十五日以前に早くも逃避の道を踏んでいたことをまもなく知る。私の中隊は、鞍山の満州製鉄所に配属されていた。

敗戦直後の鞍山市は全東北の中で混乱もなく治安が保たれていると、満州製鉄鞍山本社理事長・岸本綾夫氏（元東京市市長）が自慢し、製鉄所の生産開始も近日中にあるとの噂も流れていた。やがて高炉に火が入れられ、工場の運転が開始された。だがそれは三日にして終わった。これは、ソ連軍が、鞍山製鉄所の設備や機能の有無を試す策であったのだ。

八月の終わりから九月をむかえるころ、製鉄所の全設備の二分の一をソ連軍が撤収する。その作業の開始から終了は一ヵ月余を許さぬことがソ連軍から要求、命令された。当時、鞍山市には日本軍のいろいろの部隊が結集しており、撤去作業にこの軍隊が動員された。兵隊たちはこの作業が終われば帰還命令がきて内地に帰れるようになる、などと将校から聞かされて、毎日動員された。しかし兵隊たちはすでに捕虜の身分としてソ連側に使役されていたので、作業が終わったあと、ソ連側は兵隊を自国に連れて行くことになった。上級将校は、今度は兵隊に事実を伝えはじめ、なかには、捕虜になるより、ここで脱走しよう、近いうちに国民党の軍隊もやってくる、そのときには国民党との協定ができて、われわれは帰還できるのだなどと言った。このデマは、シベリアへの連行への不安、内地帰還への執心、ひそかな反抗心などが重なり合って、兵隊たちの心をとらえた。脱走兵は三千ともいわれ、彼らは多くの糧秣を入手して、鞍山と遼陽の中間に位置する千山に立てこもった。刀剣類は、降伏後、数日の内に没収されていて、保身の術もない状況にあった。

北満州の極寒に比べれば、ここ南満州の鞍山は暖かいところであるが、それでも十月には初冬を迎える寒さで、捕虜の存在に置かれた兵隊たちは、風雪に、暗く暮れなずんだ。大路に長蛇をなして、警備のソ連兵の銃声におののきながら、重い足を引きずって駅頭に向かっていた。多くの市民が街路に出て、憂いを込めて見送っていた。

製鉄の町・日本人の街、鞍山市では、日本軍の敗戦の直後、中国人を痛めつけていた者たちの若干が報復される不安の日々があった。たとえば、アジヤ商工の支配人がビルの近くの電柱に針金で縛りつけられているとか、製鉄所の守衛が殺されたとか、そのようなことが敗戦後の不安を示していたが、ソ連軍の命令による設備の撤去作業が人々の動きを繁くさせ、また多くの兵隊たちの姿が街にみられたときには、穏やかな様相を示していて、市の各方面の日本人有力者は、この状態を誇りにしていた。

敗戦から一、二ヵ月の間、鞍山市はソ連軍の統治下にあり、九月に入ると、東北解放義勇軍として八路軍が入城し、製鉄所の正門に整列して儀式を行って、新たな統治者としての認証を示した。行政府は八路軍の任命する市長や政治主任の管掌するところとなった。

鞍山は、ソ・中の軍事的戦略要衝として対応されているなかで、八月十五日の終戦以来、日本人は前途の展望も持てず、暮らしも家財で売れるものを街に持ち出して、立ち売りし、不安な生活を凌ぎ、凌ぎを重ねているのであった。八路軍の政府になれば、なんとか良いことが来るのではないかと一縷の望みをもつ市民の心理状態であった。こうした状況であっても、鞍山市は全満州のうちで、よく治安が保たれているところとして、奥地の人々や辺境の開拓地から逃れてくるところとされていた。難民のなかには、いわゆる特務工作員の身分を隠し、逃れてきた者も多くあったようだ。

戦後の不安な日常生活のなかで、混乱も少なく過ごせるという状況では、占領軍兵士の暴行などは、誇大に言い伝えられるほどの事実は少なかった。が、時計、万年筆などを欲しがるソ連兵の出没も頻りで、深夜の押し込み強盗などもあった。手口は、Aなる家を襲い、次にはAを脅しAの懇意な家を案内させてBを起こして、友人の呼びかけで安心してドアーを開けたところへ押し入るという手口がとられた。このようなことに遭遇した人々は多くあったようで、強奪者は八路軍の服装をして銃を持っていたなどともいわれたが、一説によると、八路軍に応募した者が隊から脱走して強盗を働いたとか、満軍の残兵の仕業であるなどとされた。

また、日本人が集団として八路軍政府から課されたことのなかで、苦痛をもたらしたことは、突然の居住地移動命令であった。軍の作戦命令で、突然の半日時という短時間の現住地から移動地への移転と完了は、当該者には多くの財貨を失うこともあった。

八路軍軍政下での日本人の政治的な動きは警戒されていたが、人民を主体とする権力と体制の確立のために、日本人の中に協力者を求めてきた。また人民政府の名で日本人向けのビラが撒かれた。日本の人民は軍国主義支配から解放されたのだ、これからは、中日の人民が手を結んで新しい世界平和のためにたちあがれ、という内容のものであった。

いままで支配民族で中国の民衆に苛酷な仕打ちを行ってきた者に、兄弟として迎える八路軍の、民族を超えるような温かい方針に、私たちは感激した。[編注1] 五味川純平さんの描く鞍山の民主グループの活動が、この時期にはじまり、『鞍山民衆新報』が発行されるようになる。

民主グループは、新聞発行を十号ほど続けた。事務所は鞍山市の有力な請負業・坂本組の子会社である新井組という事務所を使う便宜を受けて、そこを活動の拠点とした。

十一月のある晩、そこに五味川純平さんが姿を現した。はじめに口をついてでた言葉は、「いま帰ってきた」であった。そして、東満州国境での激戦、部隊の全滅と捕虜にされたこと、捕虜の生命の不安定と、生死の道を選別する決定的な瞬間に命を賭けての脱出の敢行、そして逃路のなかで体験したことなどを話し、こうした苦難な道を越えられたのは、妻と子供に対する愛情であると語りあかした。

五味川純平さんの帰還で、鞍山民主グループの陣容も活気づくころ、前記した千山に逃れた兵隊たちは、食糧の欠乏や武器の奪取に不穏の活動を起こしていた。脱走団の指導者にのせられて、八路軍要人の宿舎やソ連兵を襲い、武器を奪う行為が頻りに行われていると報じられた。十一月のある日、人民解放軍とソ連軍が千山周辺――海城から遼陽――にわたり包囲陣を繰りひろげて逃亡の兵隊を捕捉し鎮圧した。捕虜の一団四百名ほどが、鞍山市・市政府の講堂につれてこられた。昼の戦闘で多くの兵隊が銃撃で死んでおり、逃亡した者が多くいるので、講堂に詰めこまれた兵隊たちの心は悲痛と不安に満ちていた。が、八路軍の兵隊たちに対する扱いは意外なものであった。説話のうち、
一、家のある者は帰りなさい。もし家のない者は、寮舎があるので、そこに落ちつくことを許す。
二、解放軍に協力する希望があれば歓迎する。
ということであった。われわれにはまったくの驚きであり、また人民解放軍政府の自信と国際的な兄弟愛をみる思いがした。

こうした中国共産党の実物の姿に教えられた、われわれ民主グループ六名は、鞍山市・市政府の外人課員として働くことになる。年が明けて一九四六（昭和二十一）年二月になると、国民党の第一師団が鞍山

に進攻してくる情勢となり、大連から長春に走る連京線も途絶するようになる。その直前の二月六日、五味川さんは大連の両親を見舞うために汽車で南下し、[編注2]これがわれわれや、妻子と長く別れることになり、五味川さんが大連の生活をてこに、大作小説『人間の条件』の形となる前提を創り、五味川さんの人生をつくることになった、と思う。[編注3・4]

〔「五味川純平著作集」月報所収、ただし省略された部分を原文から補充した――編者〕

編注1 平松利朗氏（社会経済史学研究会）の「横井亀夫氏訪問記」（発表文献不詳）によると、次のような記述がある。

――満州では、遼東半島と、奉天の中間に位置する製鉄所で……終戦を迎えたのである。敗戦になると日本人や朝鮮人は中国人の報復を恐れた、だが意外にも中国兵は連帯の手を差し延べ、親和会等に招待してくれ、社会主義運動をやっていたというと「我が同志よ、一緒に革命をやろう」と抱擁してくれた。そこで徳田球一の『日本の未来』などの本を読み、軍隊生活以来はじめて社会主義の勉強をすることとなった。

そのころ社会主義的な新聞などを五味川純平氏と共に企画して発刊したりした。そして間もなく蔣介石の軍と毛沢東の軍の戦いが始まり大連へ移動させられ、日本帰還船へ乗り込んだ。船中では、中国兵の親和会へ出席していたりしたものがリンチを受けたが、横井氏は偽名で活躍していたためリンチはのがれることができた。

（第二部Ⅱの羽田澄子氏、武井満男氏の思い出の文章をご参照下さい）

編注2　五味川純平（本名・栗田茂）氏は、一九一六（大正五）年、中国（旧満州）生まれ。東京外国語学校（現在の東京外国語大学）卒業。鞍山の昭和製鋼所入社（一九四四（昭和十九）年四月、満州製鉄株式会社鞍山本社となる）。しかし調査部員として憲兵隊に逮捕され、一九四四年（澤地久枝さんの指摘）、召集。一九四五（昭和二十）年八月―十一月、国境地帯で奇跡的に殲滅をまぬがれ、「千辛万苦の末、（鞍山の）わが家にたどりついたとき、極限状況の中で『人間の条件』をつらぬきとおしたことは、不朽の名著に描かれた通りである」（石堂清倫著『わが異端の昭和史』上、三九八頁）。中国国内の内戦の渦中で、「東北民主連軍星光部隊（朝鮮人戦闘集団）の一員として厳重な封鎖線を突破して、大連で部隊の戦闘資材を調達」（同著、同頁）。「五味川は（大連市）消費組合を一つの支持拠点として、新中国のために日本とのルートを設定し、命がけで満州と日本のあいだを往復している。彼は相当な成果をあげたはずだが、それが誰の手におさまったかは彼にも消費組合にもわからない。……政治から置き去りにされた彼は文学に向かうほかなかった」（同著、四〇〇頁）。一九四八（昭和二十三）年に帰国。関東軍時代の体験を題材として小説『人間の条件』を発表、以後、作家として活動。作品に『自由との契約』、『戦争と人間』など多数（略歴は、「運動史研究」十七号などより作成）。また小説『「歴史の実験」（初版は一九五九年三月、中央公論社より出版）のなかの労働者出身の「矢代」は、父がモデルといわれる。

昭和三十五（一九六〇）年二月十九日付の吉田行雄氏（福岡市在住）からの横井亀夫宛の手紙によると、「大兄の『敗戦前後の鞍山』を三度、繰り返し拝読しました。大兄の記憶のよいことには驚きました。……私も十二月発刊の五味川純平著作集に、『菓子づくりと五味川』を書いてみました。……大兄との農村生活、特に国府軍に襲撃された時、謄写版を肩に逃げた大兄の姿は忘れることが出来ません。また私が泊まった農家で、私の描いた油絵が部屋にあったのには驚きました。画面には銃弾の跡がありました」と、書かれています。吉田氏は、画家で、当時、九州・福岡のフクニチ新聞社に勤務しておられました。「謄写版を肩に逃げた大兄の姿」は、『歴史の実験』の中に、「『僕は田波（五味川らしき主人公）の意見に賛成です。歩きましょう』と、ガリ版の道具一式を担いでいる矢代が云った。」（同書三二三頁）と書き込まれている。

また吉田氏は、五味川純平著作集の月報で、「私も二年余、……「中国人民解放軍」と共に農村や各地を歩いた。解放軍の農民工作、その他多くのものを学んだ。だが私たち一行六名の中には五味川の姿はなかった。大連へ移動した時、五味川が大連にいることをしり、訪ねた。老いた両親との三人暮らしだった。鞍山から大連への単身で来ていたのである」と、国府軍の進攻で鞍山から撤退するとき、父を含む六名と五味川さんとは別行動をとったことを書いている。

編注3　澤地久枝さんから、一九九六（平成八）年十二月、石堂清倫氏の勧めで、「私は五味川純平さんの『戦争と人間』の資料助手をほぼ十年つとめ、註を担当したものです。『人間の条件』完結直後から（中央公論社の）雑誌編集者としてのおつきあいがはじまりましたから、長いご縁がありました。……五味川さんが亡くなったあと、まとまった著作年表も、その経歴もないことが残念であり、すでに「師・五味川純平」を雑誌に発表した経緯もありますので、本気できちんとしたものをまとめようと思います。それで、鞍山での敗戦、戦後、大連への脱出のころについてお話を伺えませんか」とのお申し出があり、当時横井亀夫が入所していた「中川の里」にお出でいただいたが、横井の体調がよくなかったようで、内容面でご希望にそえず、当時の状況が明らかにされなかったことは、残念で、申し訳なく思います。この回想文集が、こうした欠落部分を少しでも補うきっかけになれば幸いであります。

編注4　横井亀夫は、一九四六（昭和二十一）年以降、一九四七（昭和二十二）年四月まで、石堂清倫氏に協力して、大連で日本人労働組合・日本人消費組合・日本人帰国協議会で活動した。一九六五（昭和四十）年に東京で大連関係者が集まる機会（九州の野田恒世氏が東京に来られた際の懇親会）が持たれたが、その際の出席者のリストには、大連時代の日本人労働組合での立場と一九六五（昭和四十）年当時の立場が記されている。これによると次のとおりで、横井亀夫は大連日本人労働組合の宣伝部となっている。

香山磐根（大連時代〈以下A〉組合青年部・学生、一九六五年当時〈以下B〉税理士）、向坂正男（A組合書記長、B経済企画庁審議官）、児玉勝美（A組合青年部・満鉄、B工場経営）、廣田浩二（A組合青年部・大学生、B通産省技官）、隅田昌子（A組合婦人部・大連教員組合、Bデザイナー）、武井しずえ（A組合婦人部・女子学生・組合図書室勤務、B製鉄会社勤務）、野田恒世（A組合図書室、B九州経済調査協会勤務）、羽田澄子（A組合婦人部・科学研究所、B岩波映画勤務）、横井亀夫（A組合宣伝部、B全国金属労組員）

（次頁の写真及び第二部の石堂清倫、三輪隆夫、羽田澄子氏らの文章をご参照下さい）

大連日本人労働組合本部のあった建物（写真・羽田澄子氏提供）

大連日本人労働組合本部員の面々（写真・羽田澄子氏提供）

二　一九五五年・「自己批判書」

――党は情愛を重んじ、正直であること

（一）

今日の集会に下級党員である私の出席を許し、発言の機会を与えてくれました上級機関の同志の皆様に感謝いたします。

私は、今日ここに出席し野坂同志の話を聞くまでは、正直に申して野坂同志に対しギモンを抱いていました。私は、年少の頃より個人的にも野坂さんには大変お世話になり、また中国にいた折も、八路軍の同志達から、君等日本の同志は幸福だ、野坂先生の如き偉大な領導者を得ていて、幸福だと言われ、限りない尊敬の念を抱いておりましたが、只今この会合に出席するまではこのような尊敬の念とは正反対の感情を秘めておりました。

野坂さんこそ、一番大きな過ちを犯し、全党を混乱に陥らせていた指導者なのです。

私が、只今このように私の心を正直に述べているのは、私達のように処罰を受けてきた者が、どんな気持ちを抱いているかを知っていただき、指導的な幹部のみなさまが組織から離れている人々に手を差し延べ、党の団結を進める一助となることと思うからであります。

〔二〕

「アカハタ」に決議が発表された当時の感慨を第一に述べたいと思います。よくもこんなに立派な指針書が出来たものだ、三十余年の間、党に近づいて以来、最も大きな感激であります。

五ヶ年の長い毎日を、異端者扱いにされた身分が晴れ、党の統一に関する決議が示されたというだけではありません。それは従来までの数々のあやまちを率直に認め、正しい路線を全党に指し示したこと。それは党の建設について、党生活の基本的態度をレーニンの示した道に返した点であります。

諸同志に会うごとに、「いいね」、「よかったですね」、と握手を交わしたりしましたが、一方、このような気持ちで手を差し延べるのを躊躇する思いがあったことです。二、三の実例をあげましょう。

私は一九五一（昭和二十六）年の暮れから翌年の一月にかけて復党がなり、現住地へ一九五三（昭和二十八）年八月に居住しました。党籍は東京都大田区の勤務地の細胞にありましたが、居住地においては平和運動に努力してまいりました。しかし、後述するようにこの地の党機関の私に対する偏見のため、きわめて非友好的な関係におかれてきました。それで、今度の決議による場合は、何よりも先ずお互いが一緒に会合をもち、誤解やあやまちを、双方より正して行く方法がとられるべきであったと思います。が、転籍の事務的処理が完了して、初めて細胞の会議に出席することが出来たのです。それは九月十日頃からです。私はそれより前の八月二十日頃に決議の具体化のために会合に参加したい旨の意見を文書で細胞に提出しておきました。

細胞会議に初めて出席し、私の事柄を含めて党の統一について検討を行いました。その折、キャップは、いま六全協の決議が出されてこれが正しいと言っているが、いつまた、もとのようになるかわからない。いままで上部機関の方針を決定だ、決定だと決めつけてきていて、今度はそれが誤っていたんだからと言われて、はいそうですか、なんてきけやしない、変な気持ちでいる、と率直に発言していました。また、川崎市の居住細胞代表者会議の一代表は、六全協の決議を読んで怒りを感じたと言いました。

東京都委員会の場合は極めて悪質的であります。それは決議が発表されて、「不当処分」を取り消し、同志をむかえる際にとられた例として片山さとし同志の場合です。

昨年の春に、東京都委では片山同志に無法な打撃政策を行い、党外へ放逐を試みておりながら、今日になった場合の態度は、「同志片山を処罰した覚えはない、単に都委をやめてもらったまでだ」、と偽りを言い張り、証拠を出されて仕方なく当時の事情を認める如き非プロレタリア的な態度です。

以上のような実相を厳然とみるとき、いずれが正しいものを求めて苦労していたかが判っていただけると思います。

(三)

私は一九五〇(昭和二十五)年六、七月頃、除名されました。六、七月頃と不確かな月日を申すのは、私の知らぬ間に除名されてしまったからです。

私の除名は、「志賀意見書」を日本鋼管川崎製鉄所(「川鉄細胞」)の横山伸也同志に読ませたことと勤労者教育協会における活動であります。が、この二つのうち勤労者教育協会の活動の方が主でありました。

それは講師団の中に小野義彦同志を加え、この同志と連絡をとり活動を進めていたことであります。だが、これだけの理由で私に加えた機関の打撃は、当時にしても不当でありました。

当時、小野同志は「アカハタ」本局細胞にあり、伊藤律の大久保千代子同志に対する不道徳な行為に対し統制委員会に訴えたところ、逆に三ヵ月間の活動停止処分に付されて深刻な悩みを持ち続けていたのでありますが、処分もとけ、一応身分上軽くなったのであります。しかし、もとの「アカハタ」編集部には復帰できず、事実上は活動出来ぬ状態に陥れられていました。

私が小野同志の援助を受けた理由は、

一、小野同志がアジプロ（注：宣伝活動の意味）活動にすぐれた人であり

二、この適任者を放り出しておくことは、党と人民にとって大きな損失であり

三、処分もとけていることなので、勤協の活動を援助してもらうことになんの支障もないと判断したからであります。

では彼は勤労者教育協会で何をしたか。

当時この協会の活動は、知識人の名簿をつくり、それらの人々を職場に斡旋する活動を主としていました。しかしこの様な活動方法では正しい思想教育活動は出来ず、それで学校を創り、教育の系統性と人材の組織的な産出をはからなくてはいけないと考え、私はこの活動に経験の深い小野同志の援助を受けたのであります。

教育科目の骨子となる点は、

ソ同盟党史の結語に従い、社会の発展に関する科学、労働運動に関する科学、プロレタリア革命に関する科学、共産主義社会の建設に関する科学、

であり、以上の立場を生かすように配慮しなければならないことであったのであります。

以上のようにして活動を行ったのでありますが、このような思想方法をなんら検討することなく、また勤協の活動の現状をつぶさに検討することもなく、査問会の席上では馬鹿者と罵られ、「新神奈川」や「前衛」誌上では、スパイ、裏切り者、挑発者、悪質分派の烙印を押されて処断されてしまいました。だが、党の私に加えた打撃はそれで止まったのではありません。

第二の打撃は妻と子供に対する攻撃であります。

私は、当時川崎市委員会のある共和寮アパートに住んで居りました関係で、問題が起こって間もなく、立ち退きを迫る決議文を突きつけられました。立ち退くにも家もないので、やむを得ず私一人だけ家を出ましたが、そのあと二ヵ月の間、頻繁に追い立ての要求を妻にしてきました。

妻は党員であり、分派問題にはなんら関係なく、一九四七（昭和二十二）年四月入党以来、神奈川の党建設にはそれなりに努力してきていたのであります。しかし、このような努力に対してもなんら考慮されず、非人間的態度をもって住居を追い出したのであります。

第三の打撃。

不健全な党内事情のための不当な処罰に抗するため、処罰された諸同志と連絡をとり活動を続けていましたが、私達の活動はその意図はともあれ、結果として党の骨組みを弱め、国民に対する党の果たす役割を不純にすることに気づき、なんとしても復帰する様に努力しなければならないと考え始めました。それは一九五一（昭和二十六）年八月中旬のコミンフォルム誌の論評以後であります。

当時、米帝は朝鮮で数十万の人民を新型バク弾と細菌を使用して殺戮を行っていたのであります。このような爆弾、細菌をもった飛行機は、我が本土から飛び立ってゆくのであります。

米帝が第三次世界戦争をたくらみ、日本国土と経済力と人的要素等までも利用して朝鮮人民を殺戮しているのに対し、私達党員の任務は、アメリカ帝国主義とそれを支持する反動派に対し、日本国民の進む道を正しく示し、同時に朝鮮人民に対して国際連帯の任務を示すため、全党の力を統一して党と国民が結集して活動を行わなければならぬ重大な段階にあったのであります。私達はいくら自己批判してもこの様な段階にあって、あのようなあやまちを犯してしまったことは償うことができません。

私の復党は一九五一（昭和二十六）年十一月、自己批判を行い、翌年一月頃に完了しました。一九五二（昭和二十七）年七月頃、火エンビン闘争に反対する私の態度をきっかけに、それに分派であったことにより、私の活動はいつも冷たく眺められていました。当時、私は大田区の馬込細胞に属しており、その地域に「婦人民主新聞」が十五部、「平和新聞」が十部の読者がありましたが、私の転籍後、これらは細胞の主なる活動家によりつぶされてしまいました。

一九五三（昭和二十八）年十月、東京・大田区の池上徳持細胞に転籍しました。その後（一九五四年九月頃）、同志片山さとしの処罰に関して都委と地区からの通達について論議した際、私は都委の決定が
一、打撃政策に満ちていること
二、事実と相違して問題を進めているので承服することはできない
との態度をとりました。

その当時、私の働いていた矢口町付近の中小工場の同志たちにより、小工場合同細胞を創設することが進められていたのですが、このようなことがあってから、この計画からも除かれてしまいました。また私

は、東京都平和委員会の常任という任務を負わされておりましたが、都委として政策指導をするG会議に参加する義務と権利もない状態でありました。第三の打撃の最も甚だしい現実は、一九五三（昭和二十八）年八月、住居が川崎に移ってからであります。私は居住において、居住の細胞に属する中村登志次同志と協力して平和擁護の活動を進めておりました。一九五四年三月一日の会議における水爆実験に対し、これは重大なことなので、どうしてもみんなして問題にしてゆかなければならないと考えて、三月中旬ごろに（川崎・古市場の東大）セツルメントの学生さん、主婦の人々で会合をもちました。その時、小野同志を講師として招いたことが、あとで私と中村同志が分派活動を始めているとセツルメント細胞から地区に報告があがり、問題になりました。―これは最近判明したことですが―地区からの達しで「横井を徹底的に監視せよ」ということで扱われてきたことであります。

川崎市古市場における平和運動は、川崎市における限りもっとも進んでいるとみられてきました。けれどセツルメント細胞と古市場細胞の多くは、この活動に進んで参加しようとせず、中心的に働いていた同志中村や私に対し、彼らはある目的のために平和運動をやっているのだと、平和の仕事を進めることとは反対に、味方の不団結を果たす態度を持ち続け、最近の八・六カンパに例をとれば、私が細胞の不努力を平和懇談会の席上で問題にしたと怒り、セツルメント細胞の場合は、目前に起きているこの八・六カンパの運動に対する不誠意を、私に指摘されたことを診療所に対する私の攻撃としてまげて取り上げ、診療所と平和懇談会の活動とに水を差すようなことを行ってきているのであります。

地域における状態に関連して、同志・中村登志次について、一言、言わせていただきます。

彼は元・川鉄（日本鋼管川崎製鉄所）細胞に属し、パージ前は川鉄藤崎寮の寮長として、また寮自治連合会の副会長に選ばれるほど、人々から信望を受けた青年党員であります。彼が分派問題の時、処分された理由は、私と連絡があることと、神奈川県委員会の私に対する不当処分を承認しない点でありました。したがって彼に対する処分はあの当時でも誤った処分であったのでありますが、一九五二（昭和二十七）年、彼が復党した際、細胞を経ないで川崎市委員会が事務的処理をすませたから、それは基本的でない、やり直せ、との理由で、昨年六月、組織から除かれてしまいました。

彼はそれまで二ヵ年、細胞で中心的に活動を進め、それゆえ細胞指導部に選ばれて活動してきていました。この打撃に対し彼はどんな犠牲を忍んでも細胞に復していなければいけないと、数回にわたり自己批判並びに意見書を提出していましたが、組織の方ではこのような自己批判を求めながら、他方では、今野武雄同志は市の責任者でありながら、あれは自分で勝手に脱党したのだと、労農党の城千尋君に放言しているのであります。このようなことは純真な若い党員の精神にどんな大きな痛手を与えたことでしょう。

同君に与えた打撃はこれのみではないのであります。彼が除籍された当時、彼はセツルメント創設当時から建設と活動に努力してきていたので、この折にセツラーとして活動していて、そのうち組織上の問題も解決しようと考えていたのであります。

しかし、当時のセツルメントの幹部であり党員であるN君は、中村同志が活動に参加することを拒否しました（これはセツル細胞の決定によるものと思われます）。

セツルメントは大衆組織であり、協力をのぞむ者を思想的な違いで拒否することは間違いであり、これは党の組織と大衆組織を混同しているものであり（この場合は党が大衆組織をわがものにしている）、また、恩義を忘れ人情を無視したもので、人間的な立場からみても全く間違った態度であります。もしこのような実情を上級機関の指導的同志が具体的な事実に基づき点検を進めてくれたなら、今日みるような混乱と悲しむべき事態は招かずにいたことと思います。なおこの際、今野同志について一言述べておきます。一九五四（昭和二十九）年一月に、私は今野武雄同志（彼は当時、川崎市委員会の責任者であったので）に、次のような精神を内容とする年賀状を送りました。

今年こそ党と川崎の労働者大衆との結合を深めて下さい。

今年こそ平和運動の先頭に川崎の労働者が座を占めるようにして下さい。

今年こそ党の思想的強化と組織生活の純化を成して下さい。

けれど、この私の新年の挨拶に対し、「これは悪意に満ちている」として今野同志はもらしていました。指導的同志のこのような偏見は指導を受けている細胞の人々の考えにも強く影響を与えています。その実例は昨年十二月の二十日頃、川崎の「アカハタ」の同志玉井君が交通事故で大負傷をした折、私はわずかな金とカンパ活動をするよう趣意書を添えて細胞に提出しましたが、善意のもとには取り扱われず（あとで判ったのですが、「自分で勝手にやればよい」）にしまいました。

以上、色々と事実に即して例をあげましたが、私に対する機関と指導的幹部、細胞に至るまでが、敵対者扱いでありました。

大衆と共に歩むことを学ぼうと努力せず、大衆の中に深く根を下ろすことを怠り、下級機関の活動を具体的に点検することを忘れ、生きた運動の実情を明察する感覚を失って、悠々として上部におさまっている同志の姿を、こんなにまではっきりとみたことはありません。

（四）

このような私の体験を通し、痛感している諸点を述べ結論とします。

第一、幹部の正しい登用

現在の組織の幹部の配置には、特定の指導的幹部の任命で特定の同志により部署が占められている感が深い。

第二、党の諸活動と組織生活の点検は具体的実践の中で試してみること。

第三、同志間並びに国民の中にあっては情愛を重んじること。

上級は下級に親切に、下級は上級を尊敬し、苦難な歩みを続けてきた老同志には敬愛の念を。国民に対しては虔譲さを、そして義理や人情の点を大切にすること。総じて信頼と協力と尊敬し合う中で活動を進めなければならぬと思う。

第四、正直であること。

今日までわが党は野坂同志をはじめ細胞に至るまで、誠に不正直でありました。状勢を正しく見ようとせず、あやまちを率直に認めようとせず、見かけのよい、実情と異なる報告を平気で行ってきました。

第五、打撃の政策を行わないこと。

一九五〇年から今日まで多数派の同志達が私達に加えてきた実相を思い浮かべると、もしもこれが党の政権のもとにあったとしたらおそらく生命までも失われていたかもしれません。このことは、最近の実例では朝鮮人民民主主義共和国における朴憲永一派の反党的活動が貴重な教訓を与えています。

第六、政治的健忘症をうち破ること。

六全協の決議の発表以来、中央の同志の方々、とくに野坂、今野同志がそれぞれ、「あやまちを犯したものに対する態度の問題」「自己批判と党内民主主義に就いて」

等々の文章を発表していますが、このような意見も大切なことですが、今日の瞬間にあって、指導的幹部の任務は全党の犯したあやまちについて具体的に検討し、その原因を深く掘り下げ、真実を全党の前にあらわにして、全党の立場、然り、全党の立場で解決を進める方向がとられるべきではないでしょうか。

これは決議に示された党建設の要項の実践化が急務であり、重要なことを痛感したので、敢えて述べたのであります。

（一九五五〈昭和三十〉年九月二十五日）

三　原水爆禁止・平和大行進活動

――平和願い東京―広島間往復歩破

原水爆禁止運動への参加

横井亀夫は、一九五〇年代後半（昭和二十九年以降）から原水爆禁止運動に積極的に取り組んだ。人生九十年の活動のなかで大きな位置を占め、生きいきと活動した時代であった。

活動家であって、著述を主業とするものでない横井亀夫には、体系的に書き残したものはない。しかし、原水爆禁止運動のなかで最も盛り上がった時期の運動であった原水爆禁止世界大会の開催地・被爆地「広島」への平和大行進に参加した横井亀夫が、五十代で往復を歩き通したことは、一つの記録的なことであった。当時の原水爆禁止運動関係の新聞紙上に掲載された「各地からの平和行進の記録・通信・報告」が残っている。当時の時代的な状況を理解することに役立てたいと考え、それらを整理、収録し、あわせて写真を掲載することにした。またそれにいたる活動、原水爆禁止運動の流れを記しておきたい。本稿の内容について、元・原水協（原水爆禁止日本協議会）代表理事・吉田嘉清氏のご教示と激励を受けた。

（編者）

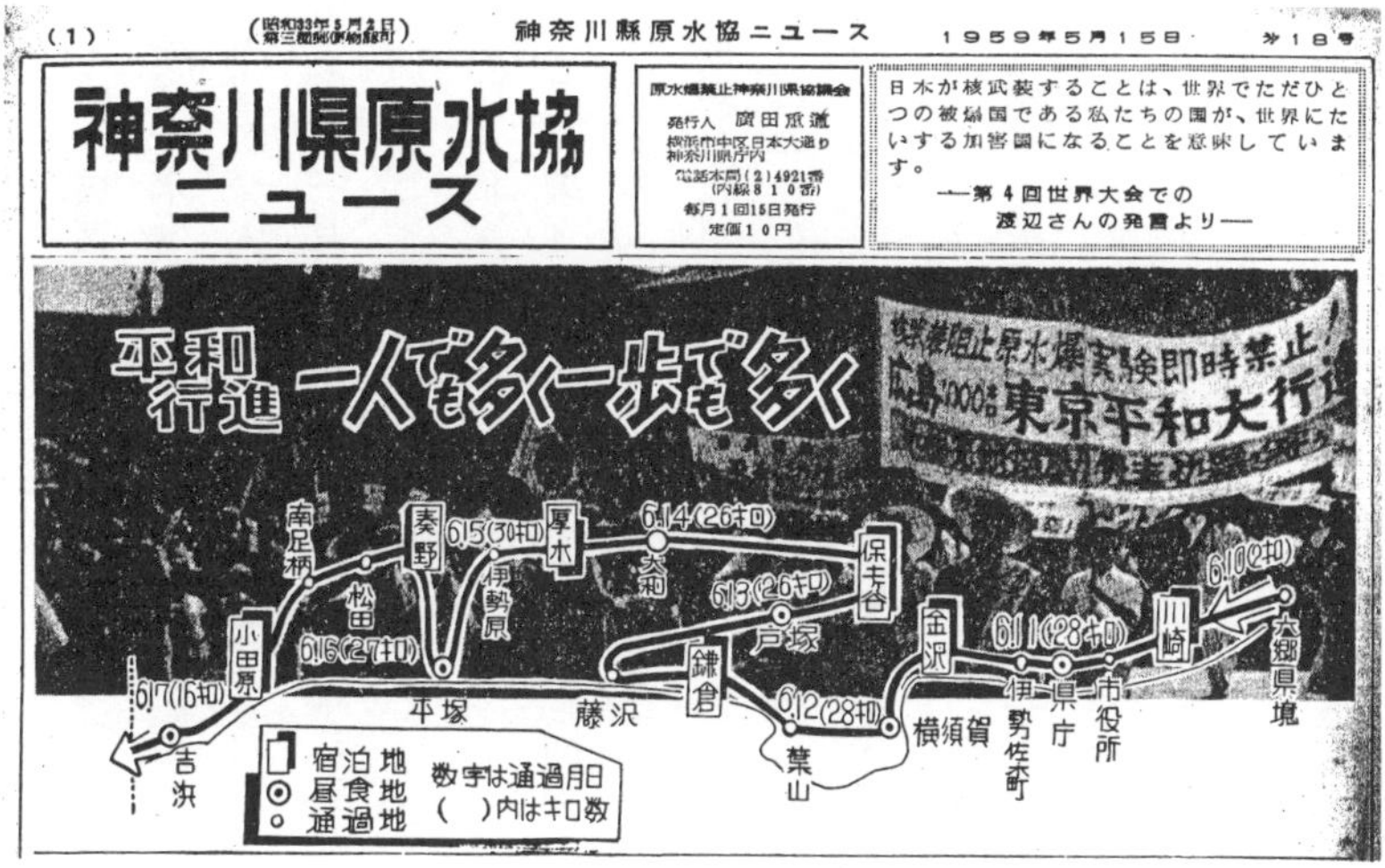

（1）　（昭和33年5月2日 第三種郵便物認可）　神奈川縣原水協ニュース　1959年5月15日　第18号

神奈川県原水協ニュース

原水爆禁止神奈川県協議会
発行人　廣田重道
横浜市中区日本大通り神奈川県庁内
電話本局（2）4921番（内線810番）
毎月1回15日発行
定価10円

日本が核武装することは、世界でただひとつの被爆国である私たちの国が、世界にたいする加害国になることを意味しています。
——第4回世界大会での渡辺さんの発言より——

平和行進　一人でも多く一歩でも多く

「神奈川県原水協ニュース」（1959〈昭和34〉年5月15日号）

第32号　1960年7月15日　神奈川縣原水協ニュース　（第三種郵便物認可）　（2）

歩こう！この足音で原爆なくせ
平和行進いよいよ県下へ

戦後最大のもりあがり
世界大会目前に——行進迎える神奈川県

今年も、平和大行進が、寸時を休まず歩きつづけている。南は沖縄から、北は北海道から、日本中のすみずみの平和の声に包まれて、一万キロのながさを、延三千万人をこえる人々が、一歩一歩と歩いている。すでに出発してから三カ月、代表団はまつ黒に陽焼けしながらも、山に街に大鼓の音を元気にひびかせいよいよ七月二十八日、静岡より神奈川県に入つてくる。

神奈川県では、七月二十八日より八月五日まで、県北のコースと東海道の二本にわかれて行進、八月三日横浜で合流、川崎からふたたび二方面にわかれて東京にひきつがれる。各地の通過時刻や歓迎体制などは、それぞれの地域原水協から連絡されるが、すでに通過した各県では、昨年に劣らぬもりあがりをみせており、世界大会を目前にひかえて出迎かえる神奈川県では、戦後最大の参加と歓迎が期待されている。

写真　①広島郊外にて、沿道の老婆に、原爆への怒りは消えない。②京都三条銀座を行く行進先頭の写真は世界大会に写真の参加を託して、その後亡くなつた中山保嗣、③広島を出発、今日も元気に歩き続ける横井亀夫さん。

今年も海の平和祭
8・13～8・14鎌倉で

海岸カマクラでひらかれている海の平和祭も、今年は第九回を迎えることになつたが、このたび県原水協、神奈川地評、鎌倉地区労などが中心となつて実行委員会が作られ、八月十三日（土）八月十四日（日）を開催日とし、鎌倉由比ヶ浜海岸で、次のような多彩なプログラムによつて行われることになつた。

○前夜祭（八月十三日、午後七時—十時）
うたと踊り、たいまつ行進などで海辺の夜空に、原爆つくるなの叫びを轟かせる。

○式典（八月十四日午前十時—午後五時）
例年通り外国代表を迎え、第一杯に平和の祭典をくりひろげる
なお、当日は午前九時—十時に前日に引きつづき歌とおどりのコンクールが行われる。

○参加券、一人一枚二〇円（十三日夜の宿泊費等は未定）

沖縄コース 北陸コース 長……市

原水協と戦争のない平和な世界をめざす一〇、〇〇〇キロ国民平和大行進は、七月六日、滋賀県長浜市で沖縄コースに北陸コースが合流、両コース代表は熱烈の握手をかわした

⊙…コースの合流地点となつた長浜市の国道八号線と県道交差点付近は、午後四時ごろからぞくぞく詰めかけた労組員や一般市民でいつぱい。まず南から沖縄コースが姿をみせた。長浜原水協の先導車がマイクで「もうすぐ平和大行進が到着します。拍手で歓迎して下さい」と呼びかけたとたん、歓迎陣の人垣がどうとゆらぎ、高らかな"原爆

「神奈川県原水協ニュース」（1960〈昭和35〉年7月15日号）

（二）

原水爆禁止運動は、一九五四（昭和二十九）年三月一日、米国政府が太平洋上のマーシャル諸島ビキニ環礁で水爆実験を行って、第五福龍丸とその乗組員やマーシャル諸島の島民が被災して以降、日本国内で急速かつ広範に盛り上がった。

同年三月、東京・杉並区の主婦たちなどによる原水爆禁止の署名運動から運動は始まり、八月八日には、「原水爆禁止署名運動全国協議会」が結成された。そして同年十二月までには、署名数が二、〇〇〇万を突破するに至った。

この署名を基礎に、一九五五（昭和三十）年八月六日、原水爆禁止第一回世界大会が広島で開かれた。一九五六（昭和三十一）年に長崎で第二回世界大会、一九五七（昭和三十二）年に東京で第三回世界大会が開かれた。一九五八（昭和三十三）年には、第四回世界大会を前にして「広島―東京一万キロ平和大行進」が行われた。平和大行進は、故西本敦氏（日本法妙寺・高知県中学校教員出身）が創始した。日射病の危険があるとして反対論もあり、原水協（原水爆禁止日本協議会）の機関決定でなく、個人の意志としてスタートした。

横井亀夫は、一九五九（昭和三十四）年の第二回目の「平和大行進」として「東京―広島」間の五、〇〇〇キロ平和大行進（六月十日―八月五日、五十七日間）に参加、翌一九六〇（昭和三十五）年の「広島―東京」間五、〇〇〇キロ平和大行進（六月十日―八月五日、五十七日間、全参加者一、〇三一万名、通過都道府県二十三、距離六三八三キロ）に参加した。二回の参加で、東京―広島間往復約一万キロを歩き通したのであった。当時、往復を歩き通した、ただ一人の行進者であった。さらに一九六一（昭和三十六）年に静岡―神奈川―東京の平和行進にも参加した。

〔「原水爆禁止日本協議会」の資料より作成〕

（二）

「東京―広島」間平和行進参加に先立ち、原水爆禁止運動に関して、どのような活動をしていたのか、横井亀夫の残していったボロボロのファイルから読み取ってみる。

一九五四（昭和二十九）年の三月から川崎市古市場町内（現在の幸区、横井の家族が住んでいた）で神奈川地域労働組合評議会の副議長二階堂龍夫氏（川崎市会議員）を代表発起人とし、東大学生による「川崎・古市場セツルメント」（診療所）を拠点に、住民、とくに主婦及び学生を中心とした「古市場平和懇談会」をつくり、原水爆禁止の署名活動を始めた。

「原水爆禁止」の署名活動―全国津々浦々へ

「古市場平和懇談会ニュース」第一号（発行日不明）発行の時点では、署名者数は八五九名、「ニュース」第三号の発行された同年十月二十八日には、署名数二、三〇二に拡大し、代表が神奈川県平和集会（同年六月）に参加し、一九五五（昭和三十）年の第一回原水爆禁止世界大会に代表を参加させた。

全国金属労組の昼休みデモ。
中央左で“平和祈願”の立て札を持っているのが横井亀夫

横井の住居は、一九五四年五月ごろ隣接の下平間町に移転したが、横井は、この「古市場平和懇談会」で積極的に活動した。懇談会の講師には、柳原白蓮女史、畑敏雄・東京工業大学教授などが招かれた。同懇談会は地区を下平間、上平間の平間地区に範囲を拡大し、「古市場・平間地区平和懇談会」と名称を変更した。一九五九（昭和三十四）年六月二十日付原水爆禁止川崎市協議会の定期総会議事案の「川崎原水協の歴史」によると、「川崎における原水爆禁止の運動は、一九五四（昭和二十九）年十月、市内の大島地区、南河原地区、古市場地区において主婦、学生、労組員、その他の人々の手によって始まった」と、記されているが、実際には、東京・杉並区の署名運動の直後、三、四月ごろから始められ、「古市場地区」はその先駆的地域の一つであった。

また横井亀夫は、一九五五（昭和三十）年三月、川崎市木月住吉町の不二越精機に就職した。同社内で労働運動（一時期、執行委員長、組合は全国金属労働組合＝「全金」に加盟）、平和運動に積極的に参加した。

同労組は第一回原水爆禁止世界大会に代表を派遣した。会社業績不振に伴う労働争議中の一九五九（昭和三十四）年と翌年の一九六〇（昭和三十五）年、に東京―広島間往復の平和行進に参加し、さらに一九六一（昭和三十六）年には静岡―神奈川・東京の平和行進に参加した（第二部Ⅳ・379〜380頁の佐野芳三氏の回想文を参照）。同社には会社が破産し閉鎖された一九六五（昭和四十）年五月まで勤務した。

各地の平和行進の記録から

（要旨を個条書きにまとめ、文章表現を少々修正した――編者）

一九五九（昭和三十四）年の平和行進――東京から広島へ

――「東京・広島一、〇〇〇キロ平和大行進」はいま愛知県を通過しています。本県代表としてこの行進に参加している横井亀夫さん（川崎市原水協）から大要次のようなお便りがきました。

神奈川におとらない静岡の歓迎ぶり

▼婦人会の組織的参加が目立つこと――島田では百名以上の婦人会員が連合会のタスキをかけて、手に手に「核武装反対」の小旗をもち、声高く迎えてくれた。また各市町村長が直接、行進に参加する傾向が強くなって来た。
▼各地区労の協力――大変立派で、単産では私鉄、パルプの組合が常時十五〜三十名ほどの動員を行い、

全逓は全県コースに一名参加、全日通が組合の強さを発揮して常に大量参加し、金谷に入る前には日通家族会の主婦が参加してくれた。

▼国鉄労組の参加――各地域における組合員の指導力は偉大なもので、熱海では住宅地の主婦をまとめ、御殿場では千羽鶴を持った子供たちをまとめたことなどに、その力が良く現れていた。

▼静岡県青年団協議会――県協議会の支持の下に各地域青年団が五名、十名と各地域ごとに参加している。菊川で参加した小笠郡の青年団は二十キロの山奥から参加した。この人たちが単車につけたプラカードの一つには、「魚も野菜も放射能で食べられない核兵器実験絶対反対」と書かれていた。

▼近江絹糸富士工場の娘さんたち三十名余りが参加し、友情の旗を託され、嬉しく思った。

以上のことに続いて、横井さんは非常に悲しい、そして今すぐにわれわれも考えなければならないことを、二、三報告しております。

▼その一は、今日まで焼津の街には原水協が未確立なこと、その二は、久保山すゞさんがあまりにも遠慮がちな立場を示さねばならなくなっている状態についてです。水爆実験の被害者がどうして行進団に堂々と参加できないのか。日本人のうち誰よりも発言権がある人なのに……。

すゞさんは、焼津のはずれから藤枝まで、自転車を引きながら、目立たぬように参加し、また私たちの宿舎をみつけるのにも、新聞社から聞いてくるような状態でした。

〔原水爆禁止神奈川県協議会発行、「神奈川県原水協ニュース」、一九五九（昭和三十四）年六月十五日号〕

東京・日比谷野外音楽堂での国民平和大行進集会（1959年６月）—写真左から２番目・大山柳子さん（故大山郁夫氏夫人）、風見章氏、ついで片山哲氏（憲法擁護国民連合・会長）、２人おいて横井亀夫

国民平和大行進・広島へ出発（1959年6月）
左より２番目・福島要一氏、３番目・エセル・マニン女史（英作家）、４番目・武藤一羊氏、５番目・横井亀夫、７番目・大木行治上人（太鼓を持ったメガネの方）

一万キロ国民平和大行進
日本原水協代表きまる

一万キロ国民平和大行進の各コースの全行程をあるく日本原水協代表は、四月十五日の担当常任理事会で次のとおり決定した。

中沢ひろや(41) 中野原水協事務局次長・中野区議 (東京原水協推薦) 根室—東京

井上 礼彦(36) 人類愛善会本部 (原水禁宗教者懇話会推薦) 輪島—東京

宮川 敏郎(28) 都職労執行委員 (東京原水協推薦) 長野—東京

野崎 英明(31) 高知原水協常任理事 (四国四県原水協推薦) 高知—東京

横井 亀夫(51) 不二越精機・同労組中執 (神奈川県原水協) 広島—東京

真鍋 松男(45) 名瀬市職委員長・奄美地区労議長 (九州七県原水協推薦) 与論島—

比嘉 秀次(26) 沖縄県胡差市原水協事務局長 (沖縄原水協推薦) 沖縄—東京

代表のうち、沖縄→東京コースの比嘉秀次、真鍋松男の両氏はすでに行進の先頭を歩いている。

なお、北海道→東京コースには日本山妙法寺代表として篠崎政一郎氏が加わることになっている。

「1万キロ国民平和大行進・日本原水協代表決まる」(1960年)

プラカード「横井亀夫」を掲げて平和行進（写真中央：横井亀夫）

川崎市労働組合協議会（川労協）の幹部・秋葉栄一（後列右から2番目）、吉浜照治氏（後列左から1番目）とともに、後列左から2番目、横井亀夫

家族と共に平和行進（川崎）、写真：左から黎、マツ、一人おいて横井亀夫

静岡・沼津で

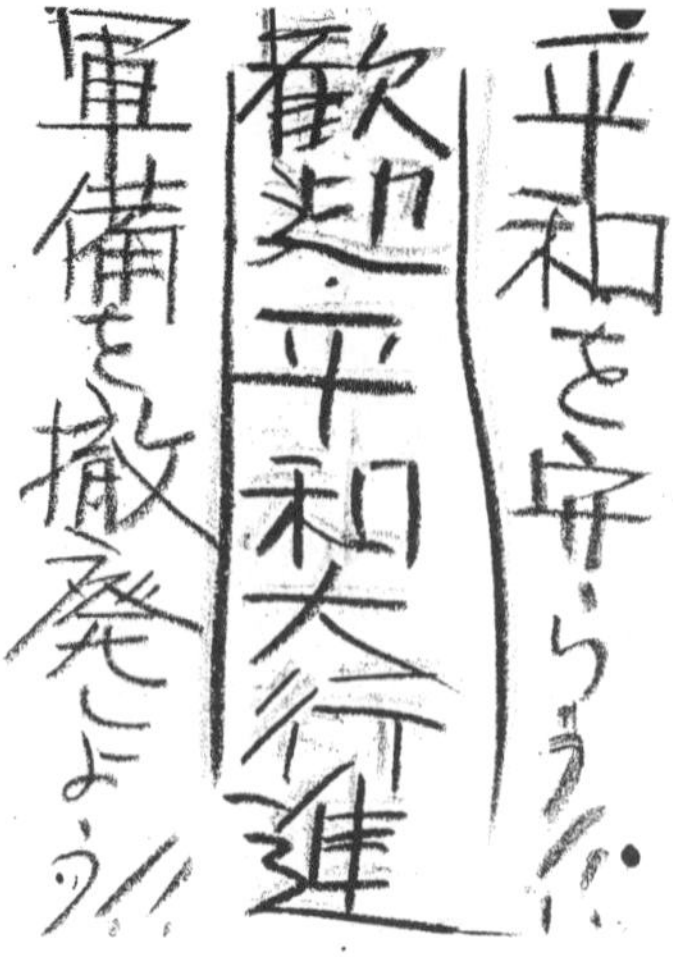

平和行進中に手渡されたクレヨンのポスター

平和行進に「祈る」・沿道の老婆の願い（静岡・沼津）

全電通・愛知県半田分会の青年婦人部の人たちと（後列4番目千羽鶴のレイをかけてもらった横井亀夫）

愛知県半田市の歓迎陣とともに

本島毛糸紡績労働組合の人たちと（写真・左の端：横井亀夫）

芦屋あすなろ友の会の人たちと（後列4番目・横井亀夫）

尼崎・平和行進歓迎集会で中学生とともに

婦人民主クラブ大阪東住吉支部の女性たちと

広島平和祈念公園に到着ー４人グループの左端：横井亀夫

平和行進を激励する
浅沼稲次郎・日本社会党委員長、
神山茂夫・日本共産党統一戦線部長と
原水協理事長の安井郁氏（法政大学教授）（広島）

平和行進便り――京都―大阪

▼七月十四日　京都を出発した私たちは、雨の中を沿道の盛んな歓迎をうけながら伏見、淀、橋本を経て枚方に向かいました。橋本では、大阪の帖佐事務局長、山村同市議会議長ほか多数の労組の出迎えを受けました。橋本から枚方まで十数キロある沿道では、雨の中を三十人、五十人と各所で、行進団を歓迎してくれました。枚方市では、「安保条約改定阻止」のアジ・プロを公然と行っており、大雨の中でも動員が成功していました。

▼七月十六日　寝屋川市の行進も強く印象に残るものでした。ここは、昨年秋、京大、阪大の原子力研究所設置反対を闘ってきただけに、市長、市議会議長をはじめ、全市が歓迎してくれました。

〔原水爆禁止日本協議会発行「原水協通信」、一九五九（昭和三十四）年七月十五日号〕

一九六〇（昭和三十五）年の平和行進――広島から東京へ

昨年、広島までの平和大行進に、神奈川県代表として全コースを踏破した川崎の横井亀夫さんは、今年も日本原水協からの再三の要請に、ふたたび県代表として、こんどは昨年と逆に広島から東京目指して、今日も歩き続けている。以下は、横井さんが、日本原水協に送った各地の平和行進の記録から掲載したものです。

〔原水爆禁止神奈川県協議会事務局長　廣田重道〕

【平和行進代表の横顔】

愛称「亀さん」――横井　亀夫さん

横井亀夫君は、はえ抜きの神奈川県人だ。神奈川県というより、京浜地方という方がぴったりする。昔の京浜一般労働組合という労組にいたことでもわかるように、はえ抜きの労働者でもある。人柄がいいので、どこかの役所の人か、坊さんというような感じだが、十八歳で労組員として、昔の全協（今日の総評のような組織）に加盟したという労働運動史上でも、めずらしい人だ。ここまでいうと、年齢がわかるが、もう五十をすぎている。しかし、トシにはみえない。出世主義というか、無理をして人よりも前に出たいというような所がないので、身体にも精神的にも疲れがないためであろう。昔から愛称は「亀ちゃん」だが、その名にふさわしい親しみが持てる人柄だ。余りムキになって憤ったところを見たことがない。

横井君は、労働組合での平和運動のベテランでもあるが、今日でも地元で『御幸平和を守る会』を主宰し、最近発足した神奈川県平和センター準備会の有力なメンバーでもあり、また原水爆禁止運動には最初から力をつくし、川崎市原水協のなかでも光っている。昨年の平和行進では、神奈川県原水協代表だけでなく、関東ブロック代表でもあったが、さらに日本平和委員会から代表として追加指名されたのも、この日頃の平和運動での功績のたまものである。

横井君の実直で、まじめな性格は、昨年の平和行進のときの中央へのレポートや、通過した土地の人々との文書や、沿道での取材などのボウ大な仕事になってあらわれているが、実に頭の下がるような活動ぶりだった。

その横井君が目下ハリ切って出発の準備に当たっている。幸いに身体の方も調子がよいときいている。家族のかたがたも、家ぐるみ横井君の壮途をたすけている。地元の人々も、不二越労組でも、川崎労協でも、川崎市原水協でも、県原水協でも安心して横井君に一切を託している。その横井君を中心にして、こんどの平和行進の広島―東京コースで、どれだけ平和の力が沿道をどよもし、日本中をゆすぶり、全世界にこだまするか、これはひとえに、われわれがどれだけ真剣に行進を支援し、その成功のために努力するかにかかっている。

すでに矢は弓をはなれた。

各界、各層の方々のご協力を祈ってやまない。

廣田重道（神奈川県原水協事務局長・日本原水協常任理事）

（原水爆禁止日本協議会発行「原水協通信」一九六〇〈昭和三十五〉年五月十五日）

▼行進はゆかりの地ヒロシマを出発した。広島原爆病院めざす沿道は人波。約二、〇〇〇名の行進団のなかに、原水爆禁止の紙ノボリをもったお婆さんが人目をひく。舟入川口町に住む高橋スマさん（五十八歳）、昨年二十歳になる娘タカ子さんを原爆症で失った。タカ子さんは、「お母さん死にたくない、死にたくない」と言って死んでいったと泣いて語る。

▼原爆病は、被爆十五年を迎えた今日も絶えない。原爆病院前では患者さんに行進団から花を送り、患者一同からは、それぞれの写真を貼りつけたタスキを行進団に託し、大会に参加できないので、せめて写真だけでも大会へ、と代表は語った。ところが、このとき写真を託した患者の一人中川保君は、六月二十五日原爆病で二十年の短い生命を閉じた。今も中川君の写真は、行進団とともに東京にむかって歩き続けている。

▼六月二十二日は安保統一行動の日。朝から雨がしきりと降る。備前電報局の労働者が、この日のゼネストに二時間の職場大会で参加、三十名ほどの組合員が行進に加わった。全電通は今年も平和行進への取り組みは熱心で、北九州から全電通の旗が、東京めざしてリレーされている。半田分会岡満子さんは姫だるまを代表団に託した。この他の単産では、自治労が福岡県職員労働組合から送られた染め抜きの旗をリレー。全国税が鹿児島から、その他全日通、全農林、全林野、全司法などのノボリや旗が、それぞれの組合員によって東京へひきつがれ、今日も行進の先頭にひるがえっている。

▼学校の取り組みも去年におとらない。尾道の糸崎小学校では平賀校長以下一、一五七名の学童が整列して行進を迎えた。姫路に近い高砂市では、教育委員会から各学校宛に歓迎に参加するよう通達、なかには一二〇名が半日参加した高校もあった。ここの原水協は、昨年十一月結成されたばかりだが、中心

になったのは高砂高校の先生たちが行進前に原爆展を市内五ヵ所でひらくなど、街の歓迎も広島を小さくしたような活発さ。

茨木市役所前の歓迎会では、同市の連合中学校のブラスバンドが代表団を迎え、子供たちは家々から百羽の鳩をもちより、行進到着とともに大空へ放って歓迎。美しく、そして感動的な一瞬だった。
▼尾道市の正徳浜沿道で、二人の子供さんをつれたおかあさんが、鳩の絵を書いた平和の旗数本を行進団に手渡した。こうした光景は各所でみられる。
半田市では、婦人会で歓迎用の小旗を三、〇〇〇本も徹夜でつくった婦人会長の北原はま子さんが、沿道をこの旗で埋めて歓迎したかったと語ってくれた。

玉島では婦人民主クラブ、キリスト者平和の会の婦人たちが、樺さんの死に抗議するプラカードとカンパ箱をもって参加。

また引野国生病院では、患者一同で千羽鶴をつくり、樺さんにぜひお供えして頂きたいと代表団にさしだした。


〔「神奈川県原水協ニュース」、一九六〇（昭和三十五）年七月十五日号〕

一九六一（昭和三十六）年の平和行進――静岡から神奈川・東京まで

▼八月二日　吉原～沼津～三島の静岡県コースに、丸木俊子さん、樺美智子さんのお母さんが参加しました。丸木先生は原爆の図と平和行進の画の制作のため、樺さんのお母さんは殺された娘さんを育んだ

沼津で、娘の遺志（179〜181頁の「樺光子様からの手紙」参照）を継ぎたいためでした。

　沼津の集会では、美智子さんの同級生やお兄さんの中学校の友だちがお母さんのところにかけつけたりしていました。

　丸木先生は平和行進のスケッチをわずかな休憩時にも、行進中にも描きつづけていました。
▼八月五日　行進は、神奈川県に入りました。県境の僻地・山北町では、村長はじめ町民の人々が花火をあげての歓迎です。
　この町の婦人会は、行進参加を会員によびかけていませんでしたが、それでも、歓迎集会ではお茶の接待と、会長川添さんが激励にあいさつをし、隣接の南足柄福沢まで一里の道を会長さんはじめ十名ほどの会員が行進をともにしました。

　福沢地区では、福沢神社境内で婦人会一二〇名の動員で湯茶の接待です。みんな第七回平和行進のたすきをかけています。ここでは北足柄小学校の生徒百人、富士フィルム労組員、町民の人々が町ぐるみの取り組みをみせています。富士フィルム労組青年婦人部から、美しい二連の千羽鶴が行進団に贈られました。

　福沢神社を出発して、南足柄公民館までの一時間の行進では、ものすごい大雨にたたかれましたが、婦人会の人々は雨をついて行進を続け、大雄山駅付近では婦人会の人々の数は七〇名ぐらいになっていました。


〔「婦人民主新聞」、一九六一（昭和三十六）年八月十三日〕

廣田重道氏・略歴〔一九〇七（明治四十）年〜一九八二（昭和五十七）年〕

一九〇七（明治四十）年、東京生まれ。一九二九（昭和四）年上智大学中退。日本反戦同盟初代書記長。投獄数回。戦後、一九五〇（昭和二十五）年日本平和委員会常任理事。一九五二（昭和二十七）年日本子どもを守る会に参加。一九五五（昭和三十）年第一回原水爆禁止世界大会に参加。同年原水爆禁止神奈川県協議会事務局長、原水爆禁止日本協議会常任理事。一九六八（昭和四十三）年第五福龍丸（木造一四〇トン）保存運動に参加。一九七三（昭和四十八）年財団法人「第五福龍丸平和協会」（三宅泰雄会長）創立、専務理事に就任。一九七五（昭和五十）年東京夢の島公園に都立第五福龍丸展示記念館の建設決定、翌年完成、館長となる。一九八二（昭和五十七）年逝去、享年七十四歳。

〔吉田嘉清氏作成資料、「旧縁の会会報」復刊十一号により作成〕

樺光子様からの手紙

拝復
只今、お手紙落手致しました。大変感激して拝見致しました。

そしてその節、色々と御配慮いただきましたこと、思い浮かべました。改めて深く感謝申し上げます。

八月一日の夜の汽車の思い出は、ながく忘れられないでしょう。どんなにかお気をもまれたことかと思い返しております。

最後の汽車とも知らず夢中で馳せてきたのでしたが、よくも間に合ったと思い出しております。社会党の渡辺道子さんと一緒だったのですが、車の代金をお支払いすることと挨拶もせずに待合室に飛び込んで、丸木さんのお姿を見てほっとしたのでした。

そして、あなた様が汽車の床に横になられたのを見て、遅くなって席のとれないのが悲しゅうございました。

今日から九月を迎えます。昨年もそうでしたが、今年も暑い夏を仕事に追われてすごす身の上を考えず、何か新しい生き方を与えられるようになった自らというものを考えています。

五十五歳と言えば、そして子供も大きく育ってしまったものなら、ほっと一息して何か隠居者めいたことを考えるでしょう。私は二、三年前からそんな気持ちでした。ところが全く違った人生を歩きはじめております。身体も大変丈夫になったようです。

そしてずっと若い頃、夢や希望を持った頃と同じような夢や希望を持つようになりました。私は美智子が私に新しい生命をくれたものと解釈しております。こんな風に考えることは、宗教くさくてあなた様はお嫌いにお思いかも知れません。でも私には然うおもうのです。

そしてその気持ちで聖書の言葉を思い出すのです。私には聖書の言葉が生きて感じられるのです。丸木俊子さんの行動に対しても、私は率直に〝たたけよ、さらば開かれん〟と言う言葉を生きて感じるのです。私はあのときの感動を決して忘れないでしょう。あのとき、私は丸木俊子さんの全部が分かったように思ったのでした。あの方は偉大な方です。

私が社会に押し出されてから丁度一年程になりますが、何が一番うれしかったか、それは人の善意というものを数多く知ったことでした。一番始めに知ったことは、美智子という娘を知ったことでした。

私の娘として知っていた時には決して分からなかったことを、私の側から離れていった後に、はじめて知りました。私は幸せだと思い、その死を無駄にすまいと思いました。

これからどの位生きるか分かりませんが、否、元気で働けるか分かりませんが、私は人間のなかの善意を信じ、その反対の悪と闘ってゆけるというのは幸せなことだと思います。

お手紙のなかにも、三人で話し合う機会をとおっしゃってくださいまして、うれしいと思います。もっと元気を出して、私は「行脚」をしたいとさえ思っております。

お書き下さいました原稿は、女性同盟の機関誌の方に廻してのせさせて頂きます。

この便箋にこのような細かい字を書き連ねておりましてすみません。これは手元にないので、急いでお返事を差し上げたいと思い、つい節約したのでした。すみません。

写真を先日も頂きまして、また頂きましてありがとうございました。

残暑もきびしいことでございますが、世情もきびしいことでございます。

私の宅の上は立川からの飛行機の途にあたっておりますが、気の故か、とてもひどい爆音を聞くと胸騒ぎを感じます。

昨日とその前の日はちょっと異様さを感じました。

明日は原水協の婦人部の集まりがあり、六の日の統一行動について考えなければなりません。

何卒ご自愛専一に願い上げます。

九月一日（一九六一〈昭和三十六〉年）

樺　光子

横井　亀夫　様
御もとに

樺　美智子さん・略歴〔一九三七（昭和十二）～一九六〇（昭和三十五）年〕

一九三七（昭和十二）年、東京にて父俊雄、母光子の長女として生まれ、沼津、神戸で育つ。一九五七（昭和三十二）年、東京大学文学部に入学。教養学部自治会委員となる。同年日本共産党に入党。一九五八（昭和三十三）年、宮本・日本共産党の方針・政策に反対し、共産主義者同盟に参加、書記局員となる。一九五九（昭和三十四）年、東大文学部学友会副委員長となる。一九六〇（昭和三十五）年、岸首相渡米阻止羽田デモで逮捕。同年六月十五日、安保（日米安全保障条約改定）阻止国会突入デモで、警官隊と衝突、国会敷地内で殺害される。享年二十二歳。六月二十四日、日比谷公会堂で「樺美智子国民葬」。中国共産党主席毛沢東は「樺美智子さんは全世界に名を知られる日本民族の英雄」とのメッセージを送ってきた。

〔「革命英雄記念碑入魂・名簿」などより作成〕

樺　光子さん（提供・共同通信）

樺　美智子さん（提供・共同通信）

原水爆禁止運動家・早川先生のこと

南太平洋マーシャル諸島ビキニ環礁における米国の水爆実験により、静岡県焼津市のマグロ漁船の乗組員が被曝し、その他多大の魚類が放射能に汚染された事件が、一九五四（昭和二十九）年三月一日に起きた。その直後から、日本全土に水爆実験禁止の運動が燎原の火が燃えるように燃えひろがり、国の幹線道を大群で行進する運動が、国際的支持を続け、署名運動の「三千万人署名」も、完遂・実現された。

この運動がこのように広がったことは、一九五四年に世界平和評議会により提唱された、「国際紛争は話し合いで」、と五大国の米国、ソ連、英国、フランス、中国にアピールする運動が下地にあって広げられたのである。日本の平和主義者は、日本共産党の工作に応え、民主主義擁護同盟や政党、労組、婦人団体などを統合して結合し、全国の統合単一組織として「日本平和委員会」を創設した。学生・青年団体の代表として東大学生自治会の熊倉啓安氏も世界評議会の評議員に名をのせていた。

東京工業大学の数学の教授・早川康弌先生は、平和委員会の常任活動家として献身的に活動していた。平和委員会は全国機関紙として「平和新聞」を発行し、早川先生はその編集長であった。一九五七年のある朝、「平和新聞」用の原稿を携えて家を出て、近くの東京大田区の北千足駅に向かった。改札から向い側のホームに急いだ。先生は、電車の進入に気づかず、電車に接触してしまい、重傷を負った。近くの奥沢中央病院で手術をうけ、奇跡的に生命に別状なく、危機を乗り越えて、数ヵ月後、回復した。このような幸運をえて完全に回復したときに、奥さんが「早川は、悪運が強いから……」と、楽天的にユーモラスに話していたのを思い出すが、九死に一生をえたのである。それ以後、先生の活動は、教室の仕事に支障もなく、平和委員会、原水爆禁止日本協議会中央の仕事に専念した。同じメンバーには、林茂夫、吉川勇一、吉田嘉清の各氏らがいて、現在も交友を保っている。

以上のメモは、一九九二（平成四）年の三月ごろのもので、「原水爆禁止運動を回顧する」と題した文章であるが、完結していない。ただ「早川先生」宛手紙の原案が別にあり、それには、次のような点が書き記されている。

「早川先生」宛手紙——原水爆禁止運動の進め方の基本点を考える

——平和行進で知り合った岡崎の方から「八丁味噌」を贈られて、安城、岡崎、豊橋など、愛知県下を行進したことを思い出し、当時の原水爆禁止運動が行進型・デモ形態と運動の大衆化、それを支えた市民組織、労働者が中心となって全国的なものになったと考えます。今後の基本的な考えをまとめてみます。

——原水爆禁止運動の進め方と運動の方法は、署名運動でありました。発端はよく知られているように東京・杉並区の主婦たち、戦争の反省を深刻に受けとめている人たちが、度重なる米国の核実験に驚き、居住地の平和愛好者と相談して、日本全国の平和愛好者、民主団体に働きかけて協力を求めた。南太平洋ビキニ・ムルロア環礁における米国の水爆実験によって焼津港のマグロ漁船が偶然に被曝し、乗組員に犠牲者が続出し、マグロを含め多くの魚類が放射能におかされたことが判明して、大騒ぎとなり、署名運動が全国的に広がり、住民と民主団体が奮起することになった。

――運動は、各地域、民主団体に浸透し、二千万署名運動に発展して、行政区単位にも進められて、居住地の懇談会組織の確立が進められ、市・都道府県に中央組織が確立され、全国組織として労組の全国四十単産と社会党、共産党の代表などから構成される原水爆禁止「協議会」が確立され、法政大学教授の安井郁氏が代表に就任した。

――第一回原水爆禁止世界大会が、一九五五（昭和三十）年八月六日、原爆投下の実験の地・広島で開かれることになる。他方、日本山妙法寺の僧侶（西本敦氏）が発意して、運動の地方組織の確立、大衆化を企画して、被爆地・広島から東京・中央に向けて平和行進団を創設し、実行した。広島から東京までの行程は、ほぼ二、五〇〇キロ（全国津々浦々で行われる平和行進を含めると一万キロ）、日数六十余日である。それ以来いままでの十数回に及ぶ大会に向けたデモ行進は、大会開催日から逆算して出発期日を、初夏頃に設定して実行してきた。地域でも、全国行進に即応して、地方行進を行うところもあった。

――日本の原水爆禁止運動の発展と、東京―広島間の平和行進――約六十日にわたり、全国各地方で遂行された――の役割。これを支え、成功させた力はなんであったのか？　二千万人署名運動のなかで地域に組織化されて、地区懇談会が設立された。総評系の全国加盟単産の取り組み、たとえば国鉄労組、官公労（官公庁労働組合）、自治労（地方自治体労働組合）、日教組（日本教職員組合）、全逓（全国逓信労働組合）、全電通（全国電気通信労働組合）、民間の全国労組、全日通（全日本通運労働組合）など。さらに地区労と地方の単産労組、都道府県下の平和懇談会、主婦たちの自主グループ、などなどの広範な広がりと参加が運動の力の根源にあった。

――こうしてふり返ってみて、確信し、確認しておきたいことは、原水爆禁止運動・平和運動は、あくまで民衆が中心であり、質的に日常生活のなかで平和でありたいと願い、行動で平和を要求する運動である、ということである。この運動は、反体制を志向した、権力打倒を試みるものではない。その深層部には、社会民主主義的思想があると考える。

――ソ連が部分核実験停止条約を米国と締結し、平和共存を訴えたことに対して、日本共産党・中央が大反対して、全組織を挙げ、また影響下の知識人を動員して、「修正主義」なる左翼用語まで使用して、部分核実験停止（「部核」）でなく、一挙に核廃絶を訴え、対置したことは、政治世界の柔軟で現実的な戦略的志向の欠如といわざるをえない、と考える。

早川康弌（はやかわ・みちかず）**氏・略歴**〔一九一一（明治四十四）年～〕

一九一一（明治四十四）年、愛知県知多郡上野町生まれ。愛知一中、第八高等学校を経て、一九二九（昭和四）年、東京帝国大学に入学。中島正氏らと一緒にマルクス主義を勉強、同時に一緒に「反帝同盟」（反帝国主義・民族独立支持同盟日本支部、廣田重道、津金常知、谷川巌氏らが歴代書記長）の仕事を行う。この同盟八高支部の活動には、元一橋大学学長の都留重人氏（一九一二〈大正元〉年生まれ）も参加し、一九三〇（昭和五）年十二月、同氏を含む八高生三十六名が一斉検挙され、法的な処分は「起訴猶予」であったが、三十日以上の無届欠席で自動的に八高から除籍され、米国への留学を余儀なくされたとのことである（都留重人著『都留重人自伝　いくつもの岐路を回顧して』、岩波書店、二〇〇一年十一月刊）。

一九六一（昭和三十六）年まで日本平和委員会の組織部長、原水爆禁止日本協議会の事務局活動を精力的に展開、一九五九、一九六〇、一九六一年の原水爆禁止世界大会では、副議長を務めた。一九六一（昭和三十六）年に引退、学位をとり、東京工業大学教授を務め、のち名誉教授。一九七〇年代から「反帝同盟」の同窓会を主宰し、都留氏を囲んだ会合を開いた。九十一歳でご健在。

〔早川先生の略歴は、先生から送って頂いたメモおよび父宛の手紙・資料をもとに、編者が付け加えたものである〕

1929〈昭和４〉年11月７日結成された日本反帝同盟のＯＢたちの60周年記念会

（1989〈平成元〉年11月６日、日本教育会館）

前列右から、玉城英彦氏（東京大学名誉教授）、津賀俊氏（元・同盟東京支部・元共産党船橋市議）、岡林キヨさん（元・同盟事務局員・岡林辰雄氏夫人）、早川康弌氏

後列右から、都留重人氏（元・~~一橋大学学長~~）、幸田成康氏（東北大学名誉教授）、横井亀夫（元・共産青年同盟員）、寺元マサさん（元・同盟東京支部責任者・寺元武士氏夫人）。

四 「運動史研究会」活動への参加

「運動史研究会」の発足と精神

「運動史研究会」は、一九七七（昭和五十二）年六月に、石堂清倫氏と宮内勇氏（一九三四年の共産党「多数派」運動のリーダーの一人、戦後、復党を断念して時局研究会を主宰）のイニシアチブで設立された。目的は、「日本における社会主義運動の歴史を、党派的な立場にとらわれずに、政党運動、労・農運動、文化・思想運動など、それを構成したあらゆる領域にわたって調査・研究する」ことである。

調査・研究の視点は、「自己の正しさを顕彰することにのみ力点をおいたり、あるいは政治的な意図から、もっぱら非難中傷のみをこととする、ある種の党派的な運動史ではなく、また指導部の交替や公式文書の羅列にだけ終始する上層の運動史でもなく、私たちの研究は、あくまでも事実を発掘し、その事実に依拠しながら同時に、運動を下から支え、そのなかで苦闘した人びとの生きた姿が思い浮かべられるようなものでなければならないと考えます。党派的な偏狭を排し、自由で闊達な調査、研究、発表の機関」（同研究会の趣意書）として定められた。発起人には、石堂、宮内両氏のほか荒畑寒村、飛鳥井雅道、伊藤晃、菊池昌典、栗原幸夫、埴谷雄高、平野謙、渡部徹の諸氏が名を連ねた。「運動史研究会」の発足の背景に

〔第３回会員懇談会・1979（昭和54）年３月17日・参加者名・敬称略〕

荒畑寒村（写真中央）、石堂清倫（後列５番目）、伊藤晃、岩田英一、内海庫一郎、海老原利勝、太田典礼、大竹一燈子、大原勇三、小沢三千雄、加藤恵子、河合勇吉、神田文人、栗原広子、小森恵、坂田正次、昌谷忠海、佐藤敏昭、篠崎昭二、城谷稔、隅山四郎、高田壐郎、宅昌一、竹内文次、田中正太郎、田中稔男、竪山利忠、角田儀平治、津脇喜代男、西岡慶三郎、永井勝次、野口務、野口晋輔、野田弥三郎、深沢恵、福永操、堀切利高、前田友行、増田格之助、丸山茂樹、箕浦義文、宮内勇、増山太助、守屋典郎、山岸晟、横井亀夫（前列左端）、渡辺文太郎、渡部義通。（写真は二次会）

「運動史研究会」での荒畑寒村氏（右）と渡部義通氏（左）

『運動史研究』全17巻・特集テーマ（発行年・月・日）

第１巻　「多数派」問題（1978．2．15）
第２巻　プロレタリア科学運動の回顧と検討（1978.8.15）
第３巻　左翼労働組合運動の再検討（1979・2・15）
第４巻　50年問題―党史の空白を埋める（1979・8・25）
第５巻　戦中から戦後へ（1980．2．15）
第６巻　崩壊期の研究（1980．8．31）
第７巻　赤色労働組合主義の再検討（1981．2．28）
第８巻　コミンテルンと日本（1981．8．31）
第９巻　荒畑寒村（1982．2．28）
第10巻　関西における労働運動の土壌と本質（1982．8．31）
第11巻　セクト主義への抵抗と反省（1983．2．28）
第12巻　堺利彦（1983．8．31）
第13巻　差別へのたたかい及び福本和夫（1984．2．29）
第14巻　戦後初期（1984．8．31）
第15巻　総評その一（1985．2．28）
第16巻　日本労働組合評議会（1985．8．31）
第17巻　天皇制（1986．2．28）

は、「日本だけでなく、世界の社会主義運動が大きな転換期を迎え、社会主義とはなにかという問いが改めて根底的に問い直されている今日、歴史への関心が高ま」（同研究会趣意書）りがあった。

その成果は、『運動史研究』全十七巻に結実されている。百数十名の人たちが書き、語ったが、一九八六（昭和六十一）年二月、諸困難から活動を休止した。

石堂清倫氏は、著書『わが異端の昭和史』（下）（平凡社、二〇〇一年十月十日刊）のなかで、「横井亀夫と北野照雄、それに岩田英一が編集に加わった。横井は労働組合評議会と青年同盟の活動家であって、この方面の多くの協力者を組織し」（二九〇ページ）と記し、また本書第二部の追悼文でも、「全巻十七冊には、どこにも横井亀夫氏の力がしみこんでいるのです」と述べられており、「大正時代の青年労働者」、「『山代文庫』に想う」及び「運動史研究会会報」に語り、書き、座談会「労働運動のなかの先駆的女性たち」、「婦人民主クラブに見る婦人運動の継承と展開」に参加している。

「運動史研究会」への参加前の「交流」誌交換の提案

横井亀夫は、「運動史研究会」への参加の前に、印刷業を営んでいた関係で、「交流」誌の交換を呼びかけ、いろいろな情報をA３判にコピーしたものを配布していた。

第一号は、一九七五（昭和五十）年六月、朝日新聞に掲載された「七十年の反骨たたえる——寒村翁の米寿を祝う会」の紹介記事と菊池昌典氏のコラム「日記から——おいらん道中」（寒村翁のおいらんにまつわる話）、本人の「山一争議に唄った歌」と、一九二三（大正十二）年五月のある日、五反田・桐ヶ谷に住む田所輝明さんを訪ねる話を載せ、「友人、同志たちの交流会をつくろう」と呼びかけ、次のような提案をしている。

——著名な知人や文章をものにすることができる友人たちは、それぞれの足跡をものにして、遺産をのちの者のために残す仕事をしてくれています。けれど、この仕事はこれからの人々に負担をかけていてはならないので、その一つの方法として、このような「リーフレット」をときおりつくり、相互に交換してはどうかと思い、こしらえてみました。ご賛成くださるよう期待しています。

第二号は、野田弥三郎氏の野草園の新聞記事と近藤真柄さんからの葉書の便り、それに次に掲げる栃木県那須の老人（小林輝次氏）からの葉書による注文などで構成されている。「老人」の注文は、「運動史研究会」の内容・活動に繋がる観点を含んでいる。

――「交流」誌、交換、双手を挙げて賛成。ただし、自ら少しもやらないで、注文するのは、オコガマシイが。この一号、まことに気のきいた編集ですが、寒村の婦人達のことを書くのでしたら、まず菅野スガ子とのなれそめ、幸徳にと子への悲憤、処刑後の対面のこと、私の知っているあの老婦人の由緒ある旧家、その没落と吉原へ売られた悲運、寒村の母、姉、妻を兼ねたような温顔、惨憺たる最後。最後の人を私は全く知りませんでしたが、我が同窓・有沢広己君の推センですが、人柄のよい普通の主婦に近いひとであったと思うので、前・二婦人のことを書いた一切を紹介して貰いたかった。寒村自身については、（大河内・元東大総長がまことにいい的《マト》をついていましたが、それ自身が皮肉）、二度も自殺を企てている。その点が鈴木茂三郎君のチョウ笑とは逆に、最も重視、評価しなければならぬ点のように考えますが、いかがですか？

あなたにも書いてもらいたい点は、田所輝明君のことや、革命歌ではなくて、評議会や工場での運動の経過中の、党や指導者達の間での、すさまじい（あの時代にのどかな情景は乏しい）腹に据えかねるような、多くの出来事、今でもひたかくしにされていること、身を切るような、ホントなことを書き残すことではないでしょうか。それが要求されているのではないでしょうか、私なども、それに触れないで、ホントのことは書けないので、何も書き残さなかった自身の卑怯さが、くやまれる。あの（荒畑寒村氏の）米寿の会には、代々木系、協会派等が見えなかったようです。私達の仲間に近いひとは、揃ったようですが、「日本のこえ」も長谷川浩君たちの仲間も見えなかったようです。中間派は黒田寿男君ら二、三人でした。

六月十八日（一九七五〈昭和五十〉年）

「運動史研究」会活動の一齣

「会へのたより」（一九七九〈昭和五十四〉年）

定例の会にはいろいろとご努力を下さり感謝いたしております。

会の仕事の展望と野田さんの報告は、参加の人々を集中させて進展を期していましたが、討論の部は魅力が薄れた感じでした。いつも発言する人々の発言でしたが、報告者の要旨に焦点をあてながら前方を拓く発言が強く出されるよう、司会の力でリードしてほしかったと感じております。

野田さんの主張によると一九五〇年の分裂の主因は指導者の素質によるとされていましたが、一因であることは事実と思いますが、主因にはもっと深いところに探りを打ちこまなければと感じております。私たち勤労人民は資本家地主と専制政治と軍事的な大きな重圧の下に多年にわたって生活を強いられてきて、部分的な各分野の反抗運動はあっても、国全体を包んだ大闘争の経験にとぼしく、そしてこの間に指導としての理論の蓄積、展開も弱い中に多年をすごした被支配人民のわれわれでした。このあたりまで深めて分裂の因を求めてほしいと感じております。それはこの問題にかかわりのない人々までもまきこんで行けると思います。

〔「運動史研究会会報」第十一号、一九七九（昭和五十四）年十一月〕

第十二回会員懇談会に想う（一九八三〈昭和五十八〉年）

さる十月八日、家の光会館で行われた十二回目の会員懇談会を、『運動史研究』第十二巻の刊行とあわせて喜びたい。十二回目、まる六年間の足どりをふり返ると、山頂を目指しつつ中腹での一服時に、喘ぎながらのり越えてきた山々が遙かな遠望にて見られ、楽しさを覚える。発起人とそれに当初から尽力してこられた諸兄の心の裡が想われる。そして、ここまで辿りつけたのは、たくさんの会員の友誼、信頼、忍耐などの人柄の賜であると思う。

運動史研究会は一九七七年六月に、荒畑先生をはじめ、発起者名簿の諸氏の呼びかけで発足した。あれから六年の年月が流れた。前半の一九八〇（昭和五十五）年前後までは会員の諸氏は健在を保っていたが、一九八〇年を過ぎ今日に至ると、発起人の荒畑寒村、宮内勇、平野謙の諸氏と左記の諸氏が他界の人となってしまった。

伊東光次、糸川寿一、一条重実、飼手真吾、内野壮児、内田博、上野貞夫、大橋隆憲、木田進、近藤真柄、永幡正之、城野宏、平尾卯二郎、柴岡文雄、竹内文治、田中正太郎、津脇喜代男、鍋山貞親、隅山四郎、西村桜東洋、藻谷小一郎、中野重治、増田格之助、山田勝次郎、山根銀二、藤原春雄、山

田六左衛門、渡部義通、西川彦義

労苦をひとしくした友人たちが、このように足ばやに世を去ってゆくことに気づくと、会員の懇談会を大切にしてねんごろに心を交わし合い、励ましと心を温め合うよう心がけたい。

二年目の会で、滝沢一郎さんが「所謂プロパカートル松原問題」を想起して、宮上則武さんの同席したなかで、五十年の長きにわたる汚名の重荷を背負わされた宮上さんから汚名をとり除き、あわせて運動方針上の意見の相違をこのような方法で同志を傷めつける指導方法を明文にして、会員一同の胸を熱くしたことなどがあり、また八十三、四歳を迎えようとしている井汲卓一先生、田中稔男さんが会に姿をみせて所見を述べられたことは会員の人々に安堵を与え激励される思いがする。田中さんは、病躯に鞭打ち、本年四月にはアフガニスタンに赴き現地を視察してきて、現下の危機的な国際情勢を背景にして、アフガン問題の理解と堅持すべき立場を説いて、老兵老いずの姿を示している。こうした、ひとこま、ひとこまに示される会の姿は尊いものだ。

今度の例会は転向問題に焦点が絞られて、個々人の内面にわたり語られたが、外的な側面というか、転向問題が戦争の前夜と戦中に展開されたこと、それが人々と社会の流れに与えたもの、かつて友であったものを締めあげ、戦争支配者の尖兵の役割を担うまでに陥ってしまったことについても、苦悩が示されなければならない。人間のイデオロギーの占めるものとして解決するには、選ばれた人々の集団の前衛党といえども雑多で、堅固な思想の持ち主として生き通すことができる人は僅かなものだ。党内の個が集団となり、全体支配に発展し、人民のなかの反支配集団の労組や団体も一億翼賛に転じる助けをしてきたこと等。

第十二巻の、転向の新たな研究をめぐって、福永書簡を含めてこれからも、深く掘り下げられてゆかなければならないと思う。今日、宮本共産党が大韓航空機事件に示す態度をみるとき、転向問題は示唆的内容をなすものと思う。

転向問題は、堺利彦を考える場合、明治、大正からの運動をどのように継承し得たかと密接な関係にある思いがする。私たちが共産党に入党したころ、私たちは、明治、大正の社会運動冬の時代を耐えつづけてきた、堺さんや、山川均さんの足跡から学ぼうとせず、運動の発展の要素を断ちきってしまい、転落のふちにたたされ、敗退した。今日、新左翼と言われる諸集団が同じような歩み方をしている。――断絶と継承――運動史に示される継承性の少なさ、運動の伝統を築き守り育ててゆく努力の少ないことに気づく。セクト主義が幅をきかしていて、統一戦線思想が軽んじられているのだ。

運動史研究会員の平均年齢は、六十歳？　またそれ以上のことと思う。したがって体験が昭和の初期から戦中にあった人が会員の多数を占めている。語られ、報告されたことも、その時期のことに集中されて大正期の運動の報告が乏しいこととあわせて、戦中の報告もそのようであり、この弊を少しでもとり除くために、昨年は大橋周治さんが発起して、戦中の運動を語るべく当時関係した方々の名簿の作成とその人々の集まりをもった。

天声人語に「これだけは親が生きているうちに聞いておかねばならぬ」「という大事を後回しにして雑事に気をうばわれてはならぬ」ということが書かれていた。今さらながら感心して読んだ。

懇談会参加のために、今回は北海道から林さん、静岡から鎌倉さん、栃木から中島さんが参加してくれたが、紹介の労を怠り、また発言の機会のないまま帰られてしまった。全員の方々に、言葉の一つを頂くよう運べぬことが気になるので、できれば、こんな問題をやってみろ、など前もってきかせて下されば、などと思う。

「運動史研究会」会員の栃木県在住・故中島彪三氏（前列左）と佐登夫人（右）、後列は伊藤晃氏（左）と丸山茂樹氏（右）　（1981〈昭和56〉年３月）

（第十二回会員懇談会・参加者名）

赤掘邦雄、飯田貫一、内海庫一郎、遠藤忠夫、大竹一燈子、大原勇三、小沢三千雄、芦川喜久夫、鎌倉常三、玖村芳男、栗原広子、パオロ・カルベッティ、坂田正次、昌谷忠海、鈴木裕子、佐野静江、高木健次郎、高橋正雄、滝沢一郎、宅昌一、田中稔男、中島彪三（**上写真参照**）、西村勝一、丹羽道雄、野田彌三郎、成島智生、野村美登、林登代、福永操、ステファノ・ベリエニ、針田耕一、平井巳之助、松本広治、箕浦義文、守屋典郎、山岸

晟、山花秀雄、林白言、渡辺惣蔵、石堂清倫、丸山茂樹、江口繁雄、横井亀夫、北野照雄、岩田英一、小山黎、伊藤晃。

〔「運動史研究会会報」第二十六号、一九八三（昭和五十八）年十一月〕

中島彪三氏・略歴〔一九〇九（明治四十二）年—一九八八（昭和六十八）年〕

一九〇九（明治四十二）年東京品川生まれ。東京・蔵前高等工業専門学校（現在の東京工業大学）応用化学科卒業、共産青年同盟の常任になり、一九三三（昭和八）年四月頃より党の東京市委員会に所属し、五月、検挙。その後、大阪で約一年余、工場に入った後、中国に十年間、滞在。引き揚げ後、一九四七（昭和二十二）年共産党に再入党、栃木県委員会の常任委員、委員長、一九五八（昭和三十三）年の第七回党大会で「党章案」に反対し、委員長を解任させられる、一九六六（昭和四十一）年党を離れる。一九八一（昭和五十六）年生い立ちと非合法活動の思い出を語る（写真参照）、「運動史研究」第八巻に収録、一九八八（昭和六十三）年、逝去、享年七十八歳。（「運動史研究」第八巻、中嶋彪三著「歴史と社会に生きる」より作成）

第十四回会員懇談会を省みて〔一九八四〈昭和五十九〉年〕

（一）

『運動史研究』第十四巻の刊行をなしおえ、それをうけて開かれた第十四回会員懇談会は左記に列挙するように、貴重な内容を含むものと思う。

（1） 第十巻刊行の一九八二年当時の状況は、会の主任的な存在である荒畑寒村先生と宮内勇さんを失い、運動史研究会の内部にあっては、財政困難と第十巻の刊行をなしおえたこととも絡み、存続か、それともひとまず終止するかが問われていた。その時期から現在までの経過は全十四巻の刊行にみるように、研究の成果とあいまって、その作業の積み重ねの重みが、社会運動史関係の人々に高く評価されるようになった。

（2） 会員の数と構成も安定し、後継として期待できる新進の年代の人々も少しずつ加わりつつあり、本誌刊行のたびに開催される会員懇談会への参加、出席状況も定着と広がりをみせている。

（3） 幹部の一人である丸山茂樹氏が会報二十二号で述べたことであるが、会員の中には「現役の社会党員や共産党員として活躍している人」も、「両党から離脱して批判的立場にある人」も、「現在は政治や運動から全く隔絶して生きている人」もいるが、夫々に会の存在意義を認め、喜んで参加していることは、当会ならではであろう。そして、「現在の運動の状況にリンクする戦後史への肉迫」が第十五巻に結実しようとしている。

（4） 運動史研究会の作業とそれを支える会員の人々の努力は、一歩一歩と歴史（運動の）的事実を解明して学び得ることを多くする。

運動史研究会の作業は無限に続けてゆくことを強いられているようである。

（二）

第十四回会員懇談会の開会挨拶において、石堂清倫さんは、小林杜人さんの急逝を悼みつつ、杜人さんが戦争中、司法機関側に身をおきながら、特高警察の弾圧によって生活に苦しむ多くの旧運動家たちを、彼らの手から解き離すことに尽力したこと、氏にはこのことで悪罵に等しい言葉をなげられていたが、それに対して一言も弁解がましいことを言わずにこの世を去った、と述べた。「この人の行為はなんであったろうか。改めて問い直す必要があると思う」と、先輩への衷心からの思いを表明されたことが印象的であった。

また、会員の宮本正男さんの沖縄戦における体験の本や高橋正雄さんの『日本共産党の秘密』の著書等々を紹介した。

この日の報告を引き受けられた鈴木市蔵さんは、戦争直後の労働運動の昂揚と衰退について語りつつ、国鉄の再編と国労への攻撃、大量の首切りについてみると当時と現在がまったく同じである。即ち、当時は国鉄一〇万人の首切りと国営から公営へ、今日では大量人員整理と公営から分割・民営へと、独占資本の欲する道に突きすすもうとしていることを強調した。

続いての報告者の山口武秀さんは、第十四巻で発表された「私の農民運動——一九四五年前後」では語られなかったことなどに言及しながら、神山茂夫氏のこと、三里塚闘争について思うことなどを語った。

高橋正雄教授は、ご自分の著書『日本共産党の秘密』の立場について語った。マルクスが意図したことと、レーニンが行ったことから現在のソ連国家を比較するとそれは大いに違うとのべて、ソビエト国家の歪みとそれが必然であることを力説。

第二部の夜の懇談会では話がおおいにはずむ。

数年ぶりにソ連を訪問された吉田さんは、ソ連指導者たちの現在のあり方についてはともかく、実地見聞したソ連社会の生活は、目に見えて向上していること、また箕浦義文さんは一九一七年十月革命で地球上初めての労働者国家を創設し、ソビエトの民衆は苦難に耐えてファシズムに打ち勝った偉大な民族である、と。

労働運動研究所の山本正美さんは、戦後史の問題に関連して、日本人民が敗戦によって天皇制軍事警察支配から解放されたことについて、日本共産党中央部が、アメリカ占領軍を解放軍だと規定したことは大変な誤りであること——この発言に対して岩田英一さんは、アメリカ軍によって獄中から解放されたことは事実だ、徳田球一氏はアメリカ占領軍の本質をあの当時すでに見抜いていたのだ、と山本氏に反論、また山本正美さんはアラブで闘っている重信房子さんの本を読んだ感想として、その成長ぶりを高く評価する発言をされた。

これに対して、福永操さんからは、重信さんの本を読んだが、政治論考に急で、土台になっている経済理論への追求がないところに特徴がある。新左翼系の人々の弱点をはっきり指摘する必要があるのではないか、と主張する。

意見の相違や体験の相違を感じさせることがいろいろあり、反論や批判もあったが、それらは終始、なごやかな雰囲気のなかで交わされた。この日、山本正美さんと鍋山歌子さんとは半世紀の空白を秘めた邂逅で、お二人は感激のなかに一九二五（大正十四）年、秋のころ山本氏が鍋山氏の推薦でソ連への留学に日本をたつ前夜のころを語るのであった。

回数を重ねてきた会員懇談会では、それぞれ愉快な発言とともに貴重な回顧談や報告があったが、今回は、大著『特高警察体制史』をまとめられた荻野富士夫さんがそのいきさつや問題意識を語って注目された。また、同氏の友人である後藤彰信さんの卒論『日本サンジカリズム運動史』が本として刊行されたこともあわせて報告。

また丸山氏は友人の伝言として、『運動史研究』の第一巻から第十四巻までのうち、高く評価されるのは、「多数派」を発掘し、その活動を歴史的に位置づけたこと、運動内部にあった女性蔑視とハウスキーパーに代表される体質について問題提起したこと。戦前期の運動家たちが苛酷な弾圧のなかでも献身的に闘ったという、事実とその人間としての心に敬意をもつが、理論的な功績が乏しい、むしろ害をなしたということを区別して明確にしたこと等々。

理論の形成、豊富化と運動の継承のために運動史研究会に課せられた作業は重いと思う。会員のみなさん全ての協力を待つ所以である。

最後に、懇談会において長老である田中稔男さんがヨーロッパ諸国歴訪の報告をされたことについて述べたい。

八十二歳の高齢と病後の体にもかかわらず、田中さんは十七ヵ国、三十四都市を訪問されて各国の政治的リーダーたちと交流された。ドイツではカール・マルクスの故郷であるトリヤーの町に足を運び、マルクスの思想の形成や若き日のロマンス等を思い、同時に自分たちの青年時代をも懐古しながら、革命への情熱いまだ衰えぬ心を語り、聞く者にほのぼのとした気持ちをいだかせた。

当日の出席者は次の通り。

飯田貫一、小沢三千雄、荻野富士夫、芦川敦夫、河合勇吉、亀山幸三、清野真一、後藤順一郎、佐藤一、昌谷忠海、鈴木裕子、滝本総一、田中正雄、宅昌一、高橋正雄、田中稔男、滝沢一郎、鍋山歌子、中島彪三、西岡慶三郎、林登代、廣瀬善四郎、福永操、皆川滉、箕浦義文、皆川郁夫、守屋典郎、松本広治、山本正美、山口武秀、山本博夫、吉田峰夫、渡辺惣蔵、吉田匡夫、石堂清倫、江口繁雄、伊藤晃、北野照雄、岩田英一、横井亀夫、小山黎、丸山茂樹（四十二名）

〔「運動史研究会会報」第三十号、一九八四（昭和五十九）年十一月〕

五　「山代巴を読む会」運動に参加

社会不公正闘争の道標碑《みちしるべ》──「山代巴文庫」に想う

（一）

「山代巴文庫『囚われの女たち』」が昨秋（一九八一〈昭和五十六〉年）第一巻『霧氷の花』を出版し、続いて第二巻『金せん花と秋の蝶』、第三巻『出船の笛』、第四巻『トラジの歌』が早春を待つまもなく発刊された。

長年の宿痾に悩みながら、老境の日々に築きあげる「山代巴文庫『囚われの女たち』」は、社会の不公正に苦難な闘いを続ける者の道標碑《みちしるべ》である。

巴さんの生家は、広島県福山市の北の芦品郡の古い家で、元禄の頃の本家、上垣内という家は、村を貫流する芦田川が、芦田川の徳毛か、徳毛の芦田川かと言われるほどであったよし。

父親は人を使って財を成すことを好まず、花鳥山水を友として、「貧困に耐えるための座右の銘として『水を呑んで酔境に入り、石を枕に空山に睡る』なんて漢詩の対句を作っ」たりして、彼女が出郷するころは、家はまったく傾いてしまっていた。こうした斜陽のなかにも彼女の向学心は強く、東京に出て女子美術学校に籍をおくが、そのころ、彼女をとりまく社会情勢は飢えと貧困が労働者農民に襲いかかっており、低賃金と増大する失業者が集団的な物乞い、飢餓行進となる世相で、農村では、「夜逃げ、行き倒れ、親子心中、窃盗、娘の身売りは続出して、山形県最上郡西小囲村では十五歳以上二十四歳未満の娘四百六十七人のうち百十一人が売られ、相場は、四年の契約で、六、七百円、六年で八百円から千円の前借で」あった。このような苦難と堪え難きまでの状況を、支配者権力は外へはけ口を向けさせ、排外主義をあおり立て、満蒙の権益擁護などと、国民的な意志統一を成しつつ満州侵略を進め、張作霖将軍を謀殺して、傀儡政府を樹立し、これにより民衆の生活が救われるがごとく宣伝しつつ、青年将校の愛国心と軍国主義を巧みに結合するようにして、維新革命、すなわち、財閥指導者の暗殺、皇室中心軍事政権の確立をもくろんだ、二・二六事件などを起こしていた。

（二）

世界で最強を誇っていたドイツ共産党は、ヒトラーのナチ政権の弾圧にもろくも潰滅され、スペイン人民政府は、フランコ将軍の反乱とこれを強力におすナチス・ドイツとムッソリーニ伊国軍団の攻勢のために、二年数ヵ月の戦闘の末、遂に潰滅され、フランコ独裁政府が樹立される。こうして、ファシズム勢力は国際的に拡大して、ヒトラー・ドイツの報復主義は西欧の近隣諸国への侵略の準備をなしつつあり、独ソ不可侵条約も締結され、スペイン人民政府擁立で国際旅団にあって闘ったのち敗れて、ソ連に亡命していたドイツの共産主義者達は、この条約の犠牲に供され、ヒトラー・ナチスの手元に送られる。

軍国化に進む日本の国家権力は、国民の各層を排外主義に駆り立てつつ、満州からさらに中国本土への侵略戦争を開始する。この支配者階級に対立し抗争を任務とする日本共産党の組織勢力はすでについえ去り、社会運動と名のつく団体、動きはことごとく封鎖、弾圧されて、共産党の中央指導部の多数が、組織の解体と党の政綱方針の否定を声明して、支配階級の最も恐れを抱いていた、対立者としての姿を消してしまった。

(三)

一九三〇年代から、日本帝国の敗退の一九四五(昭和二十年)年、いわゆる十五年戦争期に置かれた彼女の体験——向学、左翼運動への関心、同志との結婚、逮捕と獄中生活、父母への思いやり、獄中の夫への愛情と苦悩等を重ね合わせながら、巧みな筆致で追想を客体化する。

社会の動向に関心を寄せていた彼女は、アルバイト先の原沢武之輔さんが古い社会主義者で、活動家とも広い知己があるところから、その人々と交友を深めるようになる。そして社会情勢は彼女を、階級闘争の一人に加えるが、階級対階級の闘争の頭部の位置にあった党組織は支離滅裂の状態にあった。彼女は手探りのようにして仲間や指導者を求め、働く仲間の中に身を置き労働者たらんと努力する。

党組織の支離滅裂の状態は、その仲間の間の不信を呼びおこしていた。実情としては、かつての同志のなかには支配者側に降伏して、彼らの手足となっていたものもいた。

共産党員の運動、方針は人民大衆の苦難な動きに応えず、国際組織からの指導も適切さを欠いていた。

彼女たちの心痛めた党中央の解体と解党主義者の発生は、敵の弾圧と長きに及ぶであろう極刑に怖れをなす一因に加え、地球上孤島にあり、単一民族として資本主義発達の過程では軍国主義と民族主義に謳歌された特性の強いこともあり、理論とその体系的な究めも浅く、鉄火の試練を経た人民運動の経験と蓄積に乏しいなかにあった者の悲しさによる。解党主義の疾風と運動の衰退、侵略戦争の拡大化と日ごとに強化される弾圧化の中での苦悩を、「山代巴文庫『囚われの女たち』」は太い軸とする。第三巻三節「新婚の客人たち」で伊庭（伊藤憲一さん）に言わせている。

「日本人民は馬鹿じゃないんだよ、軍部の独善反対の議員を四百人以上も出せるんだもの。勤労議会の建設をスローガンに掲げる社会大衆党を大躍させたんだもの。この澎湃《ほうはい》とした人民の主権奪還の世論を、人民戦線へ向けて発展させられないとしたら、世界の友党に対して恥だ。社会民主主義者の裏切り的な体質を知っているというだけでは、今日役に立たんのだよ、人民戦線ができない点の原因は、壊滅した日本共産党の体質にあるんだよ。」

「それはどういう体質かね?」

「大体四・一六以後の日本共産党は逆立ちしているんだ。少なくとも労働者大衆の中での指導は逆立ちだ、職場のことを何も知らない、何もやれない奴が、実際にやっている者に批判を浴びせて、ひきまわしの指導をやって、職場の行動分子を浮き上がらせて行った。それが今度の持越鉱山の応援に行って実にはっきりわかったよ。もしも三・一五、四・一六の大検挙のあとに五年、六年の沈黙があったとしても、今日の段階で持越鉱山の仲間のように立ちあがれたら、この立ちあがりが全国一斉に勢揃いの形になったとしたら、社会民主主義者の尻をひっぱたいて、人民戦線の波を下から押し上げて行けるんじゃないか、持越のような交通不便な山の中で、大した指導者がいなくても、労働者は下からの押し上げを武器に闘えるんだ。そういう力を信じないで理屈だけの上からの引き回しをやる。そういう逆立ちをおれは憎むよ。」

「どうしてそういう逆立ちになるんだろう?」

「おれは佐野や鍋山のように、コミンテルンからの離脱を主張する卑怯者ではないが、四・一六以後の党中央は、全くコミンテルン一辺倒。コミンテルンに認めてもらうためには、やりもしない闘争をやったように誇大に報告した。コミンテルンはそれを真に受けて、日本の大衆はすぐにも天皇制打倒に立ちあがれるような錯覚を起こして、三十二年テーゼのようなものを押しつけてきた。

いったんコミンテルンで決まると、日本共産党中央はこれに絶対に服従をやる。下は中央へ盲従する。そこにあの、新生共産党の家屋資金局のやった、銀行ギャングや良家の子女の大金拐帯に見るような跳ね上がりの起こる原因があるんだよ。あれはプロバカートル政策(特高が組織内にもぐり込ませたスパイによる破壊工作)だったと弁解したところでそのプロバカートル政策に優秀な党員が疑いを持たずに行ったところに問題があるんだよ。」

(四)

人民大衆から共産党を切り離すことに成功しつつ、政府は、中国大陸に侵略軍隊を進め、上海占拠と南京の強奪を、数万の中国人の殺戮を行って完遂する。

第四巻『トラジの歌』で、当時の模様を豊富なマスコミの資料で再現する。国の津々浦々、繁華な大都市、どんな僻地にも老幼男女、すべての階層と人智の全てを動員して、国内を軍国謳歌の一色に包んでしまい、膺懲中国政府、八紘一宇、大東亜共栄圏の確立等々、麗句を重ねて、侵略を合理化し国民をだましつづけた。

（五）

彼女が労働者として生きようと、六郷川を渡り京浜大工業地帯で夫の山代吉宗と生活をともにするようになって、彼女の心に強い感動を与えたものは、油と汗と塵埃のなかで働くおばさんたちや、柄《がら》は悪いが心の厚い人夫のおばさんであり、そのなかで強烈に彼女の心をとらえたのは、一緒に働いている朝鮮の少女であった。第四巻『トラジの歌』の中で書いている。

「光子は朝鮮人の少女の令芳と昼の弁当を一緒にするときに『土手に住む朝鮮人は、おばさんが恥ずかしいと思っている、人が捨てるような物を頼って生きているのよ、そうでしょう、屑屋は日本人の捨てる物を集めて金に代える仕事でしょう。その屑屋が食べる物は、日本人が捨てる豚の皮や骨や臓物を煮たり焼いたりしたのがごちそうよ、それを恥ずかしいと思ったら一日も生きてはいけないのよ』『おばさんは理屈でそれがわかっているの。でも感情ではそうでない。感情の筋を通せば、糸屑の小包を恥ずかしがる心は、土手の小屋に住んで屑屋商売をして臓物で生きるのも、恥ずかしいことになるわ、そうでしょう、その筋が通せないおばさんの気持ちがわたし憎らしいの』、令芳は箸を持つ手を震わせて泣いた。」

「理屈では日々茶飯事に人権の折目を正しく折り畳んで行こうとしつつも、感覚の差別や選良意識は令芳の指摘する通りに自分の中にあったのだから、光子は自分のはしたない感覚を恥じて塩辛い涙を呑んだ。」

著者は、自分の内面をこの少女が感化してくれたことを、得難い宝物を手にしたように喜ぶ。

（六）

一巻において、彼女は三次の女囚拘置監で、窃盗犯、放火犯、殺人犯など、さまざま犯罪により収監されている人たちと接し、この人たちが犯罪においやられるまでの業苦と血みどろのなかに喘ぎつづけてきた生活の実相を知るようになり、これらの人々から「いろはのいの字を親は曲がって教えはすまいが。高等教育は何のために受けたか、まっ直ぐに生きるために受けたんだろうが。曲がりなさんなよ。弱気を出して曲がったら思想犯の値打ちはないぞ。思想犯はまっ直ぐなところに値打ちがあるんぞ」と言われる。

彼女は女囚の一人として苦悩するなかで、またしても心に友を発見し、勇気を与えられ、苦悩の深淵にあって力強く生きる女囚に励まされて己の思想形成を前進させる。

中日戦争から戦局が太平洋戦争に展開されるころになると、思想犯に対する当局側の圧力はぐんと重さを増してゆく。その一つはかつて同志であり、指導的な人を使い懐柔と思想転向をすすめる工作であった。

『梅野先生は、二十三番（光子）にお会いくださるために昨日は吉島刑務所の吉野常夫（夫）に御面会くださっている。御親切に感謝しなさい』

『貴女方御夫妻もご存知の森山喜久治先生は、宣撫官としてのわたくしが大変尊敬している大先輩です』

光子は、『あっ』と声が出そうになった。森山喜久治は昭和二年一月、常夫たちの常磐炭鉱の大争議の応援のために、当時の最左翼の労働組合、評議会の本部から派遣されてしばらく常夫の家に滞在した闘士なのだ。三・一五事件の大弾圧で共産党が大打撃を受けた直後、党再建のために、関東赤色戦士同盟というのを組織して、常夫に働きかけ、常夫に茨城県の日立製作所を中心に常磐の党再建の拠点を作らせるべく日立に潜入させたのは森山であった。」

かつて同志であった人々の思想と行動の変化は、①積極的な転向者、弾圧機構の具になる者、②いままでの自分の思想はあらためることを声明し、それだけに止まる者、③表面転向をしたとしても、またなんらかの形で運動をすすめたいとした者、④敢然と党と思想を守り通しても再び戦線に戻ろうとしなかった者、⑤組織と政綱を堅持しあらゆる苦難と圧制を排して民衆闘争の先頭に立とうとしていた人、などの色あいであった。

（七）

牢獄の不自由な環境に加え、病弱にさいなまされている彼女にとって、教誨師を通して行なわれてくる黒い手の工作に耐えてゆくことは容易のことでなかった。

「昼になると霧氷が晴れて太陽が顔を出したせいもあって、昼に運ばれた粥には氷が張っていなかった。光子は曲がった体なりに梅干し粥がおいしく、瞼には雪原に群がる寒梅が浮かんで童心を蘇らせていた。午後に見まわりに来た井川看守は、

『少し食べられた?』

『わたしゃあね、あんたの常夫さんの手紙を読みよったら、この人わたしの試験官に似たような人じゃないかと思えていけんのん。〔あの極微世界の自然法則〕を知らせようとする手紙、わたしはね、わたし

の試験官から来た手紙のように何度も読んだのよ、わたしにとっては全く思いがけない、考えたこともない世界だったんだもの』」

同志である夫からの手紙は、悲痛の底にある彼女を励ましつづけている。病弱な身体にむち打ちつつ心優しくして、またなにかを求めている芯のある彼女に、看守の人は同情者から、看服のなかの身体は彼女の側にたつようになる。

「吉島の高塀の中の独房に座業する常夫を思うと、へへへと笑うことしか知らないように見えるから、山羊さんと綽名されていた常夫の姿と、一滴の酒も飲まずに　ひょいと出ました三角野郎が～と踊る姿や、『やはり俺は大衆の下駄になって、おどけ役を演じながら生きる他はあるまいよ』と、しみじみささやいたことなどが、いとおしく、この人と手を切ることがどうしてできようかと思った。」

ロシア革命の遂行と社会主義社会の建設の達成の主要な要素として、レーニンは言っている。①情勢についての大局的な把握と策の設定、②大衆との結びつきとともに歩調を合わせてゆくことのできる技量、③自己犠牲で何ごとにも恐れを知らぬ土性骨等――。彼女はこのような素質を備え持つ夫を想い、そこにも心の支えを見出すのである。

日本帝国の敗退と人民大衆の自覚の中に進む戦後の人民運動の中に再び起つことのできた彼女は、死線を彷徨した体験を、社会の底辺にあって不当な苦しみや、自由を奪われて喘いでいる主婦たちとともに生き、解放への道標を見つけだそうとしている。

（八）

彼女からの手紙にこうあった。

「山代巴文庫」発行までこぎつけ、そのスタートに『霧氷の花』を出しました。やっと自分らしい戦後の一里塚に辿りついた思いです。全く紆余曲折の長い年月が過ぎました。『赤旗』へ三年も連載して『党史のできないうちに党史にかかわることを書かれては困る』と忠告を受けたときは全くお先真っ暗でしたが、今はもう党史とは関係なく、囚われの一女性の位置から、治維法について書ける位置にきてほっとしています。」

（九）

大正・昭和と戦後も解放運動を続けてきた同志と、次の世代を担うであろう壮・青年の知識人が運動史研究会に集まって、社会運動史の穴埋めの努力を続けています。こうした作業集団と、また山代さんのように無産の民の生きざまの歴史を内面から書きつづけていることを見ることは嬉しいかぎりです。

「山代文庫『囚われの女たち』」は、権力者に奉仕する学者たちによる権史とはちがい、襤褸で身を暖め、ときには裸で語ることのできる民史であると思う。

（一九八二・三・一〇　於研究会）

〔『運動史研究』第十巻、一九八二（昭和五十七）年八月刊〕

山代巴著『さそりの眼の下で』の追想——想い出の地・京浜を歩く

品川駅から国電で六郷川の鉄橋に近づいてくると、沿線の両側は広びろとした芦野を走るようになる。遙か南方に、浅野造船所の数機のタワークレーンが見えはじめ、雑踏の巷から特殊な地域に赴く感じが湧いてくる。一九三五（昭和十）年前後のこの地の風景であった。

私は吉宗さんからの依頼で巴さんの弟・伊策君（小説の中では「詳造」）に、旋盤工として技術上の世話をすることで、巴さんを知るようになり、ときたま会ったりした。一九四〇（昭和十五）年、京浜の仲間たちが検挙され、私は翌年七月に徴兵され、ソ満国境の軍隊に配置された。以後、四十数年の月日が流れた。

この間、同じ方向を求めて健在にして生きながらえていたことを喜び合う機会に恵まれず、文通により旧懐を得て、再交を蘇らせてきた。彼女との近接を得るようになったのは、径書房から山代巴文庫『囚われの女たち』が発刊され、その記念集会の席であり、それを機に、巴さんが半生を傾けつくした京浜地帯を再訪し、彼女が持ちつづけてきた灯火で、吉宗さんが挙げた人民運動の烽火を探検する一日の旅を実現させた（一九八二年〈昭和五十七〉年四月二十六日）。

朝鮮の少女「金令芳」と心から解け合い、日々の生活を励まし合った川崎平間町の地域から、吉宗さんと同志的結婚をして逮捕されるまでの数年間を住みつづけた浅田町と、家主で二人を親切に見守ってくれた三村菓子店の跡など。

戦前のこのところには、浅田町と鶴見潮田町を区切ったように運河が流れていたが、今は埋められてしまい跡形もない。ここから、春日正一、山代の二君が共同生活を送った鶴見の栄町は間近で、鶴見川にかかる芦穂橋からの川床を見ると、工業用水に汚れ、ヘドロが悪臭を放っている。あのころは、岸辺を芦が囲んで水鳥を招きよせた風情をたたえたところだが、今はその面影はない。

二人が結婚するようになり、披露の宴を設けた鶴見総持寺の境内も以前とくらべ変わっているが、大池の場所やそれを囲んで聳立する松林は昔日のごとくであり、水面に影を映じているこの池のほとりで、四十数年前の三月十八日の春分の日に、春日、大井川、中井ミチ子らに囲まれて、結婚を祝福されたのだ。二人はここでどんな困難にも耐え抜くことを尊敬と愛情をこめて誓い合った。

二人の結婚を親切に見守り、援助していた萱野さんの奥さんが、横浜上大岡に次男の勝義君のもとに住まわれているので訪ねた。タケさんは八十一歳を越えているが、元気で、巴さんの健全な姿をみて感激し、涙して迎えた。四十数年の月日の流れのなかで、二人の女性の苦労は、別々の性質のものであっても、そのなかに女として背負わされる共通の苦悩に、長い年月を重ねての邂逅に、感激にむせぶようであった。

夕方近くになり、大岡山に住む渡部義通氏を訪ねた。義通さんは吉宗さんと同郷人であり、若い時代からの同志であって、常磐炭鉱の大ストライキにも二人が協力して、指導的な役割を果たした同志の仲だ。

吉宗さんは、獄中からよく義通さんに手紙を書き送っていた。数十通の吉宗さんの書簡を義通さんは保管していた。このときそれらを巴さんに手渡した（次頁の写真参照）。獄死した夫の遺志を継ぎ、病弱な身体にむちうち、その事業の達成に努力を重ねる遺妻に対する、旧友の思いやりのようであった。

義通さんは、これより二ヵ月のちの六月二十八日、夕陽の沈むとともに、八十一歳でこの世を去った。また一人、夫の親友を失い、巴さんは胸を痛めたことだろう。

〔「山代巴を読む会会報」第八号、一九八三（昭和五十八）年十一月十三日所収〕

渡部義通氏（左）より山代巴さん（中）にご主人の山代吉宗氏の手紙十数通を手渡した。右は横井亀夫

山代吉宗氏・略歴〔一九〇一（明治三十四）～一九四五（昭和二十）年〕

一九〇一（明治三十四）年、福島県生まれ。一九二六～二七（大正十五～昭和二）年、日本労働組合評議会の支援のもと磐城炭鉱大争議を指導。一九二八（昭和三）年、共産党に入党。一九二九（昭和四）年四月、日立鉱山製作所の労働者を工作中逮捕。「五地方統一公判」の被告団会議議長として公判闘争を指導。一九三五（昭和十）年二月、満期出獄、京浜工場街に移り住む。一九四〇（昭和十五）年五月、再検挙。一九四五（昭和二十）年一月、広島・吉島刑務所にて獄死。享年四十三歳。

〔「革命英雄記念碑入魂者・名簿」より作成〕

山代　巴さん・略歴〔一九一二（明治四十五）年～〕

一九一二・明治四十五年広島県生まれ。女子美術専門学校中退、労働者のサークル運動などを経て山代吉宗氏と結婚。一九四二（昭和十七）年京浜共産主義グループ事件で検挙、懲役五年。敗戦後、農民運動、農村文化運動に従事する中で作家として活動を始める。代表作品は『荷車の歌』、『囚われの女たち』など、現在、東京・杉並の老人ホームでご健在、九十歳。

〔『運動史研究』第八巻などより作成〕

山代巴著『囚われの女たち　第三部　出船の笛』より「横井亀夫」の記述

翌日、光子は詳造を連れて倉田製作所へ出かけた。そこは大井町駅の西方三キロばかりのところ（現在の大田区馬込東四丁目）で、大井町駅前からバスに乗り、終点の中延《なかのぶ》でおりて東側の坂を下りると、福寿荘というまだ新しいアパートがあって、その裏が釣堀、釣堀の脇の崖下の道を三百メートルも行ったところに倉田製作所の看板が出ていた。

工場主は日本光学で長らくミーリング班の職長を勤め、その位置から労働組合に理解を示した人だった。昭和八年頃、停年で退職してここに土地を買い工場を建て、小さいミーリング一台とボール盤二台、四尺五寸の米式旋盤（栗田鉄工製）一台、四尺の米式旋盤（篠原機械製）一台を入れて、若い旋盤工と二人で、工場をはじめ、仕事は付近の友人の経営からの注文でまかない、隠居仕事の構えだった。そこへ横井亀夫のような有能な技術者を入れたため仕事量は急速にふえ、三尺旋盤を四、五台ふやすことになり、この春は少年工数人を受け入れる体制を整えていた。

光子はその日初めて横井亀夫に会った。彼はまだ三十歳になっていないように見える若々しさで、動作は詳造好みの運動神経の発達した敏捷な感じだった。四角ぽい知的な顔だが、目尻を下げて微笑んで迎えるあたりは人なつこく柔和で、すぐに何でも聞けた。この人が大正の末期から昭和初頭にかけての、労働者の自覚の盛り上がりのころ、日本光学の少年工として活躍し、評議会に集まる闘士たちから「横井少年」と呼ばれ、光子の年代の左翼びいきにまでその名を残している人なのかと、光子は市井《しせい》の一工員になり切っている感じの今の横井亀夫の姿に感動した。彼はベルトのうなる小さな工場の中を案内して、機械の一つ一つの名前や性能を光子や詳造にていねいに説明して歩いた。詳造は初めて見るその憧れの機械に、目を皿のようにして見入っていた。

〔山代巴著『囚われの女たち　第三部　出船の笛』二七～二八頁、径書房刊〕

『囚われの女たち』全10巻(発行年月日)

第１巻：霧氷の花　(1980. 11. 30)
第２巻：金せん花と秋の蝶 (1981. 6. 30)
第３巻：出船の笛　(1981. 10. 1)
第４巻：トラジの歌　(1982. 1. 30)
第５巻：転機の春　(1982. 5. 20)
第６巻：さそりの眼の下で　(1982. 7. 20)
第７巻：望楼のもとに渦巻く　(1984. 1. 25)
第８巻：不逞のきずな　(1984. 8. 15)
第９巻：火の文字を仰いで　(1985. 6. 25)
第10巻：数の季節　(1986. 8. 15)

発行　径書房
〒160-0012 東京都新宿区南元町11－3
電話 03-3350-5571　FAX 03-3350-5572

『囚われの女たち』を書きながら

山代　巴

本日、第二部『秋の蝶と金せん花』を送ります。第三部『出舟の笛』は九月中に出せます。目下、校正の再再校の段階、一両日中にそれも終わります。

ところで、この作品の中では、現在、共産党、またはどこかの組織の現役にいる方々の名前は、ペンネームにさせていただき、完全に虚構の人にさせていただきましたが、そうでない人、つまり歴史上の人となられた方々は本名を使わせていただきました。だから貴兄の場合も横井亀夫で出させていただきました。関根悦郎さん、渡部義通さん、その他磐城炭鉱争議の関係者なども。そうすることについては中野重治さんや、径書房の原田さんたちの御智恵も借りました。中野さんがなくなる少し前にアドバイスして下さった。

「正しいとか、正しくないとか、創作方法がどうのと言うことは二の次だ。ノンフィクションかフィクションかも二の次だ。我々の実践して来たことは、事実がどうであったかを残す必要があるんだ。今や、これさえもなくなろうとしているんだ。事実に忠実に、ただそれだけでもやっておかなければ、何をやったことやらになってしまうよ」と言った御言葉。

「僕の『甲乙丙丁』は、失敗作だ。だが事実には忠実たろうとした。そこには悔いはない」の御言葉。

それは私を大変励ましました。

前に、「赤旗」へ連載の長編は、この「囚われの女たち」の前段に相当するのだけれど、あれは「党史の出来ないうちに、党史にかかわることを書かれては困る」みたいな、クレームによって挫折しましたが、挫折してよかったとも、現在は思っています。結局、私自身のやって来たことは、一人民の抵抗なんだから、徹底して一人民の場に戻って、そこから事実だけを書けばいいと思っています。もちろん、それによって現役党員に御迷惑がかからないように極力努力はしますが。

年内に第五部まで出したいのだけれど、第三部が九月に出るとすれば第四部は十一月、どうやら、今年中には第四部までで終わりそうです。でもそのテンポにしても、さ来年の夏には解放されているでしょう。それまでは「じっとがまんの子であった」を続けようと思います。

貴兄も元気でいて下さい。老いてからにしろ、楽しい日を持ちたいものです。とりあえず御礼と近況まで。

横井　亀夫　兄

〔「運動史研究会会報」一九八一（昭和五十六）年十月、第二十号〕
（「山城巴を読む会」の運動については、第二部４１２頁の紹介をご参照下さい）

六　三・一五事件と『女たちの証言』
——七十年後の記念上映によせて

歴史的な事件

まもなく三・一五事件の六十九周年を迎える。一九二八（昭和三）年三月十五日未明、日本全土に散在する左翼労組評議会の各支部、日本農民組合所属各支部、水平社（現在の部落解放同盟）、日本無産青年同盟などの各団体、労働農民党各支部の事務所を、検事局戸沢上級検事の指揮のもと、警視庁特高・纐纈《こうけつ》部長を先頭に急襲し、活動家二千余名を家宅捜索とあわせて検挙し、五百名に近い知識人やシンパを治安維持法違反容疑で起訴し、投獄した。

七十年以上前に起こされた三・一五事件は、今も忘れることのできない日本人民運動史上の大きな事柄である。

検挙、捜索が不法に行われたので、証拠物件となるものは大風呂敷に入れて被逮捕者に背負わすほどにあったため、官憲に付き添われて歩く姿は窃盗犯にも似て、その無念とくやしさは深かった。署の拘置所には運動家らしきものが、すでに収容されていて、検挙が大規模であることが察知された。

この事件の検挙の対象となった日本共産党とコミンテルンの戦略や戦術について、また活動展開の時期や運動諸団体との関係などについては、これまで種々に論議が重ねられてきたが、まとまったものは見られないで過ぎてきている。

関係者の他界

二次に及ぶ世界大戦に参加して暴威をふるった日本帝国主義天皇制も、ついに敗北して瓦解した。世界の民主勢力を背景にしたアメリカ進駐軍によって、日本共産党の主要綱領、また当面の要求十余件は実現されたが、敗戦を節目にして今日まで五十余年の今も、党活動の信頼にあたいする総括もないままに過ぎてきている。

一九七〇年代に石堂清倫氏、宮内勇氏らの発意で、荒畑寒村氏の協力もえて、『運動史研究』編集の仕事が以後十数年にわたって続けられたが、一九八〇年代に入って、同史編集部の活動は中絶してしまった。

一九七〇～八〇年代はまだ事件関係者や関心を寄せる人々がいたが、次々に他界され、記録映画『女たちの証言』のなかの丹野セツ、福永操、山内みなさんらは今はなく、ご存命は鍋山歌子さんひとりになってしまった。

先駆的女性の姿

岩波映画の羽田澄子監督は優れた感性とたくましい意志、燃える情熱をかたむけ、不安な世情にもかかわらず、開拓精神でご自分の仕事として、『女たちの証言』を昨年（一九九六〔平成八〕年）完成された。一九八〇年代に生存していた女性活動家の座談会「労働運動のなかの先駆的女性たち」が、『運動史研究会』の一断面として開催（一九八二〔昭和五十七〕年六月四日、『運動史研究』第十一巻、一九八三年二月発行）され、それをさらに追求することによって、労働運動における先駆的女性の姿を描き、各地で試写会を行い、三・一五の七十周年を迎えようとしている現在、さらに日本全土で自主上映が進められている。

この映画上映の持つ意義の限りなく大きいことを思い、コミュニズムを志向した端くれの一人として、この映画に協力した各氏に感謝の意を捧げたいと思い、日本の左翼が生んだ作家小林多喜二が築地署で一九三三年に虐殺されたその二月二十日に記す。

〔『新時代』一九九七（平成九）年三月十五日〕

編注：福永操さんから横井亀夫宛葉書・手紙が何通も残されている。その中で前記「座談会」に関するやり取りは「座談会」実現の過程がよく現わされているので次に掲げておく。

「座談会」実現の過程——福永操さんから横井亀夫宛葉書・手紙

〔一九八二（昭和五十七）年二月四日付〕

鍋山さんや（大竹）一燈子さんたちの古い連中と、昔のことについて話しあう集まりを、三月七日に鍋山歌子さん宅で持つとのこと、私は当時の実際運動には無関係ですが、参加させていただいてお話を聞かせていただければ、何よりありがたく存じます。

それについては、昨日、歌子さんからも電話をもらいまして、よろこんでお約束致しました。ついては、歌子さんの希望として、大正年間の大阪地方評議会婦人部長九津見さんと並んで婦人部副部長として大正十三年はじめ頃から十五年夏の東洋紡三軒家工場大ストライキまで活躍した山内みなさんが、私の近所にいまも住んでいますから、私が誘って、連れていくようにしてほしいとのことでした。私もぜひそうしたいと思います。

〔一九八二（昭和五十七）年四月十九日付〕

今日、一燈子さんからお電話をいただきました。鍋山歌子さんのところでの座談会につきまして、ご心配をおかけ致ししますばかりで、延びのびになり、申しわけございません。歌ちゃんもあの大正末期頃の運動については、九津見さんも、中村（大村）すず子さんも亡くなったいまになっては、生き残りの中心人物として、ぜひ山内さんを参加させたいと言っております。

私から山内さんに話しまして、山内さんも喜んで承諾しておりますのですが、山内さんは、前からたびたび診察を受けている長野県小諸の佐久病院に、治療のために、四月九日に行って入院しました。以前から、右の腰から右脚全体が半ば麻痺していて、歩くのも困難で（どうにか歩きまわっていますが）、駅の階段など危険なので、適当なギブスを作ってもらえればよいが、という希望です。たいしてわるい状態でもないので、今月末頃には帰京するつもりのようですから、座談会は五月はじめ頃にでもできればと思います。なお山内さんのもようを見たうえで、ご連絡申しあげます。

〔一九八二（昭和五十七）年五月十二日付〕

いつもごめんどうをおかけ致しますばかりで、お詫びの申し上げようもございません。私は近年、秋風の季節から春風の季節まで、いつもかぜをひいていて、しょうがないと言っておりますが、今年は四月のなか頃に陽気がよくなって、ようやく元気になったと喜んでおりましたのに、五月はじめにまた八度五分ほど熱を出して、咳と「はな」さがりになり、寝込んでしまいまして、申しわけないしだいです。こんどは、用心しておりますので、まもなく微熱もとれそうなものだと思っております。そんなわけで、五月八日の宮内様の追悼会にはぜひおうかがいして、そのついでに、いろいろご相談申し上げてと思っていましたのに、まことに失礼いたしました。

八日の朝、鍋山歌子さんから電話で、彼女も四月二十二日から感冒で寝込んでいて、私学会館へも行かれないとのことで、おやおやと思いました。歌ちゃんと私とは同年ですが、彼女はいつもごらんのとおりの元気者であるのに。今年の感冒は、やはりよくよく、たちのわるいかぜなのかと思います〔編注：肺がんを患っていた〕。でも、いまは一年中の最高の季節ですから、なんとかして、今月の二十日すぎから月末までのうちに、集まるようにしたいと、一燈子さんとも電話でお話し致しました。山内さんは、四月三十日の夜に、長野県小諸の佐久総合病院から帰京しましたが、病院での手当てがよかったためか、すこし、ぐあいがよくなったようです。でも、全治不可能な病気と、お医者から引導を渡されていて、本人も覚悟していますが、幸いなことに、彼女はまだ頭脳はたしかだし、気も強いのですが、病気は右の腰から右足にかけて、半ば麻痺が始まっている状態です。でも、歩けないわけでなく、この三十日にも小諸からひとりで汽車に乗って、無事に荻窪の自宅に帰り着いたのでした。

鍋山歌子さんの家は、原宿駅の近くで（私は、昔、一度訪ねたことがあるだけですが）、集まるのには便利な場所だから、使わせてもらいたいと思います。ちょうど、明日、鈴木裕子さんが私の家に来訪下さるよし、お電話がありましたから、そのついでに、ご相談したいと思っております。

鍋山（旧姓森井）歌子さんは、もともと天涯の孤児の境遇で、彼女を養育してくれた祖父母とも、彼女がかぞえ年、七歳のころに死別し、その後は「子守」ふうの厄介者として転々とし、小学校も尋常三年までしか行かず、たのしみとしては、古新聞の切れはしをふところに隠して、うす暗い便所のなかで読むことだったと聞いたことがあります（当時の新聞は、総ルビ付きだから、かなを知っていれば読めたのです）。彼女が強度の近眼になったのは、そのためかもしれません。美少女だったから、十四、五歳頃から大阪の場末のカフェーの女給になっていました。その頃、大阪の総同盟のなかで「野武士組」といわれた「ストライキ・マン」のなかでも、若いあばれ者であった鍋山貞親が、この「女給」を見染めて、「略奪結婚」のようにして、女房にしてしまったのだ、という噂をきいたことがあります。しかし、昔、彼女と親しかった私にも、彼女は古いことなど話したがらなかったし、私のほうも、そんなことを好奇心でたずねるのは、わるい気がしたので、くわしいことは、私は何も知りません。結婚後に、彼女は鍋山に対してこの上ないほど深い誠実な愛情を持って忠実につくしました。そして彼女はあらゆる職業に働けるかぎり働いて夫婦生活を支えると同時に、よく読んで、勉強したらしいです。鍋山貞親も、学校教育は小学校三年くらいまでだったと記憶しますが、歌ちゃんの読書力と、長い手紙を達者に書く力とには、私は、三・一五統一公判当時、心中で驚嘆しました。

戦後は、私は、鍋山夫婦と一切つきあうことをやめました（断交宣言なんて、かどのたつことを私は絶対にしないが、ただなんとなく遠ざかるようにしただけです。鍋山は、共産党員である私の立場を理解できる人間だから、言わず語らずのうちに、その点を心得て、歌ちゃんを「指導」したのだと思います)。鍋山氏の死後の歌ちゃんは、養女(といっても、もとは多分、「お手つだいさん」に近い女性ではないかと思います)とその婿とに、自分のみのまわりの世話をさせて、いばって、独身生活をのんびりやっているのではないだろうかと、私はひそかに想像しております。ですから、こんどの「座談会」計画に、場所を提供してもらうのは、何の遠慮もないわけです。なお念のため、山内みなさんと鍋山歌子さんのアドレスは次のとおりです。(以下略)

編注:鍋山歌子さんについて、このようにいろいろ書かれているのは、一九三三(昭和八)年六月の佐野学・鍋山貞親両氏の獄中転向声明事件以後、"裏切りもの"の妻として、ここに登場する人々との関係が疎遠になっていたものを、福永操さんが運動史研究会及びこの「座談会」開催を活用し、関係修復・和解をはかったプロセスを示している。

山内みなさん・略歴〔一九〇〇(明治三十三)~一九九〇(平成二)年〕

一九〇〇(明治三十三)年、宮城県生まれ。小学校卒業後、東京モスリン吾嬬工場で労働生活に入る。翌年の争議の後、友愛会に参加。一九一九(大正八)年同会初の女性理事になる。その後、市川房枝、山川均・菊栄夫妻の教えをうける。一九二三(大正十二)年大阪に移り、総同盟、さらに評議会の婦人部で指導的地位、一九二六(大正十五)年、東洋紡三軒家工場争議ののち東京に移り、関東婦人同盟執行委員。のち早稲田大学の学生だった橘直一と結婚。敗戦後、宮城県で共産党の再建に参加。一九五〇(昭和二十五)年、上京して洋裁店を営みながら原水爆禁止運動、母親運動に参加。自伝に『山内みな自伝』(新宿書房、一九七五年刊)。一九九〇(平成二)年、逝去。享年八十九歳。

左：山内みなさん、右：福永操さん（一九八二〈昭和五十七〉年六月四日）

丹野セツさん・略歴〔一九〇二（明治三十五）～一九九一（平成三）年〕

一九〇二（明治三十五）年、福島県生まれ。小学校卒業後、日立市で看護婦勤務のとき、川合義虎らと知り合い、社会主義に目覚める。上京して暁民会、赤瀾会、南葛労働会（のち東京合同労組）に参加。渡辺政之輔と結婚。一九二五（大正十四）年、関東地方評議会婦人部長、関東婦人同盟執行委員。一九二八（昭和三）年十月、検挙。一九三八（昭和十三）年、出獄。以後保健婦として働く。戦後、東京・葛飾に四ッ木診療所創立。一貫して共産党員であったが、意見を異にして離党。一九八七（昭和六十二）年、逝去。享年八十四歳。

福永操さん・略歴〔一九〇七（明治四十）～一九九一（平成三）年〕

一九〇七（明治四十）年、神戸市生まれ。旧姓波多野。是枝恭二と結婚。一九二七（昭和二）年、東京女子大在学中に共産党に入党。三・一五事件に連座。一九三四（昭和九）年検挙・実刑。、戦後は研究活動に従事。著書『共産党員の転向と天皇制』（三一書房刊）、『あるおんな共産主義者の回想』（れんが書房刊）、一九九一（平成三）年、逝去。享年八十三歳。

左：倉重新氏、中央：鍋山歌子さん、右：横井亀夫、写真は鍋山貞親氏
（1983〈昭和58〉年10月２日）

鍋山歌子さん・略歴〔一九〇七（明治四十）年〜〕

一九〇七（明治四十）年、山口県下関生まれ。大阪で育ち、学校歴なし。十八歳で鍋山貞親と結婚、評議会大阪一般労組に所属。二十歳のとき上京、地下生活に入る。一九二八（昭和三）年十月、検挙。起訴をまぬがれ獄内被告との連絡に従事。その後、マネキンなどをしながら資を稼ぐ一方、洋裁技術を習得して洋裁店を経営した。一九四〇（昭和十五）年、三・一五事件被告で非転向、仮釈放の福永操などを迎え入れ、出獄した鍋山貞親氏を迎え、その死まで生活をともにする。現在九十五歳でご健在。

大竹一燈子さん・略歴〔一九一四（大正三）年〜〕

一九一四（大正三）年、大阪府生まれ。九津見房子の長女。一九三〇（昭和五）年、変名で東京乗合自動車株式会社に勤務。一九三五（昭和十）年、画家・大竹久一氏と結婚。現在ご健在。著書に『母と私——九津見房子との日々』（築地書館刊）。

（『運動史研究』第十一巻、鈴木裕子著、『思想の海へ・女性＝反逆と革命と抵抗と』、社会評論社刊、森まゆみ著『明治快女伝』文芸春秋社刊などより作成）

七　佐多稲子さんの尊い足跡

二月十八日（一九八四（昭和五十四）年）、佐多稲子さんのお祝いの会（朝日新聞社の朝日賞受賞――現代文学への貢献に対する授与、新日本文学会と婦人民主クラブの共催）に参加する機会を得て、前日の大雪の余寒に身支度をととのえて出席した。

会場には、佐多さんの青春時代から歩みをともにした友人や、文学活動や社会運動で親交を結んだ著名な人々が、佐多さんをかこんで広い会場を埋めていた。

佐多さんの労苦は、文学の世界にあっただけでなく、政治とのかかわりのなかにもあり、それから身をさけるのでなく、民衆の立場を貫いた。この夜、もし渡部義通さんが生を保って参加していたら、十二人の意見書として、宮本氏等と二十年前対決したことの美挙を述べたにちがいないと思う。この十二人の同志であった国分一太郎、丸木夫妻が、この夜参加していたので、「人間をためした」この歴史上のできごとに言及してほしかったと私は思った。

一昨年の三月、渡部さんは、在世のないことを知って、佐多さんに四月のある日、訪問してほしいと要請していた。私は野田弥三郎さんと佐多さんは同行し、桜の花の下で、義通さんを囲んで写真におさまった（次ページの写真）。それから六十日を待たずして佐多さんの政治の親友・義通さんはこの世を去った。

左から横井亀夫、渡部義通氏、佐多稲子さん、野田弥三郎氏
（1982〈昭和57〉年４月10日）

一年ほど前の「朝日ジャーナル」の「女の戦後史」で、佐多さんの文章に接し、若いころ佐多さんが丸善で働いていたことを知り、私の少年時代を追想した。（関東）大震災の前のこと、友人の小暮君と丸善のショーウィンドウの前に立って、そこに陳列されてある「クラルテ」とか「野生の呼声」とか、そして「種蒔く人社」のものをみて、社会主義に近づいた気分を味わった。

私が佐多さんと初めて同席したのは一九三一（昭和六）年二月のころと思う。関鑑子さんの妹である、関淑子さんの追悼の会が谷中の寺で営まれたときのことである。関淑子さんは共産青年同盟の活動家。浅草六区の玉突き場のゲーム取りに身をやつし潜行していた。一月二十六日に、そこに火災が起きて、彼女は同志の夫（佐藤秀一氏）との間に生まれ早死にした子の遺骨を抱いて煙に巻かれ焼死した。そのころの佐多さんは色の白い口もとにかすかな淋しさを保つ容貌のひとであったように記憶している。今から五十三年前の同じ二月の月で、私はいろいろのことに想いをやりながら、佐多さんの尊い足跡をこの夜かえりみた。

〔「婦人民主新聞」一九八四（昭和五十九）年三月九日号〕

佐多稲子さんよりの葉書

〔一九八四（昭和五十九）年三月九日〕

ようやくいくらか春らしくなりました。

二月十八日の夜は、私のためにおいで下さいまして、本当にありがとうございました。心からお礼を申します。今日、婦人民主新聞にお寄せくださったご感想を拝見したのですが、このようにおっしゃって下さることをありがたくおもいました。私という者が、政治面より文学面での方が強く見られるために、当夜もそのようになったとおもいますが、これはやはり、私の政治的行動が弱いということでありましょう。それでも、少ない政治的での行動をおっしゃって頂くというのは、私は嬉しくおもいます。当夜の感想を婦民にお寄せ下さって、ありがとうございました。あなたに初めてお目にかかったときというのを、このたび初めて知りました。関淑子さんのことは、私も忘れられないほどのおもいです。この人を描きたいとおもったことがありました。プロ芸でいっしょにいた人でもあります。しかしこの人を描くことは、今はもうできないことでしょう。鑑子さんに話を聞きたいとおもっていたのでしたが、しかし誰かが関淑子を書いておくべきとおもっております。また何かでお目にかかります。

お大事にお過ごし下さい。あなたのお文章は切り抜きました。

九日

佐多　稲子

横井　亀夫　様

＊渡部義通氏と関連する佐多稲子さんから横井亀夫宛の葉書を次に添付する

〔一九八三（昭和五十八）年八月一日〕

おはがきをわざわざ頂いてありがとうございました。

渡部さんとのお別れのときは、あなたには、いろいろとお世話をおかけしておりました。お疲れもあったこととおもいますのに、おはがき頂いてありがとうございます。渡部さん宅での写真（231頁の写真）は義通さんとしては、別れのつもりでいられるのだと、そのことに私も思いがありました。写真帳も見せて頂きました。私としても、生涯の小さくない政治的行為にごいっしょして、心に残ります。あなたもお大切に。

八　「私の昭和思想史」（松江澄著）に思う
――批判精神の大切さ

読み過ごせない内容

労働運動研究所の「新時代」紙六月十五日号に、松江澄さんは、「私の昭和思想史（四三）――論争始まる」の見出しで、一九八四（昭和五十九）年当時を回顧している。私はこの文章を読んで、はっとする思いであった。これは読み過ごしてはいけない内容であると思い、また「労研」をはじめ、活動家の人々はどう受けとめているのか、と思いを巡らせた。

私の粗雑な思考程度でも、この時期は全世界を包括して、西側と東側の体制的対立のなかで、社会主義体制は遅れをきたしていることが確然化し、また西側におけるリーダーを自認する米国が金融、産業分野で、敗戦国であった日本、西独に追いつき、追い越されて、西側内部で諸矛盾が露呈しはじめていた。社会主義体制の中心を占めるソ連社会では、経済の発展は鈍化し、人民の政治的権利は体制権力者の描くものとははるかに相違し、情報化の世界的展開における西側の宣伝と策謀が、社会主義体制の諸国人民をとらえ、既存社会主義制度と人民との矛盾の深化を速めていた。

日本では、青年・学生運動は凋落の姿を見せはじめ、社会党の右傾化も進み、共産党の独善と排他主義は頑固を極め、統一戦線達成の戦術的習得の努力は見られず、人民運動躍進を約束する統一戦線の不可欠性は理解されず、結果として自民党政府の永続的安泰を許している。

八〇年代を迎えた以上のような状況のなかで、西欧の共産主義運動はいっそう右傾化し、ユーロコミュニズムの提唱があり、日本共産党のいっそうの右転向が進み、党綱領の性格の変化、すなわちマルクス・レーニン主義の表現を意図的に削り、プロレタリア独裁を否定するに執権の字句を用いる、などが行われた。日本共産党は資本主義体制の打倒、社会主義社会建設の志向をやめて、体制内で反帝、反独占、人民大衆の生活改善を闘いとることを任務とする方針をとなえはじめた。

社会主義運動の革新を指向する共産主義の人々のなかにも、現実の情勢に対して突っ込んだ認識と反省を求める動きが出はじめた。

大胆な意見の開陳

松江さんが議長を務める共産主義労働者党内でも、さまざまな意見が活発化してきた。

松江さんの「論争始まる」の文章は、こうした転換期に際して組織の指導者としての苦渋に満ちた記録であり、先駆性を秘めた大胆な意見の開陳であった。

この時点にあって、私たちはどのようであったか。それを反芻することをせずに過ごすことは誠実な態度を欠くことと思う。

私のように理論的に鍛錬されていない者でも、ブレジネフ指導下のソ連社会主義に疑問を感じ、世界資本主義の生産力の発展がソ連社会体制内の矛盾をいっそう深化させていることに気づきはじめていた。しかし、統制・指令経済の実態を理解するにはほど遠く、専横な共産党指導の実態と一党支配体制が、生産力や技術革新の桎梏になっていることを理解できないでいた。民主主義が人間生活の発展に欠くことのできないことも理解を深めていなかった。プロレタリア民主主義の定義の盲信から抜け出ていなかった。

ブレジネフの死亡――アンドロポフの中継をへて、ゴルバチョフ指導体制の確立、ペレストロイカ、グラスノスチ政策の展開は、九〇年代に至れば、新生社会主義社会が実現するのではないか、程度の理解であった。

東欧、ソ連社会主義体制の崩壊を今日見るにいたる、その起因などに思いつくことはさらにできなかった。松江さんの書いた『私の昭和思想史』は、人々に批判精神の大切さを求めている思いがする。

ソ連社会主義の実像、ソ連共産党の思想生活、社会主義連邦の虚像が露呈され、アメリカ帝国主義の走狗として公然と振るまうエリツィン大統領等について考えを深められたことは、ソ連邦の人々の苦難とそれからの脱出、再建を思うにつけても、社会主義を信望するものにとって、一歩の進歩であると思う。

宮本顕治や上田・不破兄弟が、ソ連社会主義の建設の挫折に歓喜し、社会主義の人民に対して、巨悪の罪業の結果であると悪態を吐くのを見ると、共産主義者の資格はないように思える。

〔「新時代」一九九二〈平成四〉年八月十五日号〕

九　「労働運動研究」誌への投稿（一九九五〜一九九九年）

労働運動研究所は、一九六九（昭和四十四）年六月に内野壮児氏を代表理事として設立され、月刊誌「労働運動研究」を発行し、世界の労働運動、社会運動の理論・研究・情報面で注目されている。二〇〇一（平成十三）年末に一時休刊し、二〇〇二（平成十四）年からは、月刊発行から季刊・年三回刊で発行されている。横井亀夫は、本誌を定期購読し、「読者だより」欄に、最晩年までしばしば投稿しつづけていた。晩年の数編を次に掲げる。

関東大震災時を回想〔一九九五（平成七）年六月〕

私は阪神大震災に関連して「労働運動研究」三月号の「焦点」や「新時代」三月十五日付小山博氏の報告を綿密に検討してみたが、小山報告、柴山論文が提案する国民の切望を含めた慎重な論説と、村山・社会党政権に対する謙虚な提言を肝に銘じて受けとめる理解を示さなければならないと考える。

これは七十余年前に発生した関東大震災の際に、先人たち、活動家、思想家の諸氏がこれほどまでに、早急に教訓を取得できなかった幼さと比較して、文字どおり隔世の感がある。このような精神の発達には、半世紀以上にわたる年月と活動の経験を待たなければならなかったことに思いを致し、過去の諸運動の総括と、さまざまな時代における国家為政者の姿勢について、改めて批判と論議を国民のなかに引き起こさなければならない地点に到達していることと、併せて、私たちの足跡を全体にわたり回顧しなければならないと思う。

パリ・コミューンの月〔一九九六（平成八）年三月〕

三月は被圧制者としての人民大衆が、歴史上初めて既存権力を倒して、市民自治の原点を示した月である。そのために人間の死体で壁が築けるほどの犠牲者を出し、世界中の人々はこの月の十八日を、「パリ・コミューンの記念日」として追悼してきた。

日本でも支配者との闘いに敗れ、生命を抹殺された無名の人々を追憶する記念日とされてきたが、惜しくも、ある左翼政党の偏狭さによって、ともに合祀されるべき人々が排除されている。

わが労働運動研究所でも多くの同志が追憶される。〔日本共産〕党中央の盲政に反対し、西方の地から革新的志を抱いて労研の前進をはかり、社革の運動をとりまとめた内藤知周同志、また東大在学中に社会主義的傾向を深めていた新人会の再建にかかわって逮捕され、釈放後は労働者運動に専念して一生を貫いた内野壮児同志、同じく東大、一高を同じくして労研国際部を担当した城戸武之同志、また労研の創立者長谷川浩同志は、敗戦直後の労働運動を分析し、克明な著述を完成したあと、自宅から労研への出勤の途次、三鷹駅付近で雪のために転倒して死亡され、同じ武蔵野の住人で、戦前の党活動犠牲者を司法警察の陰から、裏面から救済する活動を続け、高齢のために病没された小林杜人氏、戦後、早大で青年学生運動に加わり、疾風怒涛の勢いで運動を盛り上げた由井誓同志等々が、関東地方の仲間として偲ばれる。関西地方では西川彦義、山本正美、山田六左衛門の名も忘れてはならない。また広島県には板垣、金白の諸先輩がいる。

若い後継者のために、以上に明記した諸同志の果たした功績をまとめ、「労働運動研究」誌の特集号として追悼を試みてほしいと思う。

蜂谷さんの連載〔一九九六（平成八）年十月〕

本誌五月号からの蜂谷隆さんの連載「日本経済が抱える構造問題」はいいですね。たいへん教えられて、ありがたく思っています。

山口氏の記録に感銘〔一九九六（平成八）年十一月〕

猛暑続きで仕事も大変と拝察しています。

七、八月号に続けて山口氏康議員の議員活動の記録が掲載されていますが、知性に富んだ読み物で感銘を与えられます。

増山太助さんが相賀、小松両君のことを書いてくれてうれしいです。二人とも淋しく生涯を閉じた人です。

そのうちに由井誓と津上のことを書いてくれたらと希望します。

小森さんの遺稿〔一九九七（平成九）年九月〕

七月号で完結した小森さんの長期にわたる「激流に抗して」が遺稿になってしまい、その執筆について感慨の思いをこめて感想を書きたいと思っているうちに、早くも八月号を手にするようになってしまいました。

小森氏の書いたものは、戦後党史のようなもので、諸情勢をめぐる権力派と正論派の意見の相違を、その渦中で論争した人物像や動きを併せて記録したもので、共産党の歩みを理解するうえでよい記録です。この記録を通して見のがしてならないのは、日本共産党の体質とも考えられる、組織、運動の弱点、あるいは欠陥です。たとえば中ソ論争、四・一七総評の企画したゼネストへの反対のメッセージと、党組織をあげてのその妨害行為、あるいは平和運動の分裂を強行するなかで、正論派がいつも少数派の存在で、排除されています。

小森氏の他界について杉山みさおさんが溢れる愛情で書かれた追悼文も心暖まるものです。

澤地さんのすぐれた本〔一九九八（平成十）年一月〕

ナロドニキに指導されて起こしたデカブリストの乱に、レーニンの『何をなすべきか』は厳しい論議の姿勢を示している。私が教科書としてレーニンのこの書に接したのは十八歳の少年のころで、レーニンの真意は判らず、一途にこの乱を悪く思って、以後、七十年の今日までわからないまま、過ごしてきた。

一九九七（平成九）年の盛夏、澤地久枝さんが心血をそそいだ『ボルガいのちの旅』（NHK出版刊）を読み、デカブリストの乱がロシア革命の先駆的役割を果たしたことを知り、ボルガ河畔に思いを馳せながら、この本をひとりでも多くの人が読んでくれることを願っている。

宮本氏の退任〔一九九八（平成十）年二月〕

この一年も終わります。韓国の選挙、金大中の勝利は東アジアの夜明けです。今年はわれらの立場からみて宮顕〔宮本顕治〕の退任は良いことです。①彼は五〇年問題の党の統一の環となった党内民主主義を袴田を使って圧殺し、②安保闘争の戦略的位置づけを不明にし、統一の体制をこわし、平和共存に反対し、原爆阻止の運動を破壊し、③コミュニズムの思想に対峙して科学的社会主義なるものを不破、上田兄弟を使い、党の思想性をごまかし弱めた、④労働者階級の大切な組織体であった総評の解体にも傍観者的であった。

これが四十年にわたり議長をつとめた彼の実績だった。

重い河の流れのように〔一九九八（平成十）年四月〕

増山太助氏の重い河の流れのような筆による評伝「戦後期左翼人士群像」、愉しくみっちりとした思いで読みました。それに加えて、私のようなものが助言することもないのですが、知性の高い二人の女性にかかわることが、石堂清倫氏が主催する「運動史研究会」（私もはしくれとして参加した）にも波及してきたので一筆します。

（志賀）多恵子さんは、（福永）操さんの著作に述べられていることが自分を誹謗する文章であり、事実に反しており、名誉が著しく傷つけられているので提訴すると憤慨していると、当時聞きました。これに対して操さんは少し悄気《しょげ》ていましたが、鍋山歌子さんと私が断固として証言者として立つと励ましました。

多恵子さんは憤慨していたが、提訴して公的に裁判で争うことになって問題を大きくしてしまう不利を反省したのか、それとも時間のたつに従い怒りがおさまったのか、さらに彼女は「平和と社会主義」紙上で、石堂さんを名指しで亜流ファシストと誹謗したりして、石堂さんと丹羽道雄さんの協力で刊行をみた東大新人会参加者の人名著書に難癖をつける始末でしたが、そのまま提訴は沙汰止みになりました。

このころ、この件で名も明らかにせず、私のところに電話がかかることがあった。

今度の人物外伝「戦後期左翼人士群像」第三八回の、増山さん執筆になる二人の女性共産主義者の人物評が客観的で公平に記述されているのに接して、思いを新たに当時を回想した次第である。

この二人の女性コミュニストとともに、七十年前の三月十五日早朝、検察庁の指揮による全国一斉検挙に、私も所轄警察署に捕えられたのであった。

介護労働者の保障を〔一九九八（平成十）年九月〕

高齢者の激増と寝たきり老人社会の出現をまえに、二年後の二〇〇〇（平成十二）年から介護保険法が実施されますが、介護の全容はまったく不明なのに、四十歳以上の国民一人から月二、五〇〇円の掛金、年に三万円を納入させるのですから、重税のたぐいです。夫婦で加入すると年六万円で、四十歳から他界するまで推定四十年の長い期間に徴収されるのです。

これで介護の万全が期せられるかどうかは疑問です。すなわち介護用務員が養護者の人間性をよく理解して思いやりをもって応対してくれるかはなはだ疑問です。

基本的規定として、養護者ひとりに対する介護要員の比率も、重度障害の平均を経験則にてらして厳格に正直に算出して確立すべきです。

さらに介護用務員の労働は、専門的な知識を要する重労働であり、長時間を要するうえ、汚くもあり、いわゆる３Ｋ職場といわれるほどであるので、勤務に見合う給与と十分な厚生の措置を法的に考慮される必要があります。

このためには自治労、厚生省、労働省の組合の青年婦人などを中心に各組合の高齢者組織や市民団体、婦人組織、革新政党で協議会を設立し、名称は「介護保険の実施にかかわる介護勤務労働者の適正な身分保障を実現する会」にしたらどうでしょうか。

共産党公然化のころ〔一九九九（平成十一）年四月〕

冬が遠ざかり、温かさが増してきました。私も三月を迎えると九十歳になります。山本菊代さんはすでに九十歳を過ぎております。二人とも共産党が公然化しはじめたころに、末端ながら活動のなかにおりました。そのような経験を語り合う機会を「労働運動研究」誌上に扱ってもらえるかどうか、編集部のお心に留めていただけないかと思います。

春分までは寒いですから、みなさまお大事にご奮闘ください。

四月号の特集について〔一九九九（平成十一）年六月〕

四月号の社会民主主義の特集、大竹政一さん、ゴルバチョフの論文はすばらしいですね。このすぐれた知的な性格を安東仁兵衛さんへの追悼文として捧げたい。内野壮児さんが現存していないのが悔しく思われます。一九三七（昭和十二）年のコミンテルン第七回大会におけるディミトロフの報告が、世界のコミュニストをあっと驚かせたことが思い出されます。私もコミュニズムの偏見から解放された思いを回想しています。

今年もメーデーが訪れました。私が初めてメーデーに参加したのは、大正十一年、一九二二年で十四歳の年でした。場所は港区の芝公園広場です。

都下の労働組合員の全参加で五〇〇〇名くらいと記憶します。装備にはゴム足袋をはき、ゲートルを巻いた人も多数いました。

組合旗のなかには黒地にガイコツを白く染め抜いたものも多くみられました。無政府主義者の指導する組合のものです。当時は表現の自由が圧迫されていたので、プラカードなどはなく、サラシの布地に「八時間労働制の確立」「社会主義運動鎮圧法令の撤廃」のスローガンを書いた吹き流しを長い竹竿につけて立てると、たちまち警官が殺到し、待機しているトラックに投げ込まれる。

会場の入口には警官が幾重にも整列して監視の目を光らせ、入場者を判別するために見張っており、そのなかには各署の私服が要注意人物を血眼になってマークしている。

会場から数百メートルの別の構内には、補助の警官がものものしく待機体制をとり、隊長らしきものは、金ピカに飾って馬上に姿をみせ、連絡車としてサイドカーが爆音を響かせている。

会場内では随所に警官と労働者の闘争がおこり、活動家を逮捕しようとする警官、それを取り戻そうとする労働者群。労働者大衆に包囲され、逃げ遅れて袋叩きになった警官が、あわてて官帽をかかえて逃れる姿、私は少年の心に震えを感じながらこの悲壮な情景に深く印象づけられた。

デモは公園を出発すると、増上寺山門前を通り、新橋駅を右にみて、日比谷公園の側をとおり、馬場先門から神田河岸、須田町をへて昌平橋を渡り、湯島下の神田大通りから一路、上野に向かい、末広町から松坂屋前の上野広小路を経て、上野公園に至って、流れ解散する。その間、活動家の多くが狙い撃ちに逮捕される。

思想が低かったかも知れないが、意気は昂然としていた。

Ⅳ 同時代の先輩・同志・友人を追悼する

一　畏友・佐藤秀一同志の四十三年忌

今日は雪が朝から舞うている。

今から四十三年前の一九四五（昭和二十）年二月十四日は、畏友佐藤秀一同志が無念の思いを抱いて、豊多摩刑務所で獄死した日である。四十三歳の壮年であった。四十三年忌の二日前の今日、二月十二日、僕は佐藤秀一を追憶して、拙文をしたためている。

（一）

昭和三（一九二八）年三月十五日、昭和四（一九二九）年四月十六日とうちつづく共産党への弾圧、再建闘争を続ける昭和五年以後のはげしい情勢のなかで、同志たちが互いに信頼しあい勇気を持てたのも、佐藤のあの温厚ときびしく理論的な人柄によるものであった。

たとえば、カンパニアについて彼は言う。カンパニアは目標と期日の設定が厳守されなければならない。定めた期間に目標がどれだけ具現されたか、その点を明確にしないで、のんべんだらりと活動する態度は、カンパニアの趣旨を理解していないからだ、等。

佐藤をはじめ刷同（全国労働組合協議会（全協）刷新同盟）を結成した人々は、全協本部の方針に反対だからというのみで刷同を結成したのではない。本部の方針に反対意見を持つ者、またはそれを支持した支部、組合員を除名・排除してしまう組織弾圧に対してやむなく刷同を結成した。経済恐慌と迫り来る戦争の危機に際して、いっときも早く全協の方針の健全化をかちとらねばならないことを使命としたからであった。

刷同結成に際し、次のようなことが考えられた。

一、異見をもち、上部の指導についていく考えがなくとも、沈黙して従うふりをするか

二、組織から除名されたので、一切活動を止めてしまうか

三、前の二つの態度は敗北主義なので採らず、除外された者たちが組織を作り、上部の方針の誤りを正すために活動を進める

われわれはこの第三の道をとり、佐藤、神山その他の同志とともに刷同を結成した。しかし刷新同盟の組織的な確立とその活動が広げられはじめると、本部派並びに党との関係は鋭く悪化していった。刷同の存在は、折から、獄内における解党派の発生によって外的条件をいっそう悪くした。

運動を進めて数ヵ月後、佐藤は「われわれの意見が正しくとも、プロフィンテルンはわれわれには軍配を上げないだろう。客観的にみてわれわれの活動は革命的組織の力を弱める結果になっている」と考えるようになった。

八月か九月だったか、刷同の指導部の会議が持たれた。彼はその会議での発言で、前記のような党内外の動静、諸大衆団体との関係、全協そのものの大衆との遊離等の現状から、厳しいプロレタリア的自己批

判のもとに、反省と活動方法の転換を提起した。神山茂夫が長い方針書を執筆してきた。詳しい内容はもう忘れてしまったが、佐藤は神山の労苦に一顧だにすることなく、問題点が曖昧で文章が冗長だ、書き改めるように、と斥けてしまった。これに対し神山もまた抗弁せず、指摘された点にうなずき、素直に受けとめていた。神山のような自信満々の持ち主が、佐藤に対しては、こうも素直に心服していることに私は驚き、今も忘れられない思い出として胸にとどめているところだ。

十一月の末ごろ、われわれはインタナショナル誌でプロフィンテルン第五回大会の日本の組合運動に関する決議を読むことができた。佐藤はこのころ、すでに逮捕されているので、刷同解散とその後の組織処理について佐藤の意見を聞くことはできず仕舞いであった。獄中の佐藤は第四の道としてどのように考えていたか？　民主と集中につき、民主のない集中は弱く、大衆運動の活力を弱めてしまう。いかにして民主的運営を組織生活の常道にするかについて、辛苦して獄中を過ごしたことと思う。

（二）

昭和十一（一九三六）年、佐藤は奈良刑務所から出獄した。まもなく上京して須藤さんの印刷所に身を置くこととなる。このころ、僕たちとの交友も回復された。佐藤は国内情勢の理解に必要な本をよく読んでいた。また、しきりと昔の同志たちとの連絡回復に努めていたようだ。

こうしたなかで僕たちはよく山登りに出かけた。誰の発起で誰が連絡をつけにきたのか、今はもうわからないけれど、山行きには必ず佐藤がおり、手塚がいた。

昭和十二（一九三七）年八月の半ばごろ、八ヶ岳に出かけた。清里駅と美しの森の高原はすでに秋めいていた。南方の眼前には甲斐駒ヶ岳が峻嶮そのものの姿で、眺望する者を圧していた。それに反して、ここ美しの森ののびやかさと八ヶ岳連峰のゆるい稜線が印象的であった。が、いざ尾根にとりつき登りはじめると、急峻な登高が長く続いて、一同はあえぎあえぎ足を運んだ。夕方に主峰、赤岳の山頂を極め一同して凱歌をあげた。赤岳の小屋に宿泊したが、三千メートルに近い山頂は夏の半ばでも寒かった。佐藤と山の景観と厳しさを眺めながら語りあった記憶がある。

翌朝、早目に小屋を立ち、横岳の急斜面を注意深く渡り、夏沢峠に至る。ここで雷鳥の姿を眼前に見た。巌さんがなにか言っていた事を覚えている。

そこから根石岳と天狗岳を越えて、北八ヶ岳の蓼科高原に至るのだが、北八ヶ岳の山々は比較的にゆるやかなのでホッとした気持ちで蓼科の小斉温泉についた。ここに小沢路子さんが病気療養に来ているので、われわれ一同は彼女を訪ね、あわせて一夜のお世話になった。みんなでビールなどで乾杯して健康と無事を喜びあった。このときの一行には佐藤、南、大沼、手塚、横井の面々がいた。

八ヶ岳登山の楽しい思いの冷えやらぬ間にと、今度は丹沢主脈の縦走であった。あまり寒くない季節だったと憶えている。参加者は佐藤秀一、佐藤恒子、横井、手塚、大沼、南のほか、恒子さんの弟の太郎、二郎、大沼鉄郎、作人の兄弟そのほか大勢だった。

夜行で小田急の渋沢駅で降り、暗い夜の道を迷いながら大倉尾根に取りついた。尾根の一筋路を登る一行の前後に灯が揺らぎ動いている。長い尾根を登りきり、早朝、塔ヶ岳山頂に立った。山頂はすごく寒かった。冨士の美しい姿が森林帯の広い裾野の上に鮮やかに見えた。われわれ一同はその美しさを飽くことなく眺めながら朝食をとり、しばらくして縦走を開始した。丹沢山もすぐ近くに見え、昼食をとったのは不動の峰付近であったと思う。主峰の蛭ヶ岳を越えるころは早くも二時近くであった。原小屋の頭をすぎ、姫次から鳥屋へたどりついたときは六時近くになっていた。僕はぐったり疲れきってしまった。ものを言う元気もなくなっていたが、佐藤や恒子さんらの元気に驚いた。二人の心の結びつきはこの山行きの苦労のなかでいっそう進んだ思いがする。

佐藤はこのようにして友人たちの親和を育てながら自分の身体を鍛えていたのである。奈良刑務所を出獄し、昭和十六(一九四一)年二月に再逮捕されるまでのこの期間、佐藤がこうした生活の一面を過ごしたのには期するところがあってのことと思われるのである。

〔追記〕

☆ 日本共産党の党史『日本共産党の六十年』は、佐藤、神山らが指導部の誤りを口実に「刷同」をつくり、混乱を大きくしたとありますが、佐藤らは指導部の方針がまちがいなので「刷同」をつくったのではなく、組織的に排除された結果やむなく一時的組織として「刷同」を組織したという点を重ねて明らかにしておきます。

☆ 佐藤はプロフィンテルン(国際赤色労働組合組織)第五回大会決議「日本における革命的労働組合の任務」をすでに知っていて自己批判を装ったという説が一部にあるとのこと。このような説は当時の実情を無視した暴論です。第一に日本で決議発表は佐藤逮捕後であり、佐藤は時間的に決議を見ることができなかった。第二に、佐藤をはじめ「刷同」に結集した者の多数は純粋な活動家であって、小手先の芸なぞ用いる心の余裕などなかった。そんな立場からは「刷同」問題の真の教訓は得られないと思います。

☆ プロフィンテルン決議を手にしたとき、私たちは雀躍する思いでした。決議に対し無条件に「刷同」解散すべしという意見と、決議の実践のため本部派はその保証を行うこと、この態度が革命的実践であるという意見に分かれました（「刷同」の大衆的集会は市川鴻ノ台の練兵場の裏を使いました）。

〔佐藤秀一追悼録刊行会編『佐藤秀一追悼録——ある殉教者の墓碑銘』路人舎、一九八八（昭和六十三）年八月刊所収〕

佐藤秀一氏・略歴〔一九〇二（明治三十五）～一九四五（昭和二十）年〕

一九〇二（明治三十五）年、大阪市に生まれる。一九一五（大正四）年四月、私立大倉商業に入学。一九一九（大正八）年、大阪にきた堺利彦らの講演を聞いて思想的に目覚める。一九二〇（大正九）年、大倉商業卒業。鴻ノ池銀行に給仕として就職。一九二一（大正十）年岸和田市東光尋常小学校に勤める（代用教員）。一九二六（大正十五）年、関東出版労働組合に加盟。一九二七（昭和二）年、日本共産党の大衆化方針に従い入党。一九二八（昭和三）年、日本労働組合評議会の解散。後身の全国労働組合協議会（全協）準備委員として関東地方責任者となり、中央常任委員となる。一九二九（昭和四）年、共産党東京地方委員となり、党中央委再編成以後、全協の党フラクション責任者となる。全協内意見対立で常任を解任・除名される。関淑子と結婚。一九三〇（昭和五）年六月、神山茂夫・内野壮児らと諮って「全協刷新同盟」を結成。同年八月、分派行動に対する痛烈な自己批判・刷新同盟を決意。同十一月、逮捕。一九三四（昭和九）年二月、懲役五年、未決百日の判決受ける。一九三五（昭和十）年一月、淑子夫人焼死。一九三六（昭和十一）年夏、仮出所。一九三七（昭和十二）年八月、南・大沼・横井亀夫らと八ヶ岳へ上る。このころ佐藤恒子の父母の要請で横井亀夫が佐藤恒子を紹介。三八年秋、佐藤恒子と結婚。一九四〇（昭和十五）年、モスクワの野坂参三・山本懸蔵からの「日本の共産主義者への手紙」——反ファシズム統一戦線の提唱——（一九三六（昭和十一）年二月）、および「三二年テーゼ」に基づいて、共産党再建の準備を神山、寺田貢とともに行う。一九四一（昭和十六）年、検挙・脱走・再検挙。一九四五（昭和二十）年二月、豊多摩刑務所病舎で獄死。享年四十三歳。

〔佐藤秀一追悼録刊行会編『佐藤秀一追録——ある殉教者の墓碑銘』路人舎、一九八八（昭和六十三）年八月刊より作成〕

二　人間的マルクス主義者・渡部義通さん

『新地平』一九八一（昭和五十五）年一月号に、義通さんは「反人民的社会主義を否定する人民主体の形成を！」という論文を発表した。これは義通さんが、今世紀の一九〇一（明治三十四）年に生をうけて、一九八二（昭和五十七）年六月二十八日、夕陽の没するとともにこの世を去るまで、その生涯を捧げた人民の解放闘争の「遺言」ともいうべきものであった。そして、義通さんは、ついになしえなかった初志の想いを、あとに続く青年活動家の諸君に託してこの世を去った。

義通さんは十九歳の少年期を過ぎるころ、郷里の福島から上京して明治大学に入学した。そして一九二一（大正十）年五月、社会主義同盟に対する弾圧に抗議し、早稲田大学の活動家を軸とする「建設者同盟」に参加した。同時に、学生連合会の組織化に加わり、一九二二（大正十一）年十一月七日、ロシア革命五周年の日にその創立を成功させた。この総会の議長には東大の志賀義雄が選ばれたが、義通さんは高野実と一緒にこの総会の準備活動にあたった。

目覚めた青年たちは「ヴ・ナロード」（人民のなかへ）の想いで無産階級運動に投入していった。学連の最初の仕事は革命ロシアの飢餓救済運動であった。休む間もなく次の闘争は、早大における軍事研究団の設置を粉砕する闘いであった。一九二三（大正十二）年五月十日の発会式には、白川陸軍次官、石光第一師団長、中島近衛師団長らと、大学側から高田早苗総長、塩沢昌貞学長、青柳篤恒教授（軍研団長）らが出席した。学生たちは、高官らが挨拶に登壇すると機知に富んだ野次と大衆的な罵声で立ち往生させ、ついに発会式を粉砕してしまった。この闘いは、その年の六月六日、堺利彦をはじめとする共産党の検挙となってはね返ったが、日本の学生運動と社会主義運動の大衆化の基礎を築いたものであった。義通さんは、この闘いの経験を通じて、大衆の闘争力は指導者の考えを超えて強大にすすむ性質を持つということを学んだ、といっていた。

義通さんが闘争に加わったころは、理論問題が弱く、勇敢な闘士であることが華であり、みんなロマンチストで、三年後には日本もソビエトになると真面目に思い込んでいた。そして、この思いは敗戦時まで続いた。こうした思いをほうふつとさせる「建設者同盟の歌」（田所輝明詞）がある。その一節に、

反逆の血を身に受けて　自由を叫ぶ若人は
欅の原*の一角に　赤旗かざして集いよる
苦闘の中に花は咲き　花また散りて三星霜
無智隷属と奪掠に　わが同胞を虐ぐる
暴虐の主、資本家よ　自由の使徒は点ぜんや

（*欅の原……同盟の所在地）

義通さんは、学生運動を経験しながら、結核におかされ、郷里へ戻ったが、間もなく政治運動に足をの

ばし、労働運動では福島合同労組（評議会所属）を結成、常磐炭鉱の闘争では山代吉宗を助けて働いた。この闘争の物語は山代吉宗夫人山代巴の力作として「山代巴文庫『囚われの女たち』」に収められている。

一九二七（昭和二）年、モスコー・テーゼで、日本共産党の方針と組織化が具体化された。当時、義通さんは、蒲田の新潟鉄工の工場細胞員で、同時に京浜地帯のオルグ責任者になっていた。僕は日本光学大井工場の細胞員であったから、義通さんの指導下に入り、義通さんを初めて知った。この時期、義通さんはレーニンの『組織論』を翻訳し、『何をなすべきか』とともに党活動の必読文献になった。義通さんが共産党に入党したのは一九二七年の八月ごろであった。

一九二八（昭和三）年三月十五日、いわゆる三・一五の弾圧で僕は検挙されたが、義通さんは二二日に検挙された。僕はこの事件の最年少被告であったが、義通さんは市ヶ谷刑務所のなかで歴史を勉強し、獄中で基礎的な論稿を書き、出獄後まとめた日本古代史の労作は、天皇制国家の起源とその構造をマルクス主義の方法で解明した画期的なものであった。義通さんは、一九八一（昭和五十六）年に再版された、新版『日本古代社会』の序文のなかで、「……国体の名において人民運動に激しいテロル弾圧を加えていた権力――この天皇制権力とのイデオロギー的対決として、官製の国体史観に対する忌憚なき学問的挑戦として、市ヶ谷刑務所一〇舎二八房の中で私のテーマが成立した」と書いた。

義通さんの人民主体革命の思想は、戦後、社会主義国家の実態を知って失望したことから生まれたというより、義通さんが大衆とともに実践運動を経験した青年時代にはぐくまれたもののようである。また、その人柄によるところが大きい。

一九三〇年代の初頭までコミンテルンの権威は光っており、この威力から見すえられることは心いたい

前列左から渡部義通氏、石堂清倫氏、後列左から横井亀夫、片山さとし氏
（1980〈昭和55〉年5月8日・石堂氏宅で）

ものであった。したがって、コミンテルンから出される方針について異をとなえることは、党員としてとうてい考えられないことであった。三・一五、翌年の四・一六とうちつづく弾圧で、党の活動が弱められ、大衆は自然発生的に自力で政治組織に結集しはじめた。大山郁夫、細迫兼光・前労農党書記長らを柱として結成された新労農党はこのようなものであった。しかし、コミンテルンの方針は、新労農党は成長する大衆の目を共産党からそらすことになり、左翼顔をする民主主義こそ最悪なものであるから、たたいてしまわなければならないというものであった。しかし、義通さんは、細迫書記長や田部井健次らといっしょに新党結成を画策した。これが義通さんが共産党から除名された一回目の事情である。

そして、戦後復党して、二回目に除名されたのは、一九六四（昭和三十九）年六月、宮本顕治の指導部に対して、佐多稲子、国分一太郎、野間宏ら党員文化人十二名が連名で、その根本政治姿勢、官僚主義とセクト主義を批判した「意見書」を提出したときであった。義通さんはその中心メンバーであったが、全員が規律違反に問われて除名されることになった。この二回目の除名のときには、朗々、晴ればれとして「宮本共産党の醜態が、あきらかにされ、共産主義運動に生涯をかけたものが、大衆の側に立ってものを考え、実行する段階に到達した」と喜んでいた。そして、人民主体の運動が開始されてきたことを見てとって、新しい考えで、新しい運動をくりひろげている若い活動家の諸君に友を見いだそうと努力しはじめた。

チェコの人民は、革命運動の経験の乏しさから、ブレジネフの制限主権論とソ連の強大な軍事力によって壊滅させられたが、ポーランドの労働者大衆は、その経験を学びとり、腐敗した党官僚の権力に抗して自主労組「連帯」の運動を展開した。義通さんは、いろいろと屈折はあっても、人民が本当の主人公にならなければ、地球は滅びてしまうということを、これらの事件が知らせはじめたと言っていた。

六月二十八日、死の直前、注射が切れて目を覚ました義通さんは、奥さんの三井礼子さんに、「僕はよい友人に恵まれた。みんなによろしく伝えてくれ」との言葉を最後に生涯を閉じた。

学者になることなど考えずに、人民の解放闘争のなかで、活動の方向を定める必要から、学問のひととなり、マルクス主義の歴史学者として重きをなしてしまった。また愛猫家であり、囲碁五段の腕前であった。

年齢、職業、学識にかかわりなく、交友する者に温かい手をさしのべ、互いに励ましあう徳性を備えもった老闘士が、ついにこの世を去った。僕たちは義通さんの人間マルクス主義者の姿勢をいつまでも追いつづけたい。

〔『新地平』一九八二(昭和五十七)年七月号、『渡部義通追悼集　忘憂清楽』一九八五(昭和六十)年二月一日刊所収〕

渡部義通氏・略歴〔一九〇一（明治三十四）～一九八二（昭和五十七）年〕

一九〇一（明治三十四）年七月、福島県に生まれる。一九一七（大正六）年、福島師範入学。結核性疾患で入院・帰省を繰り返す。校長排撃の論をはって除籍処分を受ける。一九二〇（大正九）年暮、日本社会主義同盟に加盟。一九二一（大正十）年、上京、明治大学に入学。明大「七日会」を結成。学生連合会結成に参加、組織部長に就任。この間、山川均の指導を受け、唯物史観などの理論的研究に従事。一九二三（大正十二）年夏、カリエスの手術、授業料滞納で明大中退。一九二五（大正十四）年、政治研究会福島支部を結成。全国的場面での左翼の活動的一員となる。一九二六（大正十五）年、福島合同労働組合（日本労働組合評議会所属）を結成し、執行委員長になる。労農党福島県支部連合会書記長に就任。常磐炭鉱争議などを指導。一九二七（昭和二）年、上京。関東地方評議会組織部に所属、岡谷一林組製糸争議に派遣。そのころ、日本共産党に入党。新潟鉄工蒲田工場細胞を構成し、地下活動に入る。一九二八（昭和三）年二月、京浜地方細胞キャップテン会議責任者となる（横井亀夫と知り合う）。三・一五事件を逃れたが、二十二日検挙される。拘禁中、国体の暴露を目指し、日本国家の紀元を研究。一九二九（昭和四）年、病状悪化のため執行停止で出所。一九三〇年代、日本古代史・中世史の研究を共同で遂行（『日本歴史教程』を出版）。一九四〇（昭和十五）年、党再建グループ関係として検挙される。一九四二（昭和十七）年、懲役二年六ヵ月で下獄。服役中にインド古代思想・仏教を研究。一九四四（昭和十九）年十一月、出獄。一九四五（昭和二十）年十月、上京して共産党に再入党、文化部に所属。一九四六（昭和二十一）年一月、民主主義科学者協会（民科）設立。まもなく幹事長兼書記長に就任。一九四八（昭和二十三）年、日本学術会議第一期会員選挙当選。一九四九（昭和二十四）年一月、衆議院選挙で埼玉第一区より当選、三年八ヵ月議員生活。一九五〇（昭和二十五）年一月、コミンフォルム（共産党情報局）論評に関連する党分裂に際して、主流派、国際派の双方に組せず、分裂抗争をもたらしている党の病根をまず明確にすべきことを主張。一九五八（昭和三十三）年、社会主義政治経済研究所設立。党中央の官僚化が強まるなかで、公然と中央の姿勢や決定を批判、あるいは拒否して、たえず党内民主主義の徹底を要求。一九六四（昭和三十九）年六月、党員文化人十二名連名で党中央の根本的政治姿勢、官僚主義的体質を批判する「要請」を送付・声明公布したことで除名される（十一月）。同年十二月、訪ソ。「日本における平和運動の歴史」を講演。滞在中にソ連共産党中央委員会に各種の批判的意見を提出。一九六七（昭和四十二）年春、「共産主義労働者党」創立大会で評議員に選任。徹底的な党内民主主義とヒューマニズムと非セクト主義を唱導、新左翼諸派閥間の連帯を築こうと努める。一九六七（昭和四十二）年、パリ「五月蜂起」を契機に現代革命の研究に取り組み、思想上の転機に会す。一九七一（昭和四十六）年〜一九七四（昭和四十九）年、『思想と学問の自伝』を口述。一九八二（昭和五十七）年六月、逝去。享年八十一歳。（告別式は横井亀夫が司会）。

〔『忘憂清楽　渡部義通追悼集』一九八五（昭和六十）年二月刊より作成〕

三　伴走五十年の同志・内野壮児さん

内野壮児と一高時代からの親友、城戸武之氏（労働運動研究所理事）は言う。「内野は党の理論活動に終始したが、文学者としてその能力を昇華させてほしかった。彼は一高時代にその片鱗を見せており、高見順、武田麟太郎らは彼の文友と言われた」と。

内野は共産党の中央委員候補者として理論的活動家であったが、煽動的活動には不向きであり、壇上において、理論や政策を滔々と展開して大衆を魅了するタイプの人ではなかった。地道に諸問題を解明することを身上として、華々しく立ちまわることは得意な人柄ではなかった。

一九二六（大正十五）年、彼の一高時代は、福本和夫が現れ、マルクス主義理論戦線の華やかな時代であって、文化人、学者、青年学徒が左翼運動に大量参加した。彼もその一人であり、一九二八（昭和三）年、東大に進み、新人会に加入するが、同年二月に行われた普通選挙に公然化を闘いとろうとする日本共産党の出現に感動する。日本共産党は国際共産主義組織・第三インターナショナルの日本支部として、君主制の廃止、大土地所有の没収、土地を農民へ、言論・出版・結社の自由、十八歳以上の男女の普通選挙権、八時間労働制、植民地の解放、帝国主義戦争反対、労農政府の樹立等の政綱を掲げて、全国の人民大衆に訴える公然活動を始めたのであった。

政府は共産党の労農大衆の組織を背景とする勇敢な活動の展開に驚がくして、検事局と警視庁特高課を総動員し、共産党員を一網打尽にするべく、三月十五日の朝、全国の労働運動の活動家一六〇〇人を一斉検挙し、越えて四月十日、労農党、労働組合評議会、全日本無産青年同盟の三団体の解散を命令する。多くの党員被逮捕者を出した帝大新人会も解散に追いこまれた。新人の会員中、活動的な学生二十二名は新人会の再建を意図して、九月二十八日の朝、東京府下の豊島園に集合して会議を開いた。が、議事に入ろうとしたとたん、特高警察集団に襲われ全員が逮捕される（小場瀬卓三、輿水実の二名は逃走に成功）。内野もそのなかの一人で、大学は彼を停学処分にした。

内野は大学に戻ることをやめ、党の貯水池たる労働組合運動に専念することになる。

三・一五の検挙は党の存在とその政綱を明らかにすることで、全国に党支持網を拡げる効果をあげた。また三・一五は名簿にのせられた下部党員を検挙したが、党中央の被害は少なかった。党員検挙に血眼になった特高警察は、翌年の一九二九（昭和四）年四月十六日の一斉検挙で党の中央部を壊滅させた。経験も豊かで指導力に富んだ中央指導部を失った四・一六以後の党の活動は、次第に極左偏向を強めていった。

青年の活動分子を竹槍で武装させ、メーデー当日、右翼組合日石支部に突入を行ったり、労働組合の大衆的な性格と役割を理解できず、党のスローガンを組合に押しつけ、それに反対する者には組織的処分を行い、さらにまた、全協の全国的産業別組織編成についても、組合員の大衆討議にかけて、決定を行うというのではなく、ある日突然に、

全日本金属産業労働組合
全日本化学産業労働組合

全日本交通運輸労働組合

等々と名称を付して、あたかもこれで強大な産業別組合が完成されたと錯覚し自己満足する。そしてこのような方針を固執する指導部に疑問を抱いて質疑を発する者には、除名処分で処罰するという児戯に等しいことが指導として行われた。この間の事情について関東出版労組の委員長だった手塚亮氏の手記があるので参考までに引用させていただこう。

5　全協刷新同盟結成の前後

さきにもふれたように評議会の後身である「全協」は昭和三（一九二八）年十二月にうまれたが、新生の全協は旧評議会から受け継いだ全国的産業別単一組合への再編という大きな課題を果たさねばならなかった。そのためには「重要産業の工場内に強力な組織をつくり、右翼や中間派の組合内の反幹部派とも結合し、日常闘争を通じて大衆的基礎の上に、産業別単一組合を」と佐藤たちは考えていた。佐藤らと田中清玄、前納善四郎らとの意見の対立が表面化するのはこの組織方針からであったようだ。

昭和四（一九二九）年十二月三十一日の「労働新聞」第九号の社説「産業別単一組合の基礎は大工場になくちゃならぬ。我々はすでに多くの大工場に食い込んだ。まだ食い込んでいない所は責任者をして食い込ましている」として、全国単一組合の結成を「即時断行しろ」と指令を出している。そして翌年二月には早くも佐藤やぼくらの所属する関東出版労働組合は一夜にして日本出版労働組合東京支部になり、つづいて日本金属労働組合が生まれ、このようにして年内には交通、電気、化学、通信、一般使用人、土木建築、木材、繊維、食料、鉱山等の上に、「日本」を冠した全国産業別単一組合が続々と誕生していった。

この実質を伴わない官僚的組織方針に対して、反対意見を具申したものは、次々と除名処分を受け、組織から排除されて行った。階級運動に参加する者にとって除名処分は死刑である。査問委員会を開いて被除名者の言い分を聞けと要求したが、まったく封建時代の切り捨て御免で、規律違反、スパイの汚名を投げ掛けて来た。

かくて田中清玄らの官僚的大衆不信、客観情勢無視、統一戦線観点からの逸脱、党と組合との混同等は、やがて極左的冒険・一揆主義に発展し、武装メーデーへと暴走する。

こうした状態を憂慮した佐藤はもはや国内では解決できず、この上は片山潜同志を通じて国際機関に訴える他はないと、実情の詳細な報告書をモスクワの片山潜同志に送った。この報告書は写しを幾通もとって、確実に届くようにルートを変えて送ったので、ぼくもその一通を書かされた。

（『佐藤秀一追悼録　ある殉教者の墓碑銘』より）

豊島園事件後、全協関東金属労組の運動に参加して実践活動に鍛えられた彼の知性は、こうした指導部の方針に盲従することを許さなかった。特高を尖兵とする資本家権力により後退を強いられる組合運動の立て直しに、全協指導部は、地道に大衆のなかで活動し、工場・職場に大衆的組織をつくり、左翼運動の基盤を構築する道をとらず、大言壮語、内容の伴わない方針、天下り的指導の強要、それへの従順を要求していた。

内野は関東金属労組城南支部書記として意見具申した。党の組合フラクション活動の責任者で三・一五、四・一六の検挙を逃れて活動を続けてきた出版労組の佐藤秀一をはじめ、手塚亮、「関金」(関東金属労働組合)の村上正夫(内野)、小沢路子、「関東自由」(関東自由合同労働組合)の神山茂夫、大沼渉、歌川伸等は、指導部の方針に異論を持ったことで追放される。組織内で意見を述べることを禁圧された者たちは、同盟して誤った指導方針と闘わねばならない立場に立たされた。

日本共産党の党史『「日本共産党の六十年』に見る理解は、「田中清玄らは逮捕されると党を公然と裏切り敵の手先になりさがった。また当時佐藤秀一、神山茂夫らは指導部の誤りを理由として、一九三〇(昭和五)年六月『全協刷新同盟』をつくり、全協内で分派闘争を開始して混乱をいっそうはげしくした」と言う。こうした論述は誤りを含んでいる。なぜなら一つには、指導部の誤りを理由としたのではなく、組織から排除されたために止むをえず組織体を結成したのであり、二つには、全協内で分派闘争を開始して混乱をいっそうはげしくしたと断定しているが、混乱をはげしくした主因は、自らの混乱した指導に基づくことをまったく見落としている。当時、指導部が、組織の民主的運営、党の本来的役割、労働組合の性質、大衆との結びつき、命令的指導の誤りなどを理解しうる日常的自己批判の姿勢を失わなければ、組織内の混乱、指導部に対する組合員大衆の不信は生まれなかった。

大正期の党の創設時代を別にして、昭和初期の党の構成員は、党員の上部も下部も活動経歴に大差はなく、思考力と活動自体がものを言う時期であった。それが党が大衆化し強力になるにしたがい、指導部が不可侵的な存在と見られるようになり、下部は常時、上部に従う慣習が党風となる。下部で意見がある場合でも、その開陳は上部の指導・承認を要することとされる。

民主集中といわれても、民主は飾り物化して集中だけが肥大する。集中された権力の座にある者の意見が優先する。少数意見は初めから多数に従うものとされ、それが党組織のすぐれたところとされてきた。――日本共産党六十数年の思想建設の歴史は未解決の問題を多く残している。

内野が大学での学生生活と別れて労働運動に献身した五十年は、少数派から多数派への展望を持つ理論家としてのそれであった。

今世紀を送る年数の詰まった一九八九（平成元）年から今日一九九一（平成三）年の間に、党の刷新と自由化を望む百万人の青年、学生の奮起に対し、中共の党指導部を握る鄧小平らが行う天安門の暴圧、ソ連共産党の改革と社会主義建設方針の大転換、東欧五ヵ国の人民大衆の決起と、権力の座を占め官僚的独裁政治による安住に溺れて人民の労働の開発と歴史の進行・展望に関する理論的検討の努力もせず、マルクス・レーニン主義を擬装して人民大衆の上に君臨してきた現存共産党の退廃と衰亡。

「全協」の刷新運動から六十年を経た今日、関係者による本質解明を得られぬままにあったが、ソ連、東欧の現況が代理して答を出している思いがする。

ちなみに刷新同盟で苦闘した指導的な人々は、獄死した佐藤秀一を擁し、戦後の党活動でそれぞれ自らの使命を果たしており、脱落者皆無であることは、いささかの誇りを覚える。

内野壮児は難渋のなかに置かれた現存社会主義の革新に対する人民大衆の動向を目撃することなく病に倒れたが、彼の遺した民主主義を復活し、政治活動の刷新を追求する心情は後継者に受け継がれることと信ずる。

内野壮児の政治生活は七十歳で終わったが、その寿命を平均年齢以下に縮めたのは、一九四〇（昭和十

左から２人目・内野壮児氏、薫夫人、横井亀夫（1973年９月末、信州志賀高原）

五）年から敗戦までの獄内生活だったと考えられる。

話を少し戻せば、一九三〇（昭和五）年六月、内野は村上正夫の組織名で前納善四郎らの極左方針に意見書を提出する。が、麻布の街頭で警視庁労働係の藤生に見とがめられ、拘引拘留されて、「刷同」結成時点では活動できなかった。そしてたらい廻しの末釈放されたときは、「刷同」解散論議が進行していたころであった。

彼の五十年の実践活動のなかで、もう一つ私の心に残るものは、労働大衆向けの雑誌『労働雑誌』を佐和慶太郎氏らと協力して編集、高野実さんなどの後援で発行して好成績を収めたころのことだ。中国東北への日本軍の侵略と天皇制軍事体制がすすんでいた当時、『労働雑誌』は評判よく、全国の労働者に親しまれた。彼は労働者大衆を相手に、精力的にそして情熱をかたむける活動ができた。輝かしい体験だったといえよう。それはヒトラー・ファシズムの進行につれて、当時のフランス国家指導者たちがファシズムへ傾斜しつつあったのに対して、フランス共産党が人民戦線の結成に奮闘して統一戦線政府を樹立したときである。
最後に、内野壮児が生涯を共産主義運動に献身できたのは、薫夫人の全面的な支えがあったからだと思う。世間がいう物質的困難にわずらわされることなく、党権力を恐れずに、真実を追求する態度を持ちつづけることができたのも、夫人の支えであったといえよう。

一九九一（平成三）年二月七日

〔内野壮児追悼集『全協刷新同盟の問題』労働運動研究所編、内野薫子発行、一九九一年四月十五日刊〕

内野壮児氏・略歴〔一九〇八（明治四十一）〜一九八〇（昭和五十五）年〕

一九〇八（明治四十一）年十一月、長崎県に生まれる。一九二六（大正十五）年、第一高等学校在学中に社会思想研究会へ入会。一九二八（昭和三）年、東京帝国大学入学。新人会加入。柳町セツルメント労働学校の運営に参加。同年九月、検挙、東大中退。同十一月、「戦争反対同盟」書記局員。一九二九（昭和四）年、全国労働組合協議会（全協）関東金属労働組合大崎支部書記。横井亀夫と知り合う。一九三〇（昭和五）年六月、全協本部を批判、「刷新同盟」結成に参加。同年プロフィンテルン第五回大会決議により「刷新同盟」解散。一九三三（昭和八）年、全協日本金属労組に復帰、東京北部オルグ。一九三四（昭和九）年五月、検挙。同年九月、起訴猶予で釈放。一九三五（昭和十）年、『労働雑誌』創刊に参加。一九三六（昭和十一）年、検挙。一九四〇（昭和十五）年、懲役二年執行猶予二年の判決。一九四一（昭和十六）年二月、検挙。執行猶予取消しの上、懲役二年半を追加。一九四五（昭和二十）年十月、釈放。、再建された日本共産党に入党、本部勤務員。一九四七（昭和二十二）年、横井亀夫と再会、小野義彦氏を紹介する。一九五〇（昭和二十五）年六月、連合国総司令部（ＧＨＱ）より日本共産党機関紙「アカハタ」経済部長として追放を受ける。一九五一（昭和二十六）年、党より除名された横井亀夫の家族を約一年間、東京・品川区戸越の自宅一室に間借りさせる。一九五五（昭和三十）年七月、「アカハタ」編集局に復帰。一九五七（昭和三十二）年、編集局次長。一九五八（昭和三十三）年七月、中央委員候補・教育宣伝副部長。一九六一（昭和三十六）年七月、他の五中央委員とともに党批判声明を発表。十月、「社会主義革新運動」全国常任委員。一九六九（昭和四十四）年七月、共産主義労働者党全国協議会に参加。「労働運動研究所」設立、代表理事。一九八〇（昭和五十五）年十二月、大動脈瘤破裂により逝去。享年七十二歳。

〔労働運動研究所編『全協刷新同盟の問題』などより作成〕

四　労働者のよき友・よき教師・小野義彦さん

私たち労働者のよき友であり教師であった小野さんがこの世を去って早くも十ヵ月を過ぎます。悲しみが新たに感じられます。レーニンが開拓した人類解放の途、十月革命の炬火が、その事業と精神の全域にわたり墨消されようとする歴史過程の変転の現今、師の不在の運命に深く感慨をもたされます。

『「昭和史」を生きて』が著述されたのは、小野さんが七十歳を迎えた五年前のことと思う。変革者として革命運動に、理論と実践の二つの部署で生涯を貫いたことの実績を、個人史に総括する責任を忠実に果たしました。

この書の刊行の前段には、私の一つの行為があるように思えます。「大阪労働運動史研究」に小野さんの個人史が五回の連続で発表されました。東京の「運動史研究会」の会友の人々にも深い感動を与えました。そのなかに、大阪労働運動史に生きた、九津見房子さんの息女、一燈子さん（七十三歳）が涙にむせぶほどに感動して、「宮本さんの共産党から放れた人たちは、このように苦労を重ねてこられたのですね、あなたもぜひ読むように」と、連載の五冊を送ってきました。私はその五回にわたる記述をコピーし、製本して、前記の一燈子さんの感動を便りにして送りました。小野さんは大変に喜ばれ、老女の感動にも応えたのでしょう。

『「昭和史」を生きて』が刊行されて、解放会館で出版記念会が催されたとき、私を来賓待遇で招いてくれました。前日、梅田駅頭に迎えにきてくれて、夕闇の淀川堤に足をとめ、同地を説明してくれたりして、その夜を親しくしてくれました。このころの小野さんは風貌も整然として、日頃と変わりなくしておりました。

志賀義雄さんが一九八九（平成元）年三月に亡くなられ、告別式に小野さんが大阪から来られておりました。私は小野さんの姿に気づかずにいましたが、散会の折りに氏を見出しましたとき、痩然とした変わり方に驚きました。変わってしまった姿に不安をも覚えました。そのときが小野さんとの最後の別れとなりました。

昨年の九月ごろ、高津正道氏の奥様の一行が野尻に訪ねた折り、私への伝言に、野尻に来るようにとのことでしたが、その言葉も最後のものとなりました（ちなみに小野さんは高津さんの奥様の兄弟の子の関係の由）。

私が小野さんに知遇を得るようになったのは、一九四七（昭和二十二）年、大連より帰国して代々木の党本部で内野壮児氏に遇った際、小野さんを紹介されたのでした。そのとき小野さんは、トレーズ著『フランス人民戦線』（小野義彦氏訳）を寄贈してくれました。そのような縁で小野さんとの四十余年の親交と指導を受け、結ばれるようになりました。

一九五〇（昭和二十五）年、党中央分裂の年の一月、小野さんは、伊藤律政治局員の党員生活者としてあるまじき行為を難詰するため、党中央に訴えました。それは、本部職員細胞に同籍する大久保女史に伊藤律政治局員が、「自分は次期の党書記長になる、君のような薫り高いヒトの協力を得ることができればそんなうれしいことはない」と言い寄ってくる等々のことに、女史は困り、そのことを小野氏に訴えたというものです。このことは『「昭和史」を生きて』のなかで語られているので省きますが、党活動停止処分にされた当時の小野さんの姿はあまりにも悲痛そのものでありました。このとき氏のご長女が生まれて間もないころと思います。

この当時のわれわれ党員の党中央に対する観念は、絶対化であり、またその後の党生活の歴史的経験の歩みは、振り返ってみるに幼稚な理解と言えるほどのものですが、それだけに真摯なものでした。この一事も、ペレストロイカに教えられて現在は確固とした認識に至るほどに、共産主義運動の内容を理解するのに乏しい境地にあったことが省られます。

人それぞれに深刻な境地を経験されていますが、個人に加え、党という盤石を担う心境は並々のものではありません。当時の小野氏の消沈した姿が想いを新たにします。

一月、活動停止処分と時期を同じくするころ、志賀義雄氏の意見書が公然化され、国際批判を軸に、党内情勢は緊張化の様相を現し、小野さんは処分に苦悩する状況から逃れ、その持つ天分を十二分に生かしきる活動を展開することになり、私たちのグループ、地域の活動に援助と指導を展開してくれました。

このころ小野さんは生活も容易でなく、化学工業日報社という小さな業界紙の記者をしていましたが、この社の仕事にかかわるなかで、氏の経済学の知識を駆使し、その方法論を深め知識を豊富にされたのではないでしょうか。党の不正常も除かれ、統一が回復されるころ、小野さんは大阪の大学に就職され、経済学の解析に明晰な知力を発揮し、青年・学生・労働者の要望に応える有力な教師として、水を得た魚のごとき溌剌な動きをされたのでしょう。

大阪市立大学で教職を同じくした栗原佑教授が今から二十六年前に、メーリング著『マルクス主義の源流』を訳し出版されました。この書の出版にも小野さんは同志的な思いで協力しています。栗原先生も逝きてすでに十年を過ごし、志賀さんが他界して二年有半を過ごします。

マルクス主義の深遠の道が閉ざされようとする難時の情勢にさしかかる現今、炯眼の同志の不帰に想いを深くするものです。

補遺

小野さんが労働者教育運動に終生熱意を傾けていたことは、同氏を理解するために欠かしてはならないところと思います。

敗戦直後、仙台刑務所より解放され、党再建に参加した初期のころの小野さんのライフワークにそのことが示されています。

党学校教育要綱の創案が執筆され、教育・宣伝部から発行されています。

一九四九（昭和二十四）年、私が党神奈川県委員会京浜地区委員会で、金子政喜氏が中心となって設立した勤労者教育協会の活動に従事して、労働学校を設立し講座を開催したとき、小野さんの力量を大いに受けることができました。

カリキュラムは、「経済学」、「労働組合論」、「労働運動史」、「国家論」、「哲学」、「植民地問題」、「民族問題」、「日本資本主義発達史」、「国内情勢」、「世界情勢」、「世界労働運動史」等々、講師には、宮川実、

内野壮児・薫ご夫妻（後列中央）、小野義彦・みどりご夫妻（前列中央）とともに、1975〈昭和50〉年８月20日、新潟県妙高山清滝へ登山　（写真：小野瞭氏提供）

平野義太郎、前野良、松尾隆氏等の協力と援助を受けました。場所は、川崎駅前、東芝本社の正面玄関の右側の講堂を、同労組本部の援助で借りることができ、毎週隔日の講座をすすめたと記憶します。京浜地区の労組の歓迎を受けました。

宮川実先生は小野さんとも家庭的に親しい関係もあり、労働学校の常設にも熱意を示してくれて、私費を拠出してもと、われわれの相談にのってくれるほどでありました。

講座の続行は（日本共産党の）「五〇年問題」の発生を機に不能となり、その後、一九五一（昭和二十六）年当時、鶴見地区にある不二屋電機労組の北川書記長の協力で、同労組の事務室で学校の再建をはかり、講座を開講しました。小野さんは講師の主な人でありました。余談になりますが、日本共産党の不破書記局長の妻の八町さんが熱心な聴講生として、大田地区労の書記をしながら加わっていました。

このほか、小野さんには、京浜地区内の中小企業主の懇談会、朝鮮人部落、日本教具労組等へ、日中問題、時局問題等の講演でずいぶんと能力を発揮していただきました。

四十年前のことで、小野義彦さんが四十代の脂ののりきった、能力の発揮できる年代でありました。

一九九一〔平成三〕年九月十三日

〔小野義彦追悼集編集委員会編『資本主義論争と反戦平和の経済学者　追悼　小野義彦とその時代』㈱知人社、一九九一（平成三）年十一月刊所収〕

小野義彦氏・略歴〔一九一四（大正三）〜一九九〇（平成二）年〕

一九一四（大正三）年、東京生まれ。陸軍軍人であった父に従い、千葉、大阪、神戸、広島、仙台など各地で少年期を送る。一時、祖伯父上山満之進（元台湾総督・枢密顧問官）の養子となるが、数年で小野姓に復する。一九三一（昭和六）年、第一高等学校に入学し、共産主義運動に参加。一九三三（昭和八）年、検挙。退学・除籍処分となる。一九三五（昭和十）年、高等学校卒業検定試験に合格し、京都帝国大学文学部史学科に入学。永島孝雄、布施杜生、森信成らとともに学友会改革運動や『学生評論』の創刊などを通じて共産主義運動の組織化に努めたが、春日庄次郎らの「共産主義者団」からの接近に一定の距離を置き、大衆的な運動の重要性を主張した。関西の労働者グループとも連絡をつけ、「反ファッショ人民戦線」方式による幅広い戦線の維持・拡大に努めた。一九三八（昭和十三）年、大学院進学後、応召され、中国、マレー、豪北諸島を移動。一九四三（昭和十八）年、治安維持法違反により戦地で逮捕。軍法会議にかけられ懲役五年の刑を受け服役。一九四五（昭和二十）年、釈放とともに日本共産党の再建に参加。「アカハタ」編集局細胞長。党内闘争の結果、編集局を解任され、横井亀夫、内野壮児、西川彦義、平沢栄一らとともに京浜地区の労働運動の組織化に従事。また、東大の学生グループ（武井昭夫、安藤仁兵衛、力石定一ら）を指導。その後、化学工業日報社、政治経済研究所を経て、一九五五（昭和三十）年、大阪市立大学経済学部専任講師。後に教授、学部長、学術会議会員などを歴任。日本資本主義発達史、現代日本資本主義の研究に従事。共産党主流の「対米従属経済論」に対し、一九五〇年代より日本資本主義の「復活・自立論」を唱え、「従属・自立論争」において重要な役割を果たす。その間、「平和と平和共存・反独占民主主義・広範な運動の統一」を掲げ、関西を中心に全国的規模での学生運動組織を建設。また、『知識と労働』誌を創刊し、労働運動、平和運動、部落解放運動、住民運動などに理論的・指導的に関わる。一九九〇（平成二）年、奈良にて死去。享年七十六歳。

〔ご子息小野瞭氏作成〕

小野義彦氏主要著作

『戦後日本資本主義論——従属経済論批判』青木書店、『現代日本資本主義の危機——国家独占資本主義の展開』新泉社、『「昭和史」を生きて——人民戦線から安保まで』三一書房、『民族と階級』知識と労働社、「日本の帝国主義復活の現局面とその基本矛盾・基本対抗の発展」『現代帝国主義講座』第四巻、日本評論社所収、「金融寡頭制の確立」『岩波講座　日本歴史　現代三』岩波書店所収、「戦前と戦時の国家独占資本主義——その政治と経済」『講座日本資本主義発達史論』第三巻、日本評論社所収、ペウズネル『「資本論」の方法と現代資本主義』（翻訳）、ソ連科学アカデミー東洋学研究所『日本現代史』（翻訳）など。

五　日本社会主義の長老・小林輝次先生

社会主義運動に献身する方たちから、「小林輝さん」、と親しまれてきた長老の小林輝次先生が、昨年（一九八九〈平成元〉年）八月二十二日、眠るように九十三歳と五ヵ月の生涯を閉じられた。

一八八六（明治二十九）年三月、栃木県佐野在の庄屋の家に生まれた。父親は熱心なクリスチャンで、足尾銅山鉱毒問題の田中正造翁と親交があったことを、先生は誇りとして話しておられた。かような父祖からの影響を受けて育たれ、大正デモクラシーの時代に勉学をされた。二高に学ばれ、早く社会科学を身につけられ、河上肇教授に憧れて、東大を飛ばして京都大学に入学し、河上肇博士の直弟子として最も信頼があり、研鑽を積まれた。当時、ようやく社研（社会科学研究会の設立）の熱気が澎湃《ほうはい》として国〈公私立を問わず、各大学に溢れたころとて、社会思想の普及に良き理解者として活躍された。

二高時代の学友には、釜石市長を勤めた鈴木東民、日中友好協会の小沢正元氏らがおり、京都では七条通りの水平社の朝田善之助氏らと接触を繁くして部落解放運動を助け、知識人の友人としては山本宣治氏、水谷長三郎氏と同時期であり、西陣友禅織組合の辻井民之助氏ら（第一次共産党事件）のよき援助者でもあった。

一九二二（大正十一）年ごろ、法政大学教授に在任当時には、鈴木文治を会長とする日本労働総同盟に接近して労働学校の講師となり、労働問題等の解説と宣伝・普及に従事し、多くの活動家の育成に寄与された。総同盟の上条愛一、加藤勘十氏らとも親交があり、日立出身の生粋の労働者活動家である山本懸蔵氏とは親密であった。大正期の労働運動の活動家、特にボル派（ボルシェビキ）の人々と親しく、社会主義運動の創始者堺利彦老とは昵懇の間柄であった。

一九二四（大正十三）年秋から始まる総同盟第一次分裂後は、左派の活動家たちを援助した。杉浦啓一、渡辺政之輔、唐沢清八、河田賢治、松尾直義、国領伍一郎、（石川島造船機工労組）斉藤忠利、伊達廉一、湊七良の諸氏の名が浮かぶ。

一九二六（大正十五）年末の京都の学連事件では、後輩の多くが検挙・投獄され、その救援活動に尽力された。その犠牲者の一人栗原佑氏（のち大阪市大教授）の父君栗原基先生（一九三〇〈昭和五〉年から終戦に至る十五年間、三高教授）から、祐君の将来にわたり、親代わりを託されたことは逸話として残っている。大正末期から昭和初期にかけて盛んになった共産主義運動に、インテリゲンチアが大量に進出してきた。京都の青年学生、東大新人会の人々は、コバテル（小林輝）さんと親しんでいた。

一九二八（昭和三）年、三・一五の犠牲者救援組織確立の仕事を、党は小林さんに託した。小林さんは、事件発生の翌月に創立された解放運動犠牲者救援会の代表責任者馬島僩氏と太田慶太郎氏を助けた。また直接には国領伍一郎氏の救援を水野津太さんとともにあたった。

一九三六（昭和十一）年七月、甥の小林陽之助氏がコミンテルン第七回大会の決議と党再建の任務を帯びてソ連から帰国し、翌年十二月に京都で逮捕されたことで、小林さんは、警視庁特高から深く関係を持つ者と見なされて検挙され、一年数ヵ月に及ぶひどい取調べを受ける。「主人は死なずによく帰って来た」

右から片山さとし氏、小林輝次氏、鈴木東民氏、石堂清倫氏、横井亀夫
（1975年５月：小林氏の那須別荘で）

と奥さんは述懐されていた。一九四二（昭和十七）年十二月、千葉刑務所で獄死した甥の悲劇の生涯に、痛恨の想いを秘めておられた。

一九四五（昭和二十）年八月、日本の帝国主義戦争の敗退と、十月十日の政治犯全員の釈放による民主主義運動の高揚のなかで、救援会の再建と組織確立のために難波英夫氏らを助けて尽力された。また繊維経済研究所を確立されるが、いわゆるトラック事件の難に遭い、一九五〇年代の日共の実態の一部を知らされる。日共第七回大会には代議員として参加し、新たな官僚主義の発生に警告し、党の正統化を求める老人の発言は、多数の代議員に感銘を与えた。

一九五五（昭和三十）年、日ソ国交回復後、日ソ協会設立の数年間、理事長の任にあたり、日ソ間の人民の親善交流を深めたが、党中央が中共に傾倒した一九六三（昭和三十八）年ごろ、ソ連派として、かつ志賀義雄氏との親交の関係

日ソ親善協会（小林輝次理事長）の会合。前列中央小林輝次氏、その右小沢正元氏、後列柱より３人目石堂清倫氏、横井亀夫は後列右２番目。

も加味され、日本共産党から除名される。これより先、解放運動犠牲者の親睦を眼目とする旧友会の会長にも推薦され、また旧縁の会の初期のころ、激励と賞賛の言葉をいただいたことは記憶に新しい。

小林先生は京大の大学院の修学を終えた後、法政大学の教授に抜擢されたほどの優秀な方なのに、なぜ、学者の道を捨てられたのかと残念がる人がいる。先生の生涯の三分の二は無産者階級解放のために献身され、終始、変わらぬ徹底した援護者の立場を護持された。

京都時代に先生の知遇を得て以来、七十年の長い間、師と仰ぎ、同志として親交を深くした中西柾光さん（旧縁の会員、八十六歳、四・一六事件時の党員）が追悼の詩を書いている。

小林先生を送る

九十三年風雪に耐う
因縁消えつきて虚無に帰す
天高く気晴れ星雲はるかなり
規範を脱却して宇宙にあそぶ

柾光

〔「旧縁の会会報」一九九〇（平成二）年三月十五日号〕

小林輝次氏・略歴〔一八九六（明治二十九）～一九八九（平成元）年〕

横井亀夫の十三歳年上の一八九六（明治二十九）年、栃木県生まれ。京都大学に入り、在学中、「労学会」を組織し、卒業後、法政大学教授となる。三・一五事件前後は叢文閣、希望閣など左翼出版活動を支える働きをした。また総同盟、産業調査所、政治研究会、労農救援会など多方面で活動した。敗戦後は、日ソ親善協会・日ソ協会の設立などに献身し、日ソ協会・日ソ親善協会理事長を務めた。一九六四（昭和三十九）年、共産党除名。日本のこえ、共産主義労働者党に所属した。一九八九（平成元）年八月、逝去。享年九十三歳。

〔『運動史研究』）第十巻、執筆者紹介などより作成〕

六　真実の人——田中好子さん

戦争に反対し平和と民主主義を求め、女性の幸福をねがい生涯を捧げた田中好子さん。

右手に日赤本社講堂、左側に愛宕警察署の正面にあった木造二階建てのクラブで常時仕事をしていた人、水澤耶奈さん、近藤悠子さん、田中好子さん、加藤田鶴子さん、高津暁子さん、中島正子さんたちだった。

私たち夫婦が田中好子さんと親しくなったのは、妻が疎開先の栃木県から長男陽一、長女黎子の二人を連れ、春日正一氏の要請でクラブの事務所と同所にあった労農救援会に妻が勤務しはじめたときからである。

クラブはその後、転々、ようやく現在の事務所を探しあて、安心の思いで落ち着きを得た。

新事務所に田中さんは二匹の猫をつれて宿直。しかし、田中さんは二つの心構えをしていた。一つは、新事務所はどんなことがあっても死守すること、二つは、住みつくようにならないこと、だと言っていた。

その後、婦人民主クラブは日本共産党の誤った方針のもと、組織内でさまざまな苦難を体験したが、田中さんは一貫してクラブを守りぬき、財政活動を中心に、古い友人を大切に、若い人たちを励まして活動しつづけ、生涯を終えた。

すでに他界したが、病気の妻の安否を気づかい、高井戸から川崎の辺鄙《へんぴ》な不便な所に弁当を途中で用意してよく見舞いに来てくれた。高津さんは同行で、私たち夫婦に付き添い、湘南海岸の旅行、鎌倉、東慶寺の裏の山裾を、銭洗い弁天など交遊した思い出もなつかしい。手もとに彼女が他界した妻を悼む一通の葉書がある。

マツ夫人お逝去の便り落手いたしました。病人とは言え、横井さんの心の支えに感じられたことと存じます。私も古い友人一人をなくしたことになります。心からお悔やみ申し上げます。

一九九四年八月二七日

田中好子

妻も私も病を得、ホームに入居していた。巧言と令色を嫌い、言葉少ない田中好子さんこそ真実の人であった。

田中好子さん・略歴〔一九一一（明治四十四）～一九九七（平成九）年〕

一九一一（明治四十四）年、島根県に生まれる。一九二八（昭和三）年〈十八歳〉、第一回普通選挙の際、農民組合の支部などで小作争議にかかわっていた父の使いで、日本労農党の松江事務所に行き、応援弁士として来ていた織本（帯刀）貞代さんに会う。一九三〇（昭和五）年、織本さんを訪ね上京。亀戸の労働女塾に居候生活。当時、東洋モスリン亀戸工場の第二次争議の最中。ストは惨敗し、労働塾は自然閉鎖。一九三一年（昭和六）年〈二十歳〉、東京メーデーに参加。一九四〇（昭和十五）年〈二十八歳〉、東京・小伝馬町繊維商業組合、東京府鋼材商業組合、帝国行政学会、南洋経済研究所などに勤務。一九四五（昭和二十）年〈三十四歳〉、敗戦・大塚女子アパート隣組組織・自治会住民で、アパートを管理。一九四六（昭和二十一）年一月、国民救援会の前身日本勤労者養護協会に勤める。田中ウタ・横井マツ・丹野セツらと知り合う。同年三月、民主婦人大会に参加、婦人民主クラブ小石川支部を設立。十二月、婦人民主クラブ常任委員となる。一九四八（昭和二十三）年五月、「婦人民主新聞」の業務職のため書記局委員。一九五三（昭和二十八）年、婦人民主クラブの財政健全化のため日本ペンクラブ（事務局長松岡洋子氏）へ手伝いに行く。一九六二（昭和三十七）年、婦人民主クラブ書記局に戻る。一九七一（昭和四十六）年〈六十歳〉、退職。週二、三日の勤務となる。一九七九（昭和五十九）年、勤務退職。一九八四（昭和五十九）年、老人ホーム・松風園入居。一九九七（平成九）年二月、心筋梗塞により逝去。享年八十六歳。

〔田中好子さんをしのぶ会『自立と自在と——田中好子さんをしのぶ』婦人民主クラブ発行、一九九八（平成十）年三月刊所収〕

V

〔解説〕真実一路——労働者革命家として生きた生涯

樋口篤三

横井亀夫は、その長い人生を搾取と貧困、失業と侵略戦争に反対し、プロレタリア解放・人間解放運動につくした生涯であった。

自ら信じた思想に対して、一貫して正直と誠実、純粋、やさしさをもって労働者と民衆に接しつづけたが、戦前と戦後の無産者解放、革命運動は、二重に受難の人生であった。

敵階級・権力との闘い、その渦中における自己犠牲と忍耐は覚悟のうえのことである。が、味方から受ける迫害、国家権力以上の「階級の敵」「人民の敵」視と「口も聞かない」村八分扱いは、ハラワタにこたえるものである。

横井は、満州（中国東北部）から引き揚げた当初、川崎市の共和寮の一室（四畳半）に親子四人で生活した。東京では、徳田球一らが獄中を出た後、国分寺の寮に集団入居したが、京浜では京浜川崎駅から横浜寄り一つ目の八丁畷で、共産党員のみが一つのアパートを獲得して共同生活をはじめたのであった。

戦前派の横井も、先輩同僚たちと同居し、神奈川県委員として直ちに党生活に入った。一九四七（昭和二十二）年四月、党本部から指示された三菱重工横浜造船所では労組組織部長として活躍したが、一九四八（昭和二十三）年一月には占領軍令違反で解雇され、一九五〇（昭和二十五）年の党の二大分裂——主流の所感派と反主流・国際派の対立抗争では、後者であったために除名されて寮から強制的に退去命令を受け、家族を置いて一人で出ざるを得なかった。

党からの除名は、「裏切り者」として、このような非人間生活扱いを受けたのである。

多くの党員は、今日のメシにも困る貧乏と党内における同志愛がほとんどない非人間性、このような非道の扱いに絶望して運動から身を引き、やめていく。だが横井は頑張り抜き、分裂五年を経た後の六全協

（日本共産党第六回全国協議会・一九五五〈昭和三十〉年）で、国際派党員は「名誉回復」された。つまり、除名そのものが誤っていたのであり、それが取り消され、その間の党籍も続いていたとされたのであった。

労働・平和運動の高揚と一体に

横井の長い運動人生で、大衆運動と党生活、労働運動・平和運動と党活動が一つのものとしてつながり、生きいきとして活躍したのは、六全協から一九六〇年安保闘争後までの七〜八年間ぐらいであった。

横井は、一九五五（昭和三十）年に川崎市の不二越精機に就職した。その社長の藤井哲夫は、一九二八（昭和三）年当時の共産党中央幹部の一人で九州担当。逮捕・投獄後に転向し、経営者の才覚があって企業をおこし、金属機械の中堅メーカーとして成長していた。その経歴から、かつての仲間を党員とわかったうえで採用し、その一人には数学者（戦前の唯物論全書で「数学論」を出した）で戦後、一九四九年に衆議院議員になった今野武雄もいた。彼は徳田時代も、宮本時代も、路線はまったく変わっても、自己の反省もなく、常なる「ゴリゴリの党中央支持者」で、横井排斥の先頭に立った。約二百人いた同社労組は、総評全国金属に加盟した。

全金労組は、金属労働者の総評左派の全国機械金属労組であり、産業別組織として戦前の左派系労組・全評系の伝統を引き継いで敗戦直後にスタートした。一九四六（昭和二十一）年一月、関東金属労組を結成し、会長・荒畑寒村、主事・高野実で、六、〇〇〇人を結集し、総同盟左派の中心であった。同年九月には全国金属産業労働組合同盟が結成され、鉄鋼、造船、電機、車輌、機器の大産別労組で組合員二八万

三菱重工・横浜造船所での組合大会（写真右・横井亀夫・組織部長）（1948〈昭和23〉年）

不二越精機・完成したプラスチック射出成型機の前で（1950年代末）

人。鉱山、繊維、進駐軍労組につぐ第四位の組織人員で、しかも金属産業という基幹産業部門を組織する総同盟の中心的組織であった。

一九五〇（昭和二十五）年六月、朝鮮戦争開始の直後、総評（日本労働組合総評議会）が三九七万人という日本労働組合史上最大のナショナルセンターとして結成された。高野実の大車輪の活躍と全金、全港湾、全駐労等の高野派が、ヘゲモニー力となり、日教組を中心とした官公労、国労、全逓、私鉄等の民同左派との合作であった。全金は、大阪等右派が強く、総評は鉄鋼、造船等の中産別組織方針をとったことと相まって、全国金属は一九五〇（昭和二十五）年十月に左右が分裂し、四七〇〇〇人で出発した。

全金労組は、指導部が高野派中心であったので、賃金闘争や労働条件をめぐる反合理化闘争、そして平和四原則や米軍基地反対闘争等で民間部門の左派としての地位を占めていた。一九五八（昭和三十三）年には産別会議で最後に残った全日本金属労組と合同し、二十一地本、組合員数十万人となった。

日本の心臓部―京浜工業地帯の川崎

川崎市では全金に東京機械、池貝鉄工・神明工場、同・溝の口工場、藤井精機支部等が加盟していた。戦前派の幹部としては、横井と山本重（藤井精機）の二人で、山本は小柄の身体だが、アジテーターで「動」の人とすれば、横井は面倒をよくみたり、全体の団結をよく考え行動する「静」の人とみられていた。

おりしも一九六〇年安保闘争にさしかかり、労働運動は、敗戦直後の民主革命の高揚期についで上昇気流に乗っていた。マスコミ評論の大家、大宅壮一は、「昔陸軍、いま総評」というキャッチフレーズをつくり、流行語になったが、総評四十年の歴史で、もっとも力を強め、国民的影響力をひろめていた時期であった。

総評は、労働組合戦線の三大部門、官公労―日教組、自治労、公労協の国労、動労、全逓、電通、民間大手―鉄鋼、合化や民間中小―全金、港湾などで構成され、全体的に組織力は強まっていた。

また、川崎市には、日本の重化学工業地帯の心臓部として、地区労（川労協）があり、一五万人を結集していた。全国の都府県単位の県評地評でも、一〇万人を越える組織は十くらいしかないときで、地区労として日本最大、専従者も四～五人いたが、横井はその幹事でもあり、地域共闘とストに、水を得た魚というか、時と所を得て縦横に走り回った。私は川崎生協に一九五六（昭和三十一）年一月に入り、翌五七（昭和三十二）年に同生協労組委員長として川労協に加盟、幹事会で一緒だったが、横井の経歴は知っていたので、すぐに話し合うようになった。

歴史的な六〇年安保闘争で

一九六〇年安保闘争は、六月四日の国労の反安保ストライキを中心に、五～六月に空前の高揚を示した。共産党平和基地対策部長の神山茂夫は、天皇制等に関する理論家でもあったが、「神武天皇以来の日本人民の最も大きな闘争」とよく語った。この「神武天皇」は、たとえ話で、要するに日本人民の歴史上で最大の闘争であることを、とくに強調したものであった。

全学連主流派は、岸首相の訪米抗議・現地羽田空港デモ（一月）や、国会突入など最先頭を闘い、反安

安保条約改定反対デモ（1960〈昭和35〉年６月）

ポラリス型潜水艦寄航反対闘争（横須賀）・左より大和電気・迫田実氏、樋口篤三氏、船見勝正氏、有山睦夫・全金神奈川地本委員長（1960年代はじめ）

保大衆の大きな期待と声援を受けていた（清水慎三著『戦後革新勢力』）。日共構造改革派系の反主流、全自連部隊もまた、ハガチー闘争などの中心であった。

だが日共宮本書記長ら主流派は、その闘いを「トロツキー派反革命分子のはね上り」と非難を浴びせ続け、排除を要求した。日共系労組、民主団体のデモは、あまりにもおとなしいので、「お焼香デモ」と言われて、嘲笑された。国会デモで虐殺された東大生、樺美智子さんの国民葬も、同党はボイコットした。中共・毛沢東主席は「日本人民の英雄」としてその死をとむらい、国内では同党を除く社会党、総評、全学連、知識人らがこぞって参加したのと対照的な敵対関係をとったのである。

横井や私たちは党員であったが、羽田闘争や樺・追悼葬に参加し、党内の亀裂が深められていった。

全金労組は、日共系と一線を画し、道路いっぱいにひろがる「フランスデモ」を銀座で行い、民衆に歓呼で迎えられた。

〃隣組〃の大和電気支部と

安保闘争を全力で闘った全金労組は、賃金闘争、春闘でも果敢に闘い、双方が相乗効果をあげて、別表のように組織が伸びはじめ、一九六一（昭和三十六）年春闘では、産業別の「統一要求、統一行動」をうちだし、全金加盟組合員に限らず、「金属労働者なら、だれでも最低五、〇〇〇円以上の引き上げ」をかかげた。

その結果、一九六〇（昭和三十五）年春闘は五七一支部、六万四、〇〇〇人の参加、一九六一（昭和三十六）年には八七五支部、十一万人に飛躍的に拡大した。

総評全国金属労組の春闘デモ（大和電気労組）

不二越精機労組青年婦人部の春闘デモ

全国金属の支部数および組合員数

	支部数	組合員数
1958	791	93,950
59	876	99,000
60	968	110,030
61	1,172	136,800
62	1,236	141,640
63	1,290	157,200
64	1,180	164,480
65	1,205	162,870
66	1,236	168,844
67	1,206	144,001
68	1,334	165,559
69	1,284	169,102
70	1,224	211,723

（出所）　全国金属三十年史〔通史〕

私の属した大和電気は、この波の中で全金労組に加盟した。会社側は日経連、警察庁、そして親企業の東芝等と連絡を密にし、全金の戦闘性を警戒して組合内に強い「会社派」＝労資協調派をつくって激しく加盟に反対した。横井、山本など川崎地協幹部も参加した全員大会では、執行部と会社派・右派が激突する中で討論したのち加盟したのである。

同社は、当時の労働者家庭の「三種の神器」といわれて躍進した、テレビのチャンネルであったチューナーの二大部品メーカーの一つで、七五％が女性であった。臨時工制度の撤廃と全員本工化、職務給体系の阻止、反動労務担当重役の追放・首切り、転向派大幹部三田村四郎と直接対決して勝利した。一方では反安保闘争で何回も政治ストを打ち、ハガチー闘争（アイゼンハウアー大統領が沖縄から東京に入るための先遣特使を羽田空港で、デモ隊が包囲し、三十分後に軍用ヘリコプターで漸く脱出した）でも、即時ストを打って現場に急行した。私も参加したが、すごい熱気で高揚した闘いであった。

大和電気は、南武線鹿島田駅（川崎から四つ目）の近く、横井の自宅も、歩いて十分の近くの距離にあり、職場の不二越精機から自転車で二十分くらいなので、横井はよく訪ねてきた。

一九六二（昭和三十七）年～六五（昭和四十）年は、会社が日経連、東芝等と連携の上に、偽装倒産―一〇〇〇人全員解雇→党員とシンパを切り捨てた上の再雇用という「非常手段」に抗して、工場占拠・自主生産で闘った。三階建ての一階、三階には家族ぐるみで住むなど、数十人が工場で生活する。

横井は、毎日のように来たが、必ずアメやダンゴなどを小遣いで買い、子供ぐらいの年齢差のある娘たちに、誰彼となく接し、その温顔と共に親しまれていた。

高野実・労働運動と横井の一体観

それから十年後に、高野実は亡くなった。

彼は一九六八（昭和四十三）年に路線対立で共産党を除名されていたが、秘密党員であったから（そのことも「秘密」）一般には知らされなかった。

高野実は、一九二二（大正十一）年、共産党結成に早大生として参加し、一九二六（大正十五）年から労働組合に従事、全評（日本労働組合全国評議会）、日本無産党で活躍したが、人民戦線事件で逮捕（一九三七（昭和十二）年）された。戦後は、曲折はあったが、一九五七（昭和三十二）年に日本共産党に再入党した（詳細は樋口著『めしと魂と相互扶助――革命モラルと対抗対案戦略の確立のために』第三書館　二〇〇二〈平成十四〉年一月刊参照）。

日共は、一九七〇（昭和四十五）年の第十一回大会を大転機として、議会主義路線に純化し、下からの大衆闘争、労働運動を否定（宮本顕治書記長・委員長・議長は労働運動の経験も識見も、もともとなかった）し、党活動から〝放逐〟する。その日共に入れ替わって、新左翼が一九六八～六九（昭和四十三～四十四）年に花開き、労働運動には、ベトナム戦争に反対する新たな質の反戦青年委員会が登場し、同じく大学全共闘、ベ平連（ベトナムに平和を！　市民連合）と共に、街頭闘争の主役としてさっそうと登場し、既成左翼と対照的な役割を担った。高野はそこに着目し、結合を図った。

横井や私達が、「共産主義者の総結集」（日本共産党「日本のこえ」、社会主義革新運動、統一有志会、労組グループ）から、「共産主義労働者党」を結成した時と同時期である。だが、高野は病魔におそわれて、一九七四（昭和四十九）年九月に没した。

高野と、組合民主化運動→産別民主化運動（一九四八〈昭和二十三〉年）を連携して闘った、細谷松太と同志であった三戸信人は、その死にあたって次のように簡潔に言った。

「一、戦後労働運動の巨星墜つの感ひとしお、

二、昨今は眼先利利主義の時代、高野さんは戦略戦術の人」

横井亀夫は言う。

「骨肉を蝕まれ、ながい病苦の月日に耐え、なお、戦闘的労働運動構築のために七三年の命を絶つ瞬間まで、闘志を燃やし続けた高野実さんに、限りない敬意と愛惜の思いを抱きます」（高野実追悼録『一階級戦士の墓標』、一九七五〈昭和五十〉年七月刊）。

横井の労働運動観は、戦前以来の高野実とほぼ一致していたのである。右派の労資協調派と違い、階級闘争論による階級的労働運動の理論と実践であるが、広範な労働者大衆との結合を重視した。

戦前の全協は、「天皇制打倒！」等の共産党スローガンを労働組合におしつけ、批判・反対する人を排

高野実氏と全国金属労組組合員（1960年代はじめ）

全国金属労組大和電気支部組合員とともに・多摩川河川敷での集会
（1960年代はじめ）

斥したり、実態がほとんどないのに「全日本」金属産業労働組合や「全日本」化学、「全日本」出版を名乗って虚勢をはる、しかも大衆討議にかけないで、一夜にして独断的にその名称にする等の著しい極左セクト主義が横行した。

高野や全協刷新同盟（佐藤秀一、神山茂夫、内野壮児ら。横井もそのメンバー）、関西では西川彦義（戦後、産別会議全日本機器本部書記長、日共中央委員・書記局、社革新・議長など）らは、大衆からまったく浮き上がった極左主義に対して共通して批判し、反対した。

だが、その度し難いセクト主義は戦後も、拡大再生産されて、社会党・民同派や党内批判派に実施されて、同党の信用を著しく低めたのであった。

平和大行進——「再び原爆許すまじ」

朝鮮戦争は、一九五〇（昭和二十五）年六月に南北朝鮮の分断国家の内戦として始まったが、米国中心の国連軍と革命中国の義勇軍の大軍が共に主力軍として参加し、共に全力で闘った。三年余の死闘の後、一九五三（昭和二十八）年七月、「引き分け」的に休戦となった。

だが、アメリカは次なる戦争準備として、日本国内では内灘基地（金沢市郊外）での実弾射撃訓練等と共に、一九五四（昭和二十九）年三月、南太平洋のビキニで第一回水爆実験を強行した。

静岡・焼津港の第五福龍丸が被爆し、久保山愛吉さんの被爆死と、マグロの大量放棄のニュースは、日本列島を震撼させた。

京都平和会議で。前列左から中西功氏（共産党県委員長）、廣田重道氏（神奈川原水協事務局長）とともに（立命館大学・本郷新・制作「わだつみの像」の前で）

瀬戸内海沿岸を行く国民平和大行進

原水爆禁止署名運動は、東京・杉並区に始まり、またたく間に全国に波及して、三、〇〇〇万人署名に達した。人口八、〇〇〇万人のころのことである。

広島、長崎と、人類史上初めての原爆被害を体験した日本の民衆は、その惨害に敏感に反応し、再び「原爆許すまじ」の声は、主婦を先頭に、労働者のほとんどをとらえ、都市から農村へと広がり、原水爆禁止世界大会が開催された。

六〇年安保闘争を頂点に反戦平和運動は高揚して行くが、その一環として、一九五九（昭和三十四）年に東京―広島往復の平和行進が始まった。

八月六日、広島へ原爆投下された日をめざして、行進は東京を出発する。

毎日四十キロ前後を歩き、二ヵ月間続く。大半の人々は、自分の出身地域のみを半日～一日歩くのを、横井は日本山妙法寺の坊さんらと全行程を歩きとおした数人の一人であった。五十歳である。横井は翌一九六〇（昭和三十五）年も広島―東京間を歩き通した。

当時は五十五歳が停年で仕事をやめるという時代、いわば青壮老の「老」の部類の年齢である。

私の探していた大衆運動

私たち全金大和電気支部では、ほぼ全員参加で横井の歓送会を工場構内広場で行った。そのためのカンパ活動を近辺の戸別訪問などもしたが、かなりの金額が集まった。

五十歳のおじさんが、広島まで歩く。組合員の過半数が二十歳前後なのに、自分の父親みたいな年齢の人が平和行進を、それも全行程を歩くという、それ自体にみな驚き感嘆し、万雷の拍手でこたえ、「ふるさとの街やかれ……」という歌詞の「原爆許すまじ」の歌を全員で合唱した。感激して涙を流す人も多かった。

横井のおじさんは、まさに平和と民主主義そのものであり、反戦平和・原水爆禁止の生きたシンボルとして若い労働者たちから尊敬された。

横井は言う。

「高年齢であったから、肉体的にはかなりきつかったが、精神的には、私がかねて望んでいた大衆運動にマッチしたので、気持ちが充実して、ちっとも疲れませんでした。

最終日の八月六日、全国からの行進団と合流し、原水協主催世界大会に参加します。

私も何度かひな壇に外国代表と並ぶ名誉に浴しました。壇上から見ると、何万人という人々が広場をぎっしりと埋め尽くしています。本当に感激しました。これだけの人々が平和を願って行動をおこしている。この大衆の力が戦争をやめさせ、原水爆を禁止させることができる。その運動に、自分もささやかながら役立つことができている、と実感できました。これこそ、私が探していた大衆的運動だったのです」

横井の生涯で最も充実した日々であった。大衆とともに！　十四歳からはじめた労働者解放、人間解放の闘いは、反戦平和・原水爆・核戦争禁止の闘いの中で、己と一体の運動に体当たりして燃焼させたのであった。

その当時、日本共産党は、一九五〇年分裂と火焔ビン武装闘争の二つの大きな打撃からは、六全協をへて立ち直ったが、党勢は三万人から一九六〇年安保闘争をへて青年学生が増えて八万人台になったくらいであったろう。

それにせよ、元気で戦闘的情熱的な青年や壮年が何万人といるなかで、東京―広島間を二ヵ月も平和行進をしぬく党員は、横井くらいであった。大衆とともに、大衆のなかで闘う、という横井の思想、信念、そして行動力ぬきにあり得ないことであり、横井の真骨頂が、ここに示されていた。

総評全盛期に、左派系労組の中核としての位置を占めていた全国金属労組の運動、大地区労としての川労協における地域労働運動、産別と地区の二つの労働運動と、それを基盤にした反戦平和・反安保・原水爆禁止・反基地・原潜寄港阻止闘争……。

一九六〇年安保闘争の大高揚を前後したこの時期のいくたの闘いは、戦前戦後を貫く運動三十年余（当時）の横井の人生で、最も充実した時期であった。大衆闘争と自分の情熱と運動が一つになり、党活動と労働運動・平和大衆運動が一体であった。

共産党第八回大会の役割

戦後労働運動でも、戦闘性と大衆性が結合したこの数年間も、党の側から崩されていった。

一九六一（昭和三十六）年、第八回党大会が大きな転換点であった。党綱領が決定された。一九五八（昭和三十三）年の第七回大会は、宮本指導部提案の「党章」草案――名称も日本語になじまない中国共産党の名称の直輸入――は、反対論が強く、春日庄次郎・政治局員を先頭にした社会主義革命論が三分の一をしめ、中央役員選出に対しては、一人一人に異議申し立てがなされ、日共党史上でも、最も党内民主主義が爆発し、大荒れの大会となった。

宮本書記長は、第七回大会を総括して第八回大会では、「アメリカ帝国主義と目下の同盟者・日本独占資本」という「二つの敵」の「人民の民主主義革命」綱領を提出する。

それと一対の政治報告は、中共の反米愛国路線に傾斜したものであった。

この綱領と政治方針は、強力に復活しつつある日本独占資本の力と政治と運動の過小評価、反独占闘争の軽視に大きな誤りと問題があった。

その二年あとには、産業の米といわれ最大の基幹産業であった鉄鋼が世界第二位（欧州諸国をぬいた）となったこと一つをみても、日本独占資本の力量は明らかであった。

また池田内閣の所得倍増計画は、一九六〇年代末、十年後には名目賃金はたしかに倍化した。勤労者世帯の実収入は、一九五八（昭和三十三）年を一〇〇（四一・六万円）とすると、一九六七（昭和四十二）年で二三八（九九・一万円）に上昇したのである。ただし物価も五〇％以上、上昇したが（都留重人著、『経済学入門』）。

党内民主主義の圧殺

だが、政治報告では、「池田内閣のこの政策は、労働者と勤労人民にとっては『所得倍増』どころか、反対に生活条件の悪化をもたらすものである」と逆にみており、基本的に誤った認識であったが、その後も訂正は行われていない。

私たちも、春日意見に近く、反独占反合理化闘争の弱さ、それと逆の反米愛国闘争労働運動に批判的であった。

さらに、綱領反対意見は、徳田書記長当時の一九五〇年テーゼ戦略論争よりも、はるかに制限され、党内民主主義は封殺されていく。

反対した七人の中央委員らは、一人二十五枚の原稿用紙と極端に統制された枠でしか意見発表は許されず、批判＝異端の反中央反党分子排除の雰囲気が、地区・細胞にまで徹底されだした。

横井や大和電気細胞内の私たち批判派に対して「内面指導」なる異端者狩りと「反党分子」の「風評」が系統的に流されだした。

国際共産主義運動における中ソ論争の表面化から党内の公然たる対立は、中共党支持の宮本路線として、しめつけは一挙に強化された。

その官僚主義セクト主義的党生活は、一九六四（昭和三十九）年になって頂点に達した。一つは「部分核実験停止条約」をめぐって、一つは春闘の「四・一七ストライキ」反対のスト破りをめぐってであった。

横井も私たち（大和電気細胞内批判派）も、日共中央の方針に反対（或いは保留という形をとって反対）した。当時はまったく知らなかったが（知らされない党内構造の秘密主義）、中西功神奈川県委員長が「四・一七スト破り」と共に部分核停問題で強く反対していた。が、中央と同じく県委員会以外には公表もされず、封じ込められた密室内討論のくり返しのなかで、罷免か服従かを迫られ、遂に面従腹背においこまれていた。

一九六四（昭和三十九）年に、全金労組の春闘合宿が葉山で行われた帰りに、鎌倉の中西宅（窓もない部屋の土蔵に住み、扇風機もなかった）を訪ねたら、苦悩でノイローゼ状態であった。話のさなかに奥さんが顔を出し、「功ちゃん、あまり話すと、今晩も寝れなくなりますよ」というほどで、不眠症にかかっているらしかった。

除名した側とされた側

ちなみに川崎市党委員会で、横井や私の排斥除名の先頭だった本郷市委員は、争議の状況や展望、労働者の生活等にまったく関心がなく、口を開けば「党員を増やせ、赤旗を増やせ」のみであり、争議中の給料はかつての半分くらいなのに、カンパは前と同じというひどさで、ことごとく対立したが、中西功は、「樋口君、彼などとまともにやるなよ」と忠告してくれた。その本郷は、のちに公安警察のスパイであることがわかり、除名されたという。が、そういうスパイの暗躍――しやすい党内状況だった――もあって横井は、一九六四（昭和三十九）年六月に不二越精機細胞から除名された。

私も、翌年二月、大和細胞から除名された。大西文子（現・船見）は権利停止処分。また日本鋼管鶴鉄細胞から庄司中が除名され、「赤旗」紙に神奈川県下の「三悪人」＝反党・反階級分子として大々的に宣伝された。庄司は、のちに総評オルグとなり、一九八九（平成一）年の社会党土井たか子委員長時に総評退職者会事務局長として、参院選全国区候補の一人となり、土井ブームのなかで当選した。

横井や私たちを除名した側の指導者たち（たとえば神奈川県委員会の原誠一郎〈中央委員〉、川崎市委の今野武雄ら）は、一九五〇年分裂・火焔ビン武装闘争時には、徳田・志田主流派の先頭に立ち、その徳田とまったく対立していた宮本主流となると、部分核停や四・一七スト破りも、同じく誤りの中心であった。そして党中央が転換すると、自らが何の自己批判も示さずに、それに合わせるという主体性をまったく欠いた「中央盲従分子」たちが、「党への忠誠心」の名の下に、下部に君臨する類であった。まるで主体性はなく、常に党主流にのって下部組織にその誤った決定を押しつけた「加害者」であった。除名した側が正しかったのか、除名された側がどうだったのか、その後の変遷と実践でその正否の決着は明らかである。

反代々木派の四分五裂

横井や私は、その後に「日本共産党（日本のこえ）」→「共産主義者の総結集」→「共産主義労働者党」に参加した。

十年間働いた不二越精機の倒産、二回目の日共除名のときに、横井は五十五歳。停年の年であり、当時は再就職の道はけわしかった。相模原市の職業訓練所に入所して、自動車の免許をとったのもそのころであろう。

生活費を稼ぐのに精一杯であったろうか、「日本のこえ→共産主義労働者党」の会議で顔を合わせることもあまりなかった。

「日本のこえ」のころ、神山茂夫が「横ちゃんは、どこを向いているか分からない」と、問わず語りに二回語ったことがあった。というのは、一九六一（昭和三十六）年の党第八回大会時の脱党・除名の人々による「社会主義革新運動」があり、「全協刷同」の仲間であった内野壮児はその幹部であった。

その「社会主義革新運動」は、一年にして「統一社会主義同盟」（春日庄次郎、山田六左衛門、安東仁兵衛ら）と分裂、そのうえさらに「統一有志会」（春日、原全吾ら）に分岐し、「社革」は内藤知周、長谷川浩、内野ら主流と、西川彦義、中村丈夫ら反主流派に分裂、さらに「社会主義労働者会議」（増田格之助、小野大三郎＝元神奈川県委員ら）に四分五裂していった。

この複雑骨折の対立抗争、分裂に、三、〇〇〇人余の大多数は、深く絶望して、どの組織にも属さない無党派コミュニストや、あるいは戦線を去っていったりして四散して行き、「総結集」に再回帰した人はごくわずかになっていった。労働組合の幹部や活動家は、独占資本との闘いを通じて、組織の統一、団結の重要さを身にしみて感じてきた。それは革命・党にある程度距離をおくプラス・マイナス両面を持っていた。全金本部の理論的リーダーだった内山達四郎（後年、総評副事務局長）などがその典型であった。横井は、大同団結論者であった。労働者大衆の支持も当初の広範な歓迎ムードが引いていった。

一九六〇年代の反代々木各派の四散分裂について、原因究明と責任所在については、どこからも誰からも自己批判はなされていない。

日本のこえ派も、多数は共労党へ、四人の中央委員（志賀、鈴木、神山、中野）は、前二者と後二者は分裂し、神山、中野の葬儀に志賀は顔も出さなかった。

一九六六（昭和四十一）年に始まる「毛派」「中国派」の除名、脱党者も西沢隆二（ぬやまひろし）、安斉庫治、山口県左派に分裂し、さらに労働者党、労働党と、同じく、いくつにも分裂した。歴史的系譜は異なったが、学生中心の新左翼系も共通して七花八裂状態であった。

日共批判派の四分五裂——その原因

「宮本」共産党は、日本型スターリン主義党そのもので、一切の批判・異見は封殺、排除されつくして、「鉄の一枚岩」化しつくしたが、それを強く批判した「反代々木派」は、長年の「鉄の規律」からの「解放感」も加わってか、ちょうどその逆の傾向におちいった。

自由な意見は、民主主義に貫かれた実践優位の運動組織体、新たな党風確立に向かわず、まったく自由分散主義、綱領、戦略あるいは戦術的違いでも、すぐに分立・分裂していた。宮本的軍隊的党から正反対物に裏返されたのである。

その原因は第一に、復活した独占資本との全面的な反独占闘争、日米安保体制や米軍基地反対、原爆阻止闘争など実践で、強大な敵にまずは一致して闘うことより、内部論争中心に陥ったこと。

第二に、自らの依拠すべき新たな岩盤づくり、労働組合や社会運動の創造にエネルギーを向けなかったこと、従って大衆からのチェックがなく、自らが責任を負わなかったことにある。

第三には、綱領正しければすべてよし的な綱領主義にとらわれ、とくにイタリア共産党の構造改革論を、歴史と土壌、とくに労働組合や生協（生活協同組合）、自治体などの力量が大きく異なる日本に、直輸入的方法で持ち込んだことと、日本マルクス主義の創造力を欠いたことなどにあった。

志賀義雄と神山茂夫は、一九四八（昭和二十三）年の志賀・神山論争時にかえって対立し、さらにその少数者同士が分裂したが、その根本はモスクワ（ソ連党）への忠誠心争い的な、まったく時代逆行の思想、政治であった。

「総結集」→「共労党」とその結末

横井は、自ら属する「日本のこえ」の単独強化論には批判的であり、それをこえた「共産主義者の総結集」に参加し、「共産主義労働者党」（共労党）に加盟する。

だが、その「共労党」も、一九六九（昭和四十四）年初夏、新左翼の評価をめぐって激しく対立し、公開論争ののち分裂した。内藤議長、長谷川浩、内野壮児、松江澄（広島）、原全吾（大阪）らは、反戦青年委員会、全共闘、べ平連の新左翼の闘争――羽田闘争、佐世保、王子、三里塚、新宿等の街頭闘争や全共闘の大学闘争などを極左のはね上がり・冒険主義闘争と評価した。さらにトロツキーは「反革命」という認識であり、したがって「革共同」や「ブント」はその系譜だから、味方ではない、という理論傾向が多数であった。一柳茂次らは違っていたが、いいだもも書記長、武藤一羊、樋口篤三、吉川勇一、白川真澄らや評議員の春日庄次郎、渡部義通、国分一太郎、大井正らは、新しい左翼の歴史的登場であり、われわれもその一翼を形成するという路線対立であった。

べ平連、全共闘、反戦青年委員会など、伝統的な左翼とは発想も運動の闘争形態も異なるベトナム反戦の新たな質の闘争、これらの闘争を担ったニューレフト（とくにべ平連）の一翼を担ったわれわれは、相対的には正しかったといえよう。ただし、振り返ってみて私たちにも行き過ぎがあり、「論争と会議」で結着させる作風が強く、より多く時間をかけて実践で正否を問うという思想と方法に欠けていた。

私は後年、松江澄、柴山健太郎らと共同行動をとるなかでそのことを強く感じ、反省した。

渡部義通と石堂清倫

横井は、この分裂に失望したのか、両派に距離をおいた。ただそのマルクス主義・共産主義思想性は貫かれていた。一九七〇年代、八〇年代、九〇年代に最も親近感を示して、常時接触し親しく交流したのは、石堂清倫と渡部義通であった。また片山さとしとも、そうであった。

横井の政治的理論的立場は、渡部、石堂とほぼ一致しており、この二人を尊敬し信頼していた。

渡部義通は、本書の横井の追悼文にある通りの人間的マルクス主義者を指向し、優れた学者・研究者であり、共産主義運動の革新をめざして奮闘した。

日本古代史に唯物史観を適用した日本で最初の歴史学者として、敗戦後の日共系マルクス主義学者（当時は光り輝いて、社会的理論的「権威」は絶大であった）の要の位置にあり、民主主義科学者協会幹事長であった。日共第六回（一九四七〈昭和二十四〉年）大会の綱領起草委員会（徳田、野坂、志賀、宮本、伊藤律、労組・鈴木市蔵、竹内七郎、学者・渡部）のなかで、数ある学者で、ただ一人の代表者であった。

一九四九（昭和二十四）年の総選挙では、衆議院議員に埼玉一区で当選し、一九六四（昭和三十九）年六月（横井が除名された月）、次の十二名の文化人で、党中央に対する批判と意見書を提出した。渡部義通は被除名者の中心的人物であった。

朝倉摂、出隆、国分一太郎、佐多稲子、佐藤忠良、野間宏、本郷新、丸木位里、丸木俊、山田勝次郎、

片山さとし氏の「日本共産党はどこへ行く」（三一書房）出版記念会（1971年）
前列：左より内野壮児氏、神山茂夫氏、片山さとし氏、中野重治氏、西川彦義氏、石堂清倫氏。後列：藻谷小一郎氏（左１）、春日庄次郎氏（左５）、野田弥三郎氏（左６）、竹村一氏（左８）、横井亀夫（左11）、増田格之助氏（右７）、武井昭夫氏（右５）、大井正氏（右４）、藤井治夫氏（右３）

宮島義勇、渡部義通

これらの人々は、文学、美術、彫刻、映画、哲学、経済学等で日本の第一級といわれる人々であった。

一九六四（昭和三十九）年には、「日本のこえ」に国分とともに参加し、一九六七（昭和四十二）年の「共労党」には、評議員として参加した。渡部の業績は、『思想と学問の自伝』（河出書房新社、渡部義通述、伊藤晃らヒアリング・グループ編　一九七四〈昭和四十九〉年）に詳しい。

石堂清倫は、二〇〇一（平成十三）年九月に九十七歳で死去したが、その二ヵ月前に発行された『二十世紀の意味』（二〇〇一〈平成十三〉年七月、平凡社刊）は、二十世紀共産主義の歴史的総括として、世界的トップ水準のものである。

戦前以来の膨大な論文、文献一覧は、同書

の巻末にのっている。

石堂については、同書や『わが異端の昭和史』(二巻)、『運動史研究』全十七巻の推進をはじめ、マルクス・エンゲルス、レーニン、スターリン全集の翻訳をはじめ、日本マルクス・レーニン主義やグラムシ研究など、大きな仕事を成し遂げた生涯であった。

徳田書記長が、マルクス理論研究の第一人者として満州からの帰国を待ち望んでいた(その割には冷遇した)のも、むべなるかなと思わせる。

一九六一(昭和三十六)年、日共第八回大会に抗議、離党し、翌年、除名となった。「社会主義革新運動」に参加した。同派が主流(内藤)、反主流(西川)に分裂したころに離れ、諸組織に一定の距離をおきつつも、「革命運動の革命的批判」、「社会主義思想、運動のたえざる革新」政治、運動にさまざまな協力を行った。

私が一九八〇年代末に提起した「労働組合と協同組合、社会主義」の一体的路線に対しても、次のような手紙をいただいた。

「このところ、あなたの協同組合論は注目しています。このような社会形態や、エコロジーの運動、フェミニズムの問題、生命そのものの存続のための運動など、これまで変革の中心におかれなかった諸運動が、いまでは労働者階級の解放の運動とともに新しい変革主体になっていて、組織論的には民主的選択として登場しており、これまでのレーニン=コミンテルンの『運動戦』(全般的危機の規定はジャコビニズムの表現)に代わり、『陣地戦』戦略を考えるときに到達したというのが、私の感想です」

〔一九八八(昭和六十三)年五月十七日、石堂清倫氏の私宛私信〕

渡部、石堂の歩んだ道と横井

渡部は、共労党結成時の一九六六（昭和四十一）年〜七（同四十二）年には、志賀・神山と私たちの党内闘争で私たちを、一九六九（昭和四十四）年の内藤・長谷川らと私たちの思想政治闘争で私たちを支持したように（石堂は組織に入っていなかったが、ほぼ共通）、共産主義運動の革新、戦闘的大衆的であった一九六七（昭和四十二）年〜六九（同四十四）年の新左翼運動を基本的に支持した。春日、国分も同様であった。

一九七二（昭和四十七）年、共労党が武装闘争をめぐって三分裂したときには、反武闘のうえに再統一を願っていたが、「覆水盆に返らず」であった。

横井は、渡部とほぼ同一歩調であった。

再度振り返ってみれば、横井が一九二七（昭和二）年〜八（同三）年ごろから指導を受け、あるいはともに闘った先輩同僚たちは、一九六〇年代には反宮本路線では一致していたが、では今後どうすべきかについては七花八裂状態にあった。

春日、志賀、神山、高野、内野らは、各々分岐分裂していった。自らが育ったコミンテルン（国際共産主義組織）的思考、ソ連共産党に対しての自立化をめぐってその枠内で対立——構革派は、そこは脱したが、イタリア型直結傾向——し、四散していった。歴史的・時代的制約を越えられなかったといえよう。

そのなかで新左翼のもつ一定の脱皮化、「革命運動の革命的批判」に踏み出していたのが、実践家では晩年の春日、研究者では渡部、石堂であった。

その詳細は、渡部、石堂の前記諸著を参照されたい。

石堂は、『運動史研究』（一九七七〈昭和五十二〉年から約十年）を荒畑寒村らとはじめ、日共正統史観ではまったく消されていた人物、運動史の掘り起こしを行った。また『女たちの証言』（羽田澄子・映画監督）の企画推進、生活クラブ生協の創立と運営への側面協力――一九六〇年代の東京グラムシ研究会で石堂、藻谷小一郎らが生協の重要性を提起したのをうけて、岩根邦雄らが結成した――を行った。

横井は、石堂と共に『女たちの証言』――この年配の人々のなかでは、女性解放に最も理解があり、行動した二人であった――に協力したり、『運動史研究』にも自らも登場し、日本の戦前来の運動史総括にさまざまに協力した。石堂の直弟子の伊藤晃（『運動史研究』編集長、『天皇制と社会主義』『早稲田大学建設者同盟の歴史』等の著書）の『日本労働組合評議会の研究――一九二〇年代労働運動の光芒』（二〇〇一〈平成十三〉年十二月、社会評論社刊）の「あとがき」には、「石堂、横井氏の指導・援助を受けながらこの仕事を続けた」「この仕事が横井亀夫氏に負うところはじつに大きい。私にとって横井亀夫氏は恩師の一人だったのである」と記されている。

真実一路――労働者革命家として

横井は、その晩年、「宮本」共産党への批判を堅持したが、昔の同志である日共古参党員たちの「旧縁の会」には参加していた。いかにも横井らしい。

今回この一文を書くために、故人の書いた多くのものを長男の陽一さんから見せてもらった。内野壮児、小野義彦（赤旗記者をへて経済学者、大阪市大教授）などへの追悼文を初めて読んで、政治的立場は違っても、きわめて同志的であり、強い親近感で結ばれていたことがよく理解できた。

横井の生涯は、常に労働者の一員として働き、労働者のなかで生活し闘い、理論と実践の統一として、優れた知識人、研究者を尊敬し、そこから学んだ、労働者革命運動家、労働者コミュニストの誠実な、真実一路の旅であった。

〈追記〉

日本共産党は、不破・志位体制からさらに志位委員長中心に大きく変化した。そして四十数年の長きにわたった宮本独裁体制とその思想・路線・方針を一掃しつつある。宮本直系の「宮本派」の幹部は、二十一回大会と二〇〇一年の二十二回大会で、ほぼ中央から姿を消した。ただし社会主義・革命思想も、おし流した「右」からの批判としてである。宮本路線と終始闘い、差別迫害され除名された横井亀夫ら何千人のコミュニストの「名誉回復」は、当然なされるべきなのである。

第二部

回想——横井亀夫（亀尾）の生涯

Ⅰ　大正・昭和・敗戦前の時代から

評議会時代からの七十年の友人

石堂清倫

昔、一九二〇年代（昭和の初め）の日本労働組合評議会のころからの長いお付き合いでした。戦後、一九四六年設立の大連の日本人労働組合・大連日本人勤労者組合の活動でも協力してくださいました。一九七七年設立の「運動史研究会」でも重要な協力メンバーでした。『運動史研究』全巻十七冊（三一書房発売）には、どこにも横井亀夫氏の力がしみこんでいるのです。御冥福をお祈りします。

〔二〇〇一（平成十三）年三月二十九日〕

石堂先生は、昨年（二〇〇一年）六月に、「横井亀夫氏の思い出」という題名の長文の文章を書かれました。ライター小松哲史氏が横井亀夫の「評伝」を書くために、同氏が依頼し提供されたものでした。しかしその後、同氏が本書『回想——横井亀夫の生涯』を誹謗し、内容構成上、両立しないことが判明したため、同年九月、遺族側より同氏執筆中途の「評伝」の出版計画の中止を申し出ました。同氏はなお出版を進めたい意向でしたが、遺族の事情を考慮し、出版計画の口頭合意（一九九七〈平成九〉年）を白紙に戻すことを承諾したことを相互に確認する「合意書」を、同年十二月十三日付で取り交わしました。石堂先生がご存命であれば、「あの文章はあなたのために書いたのではなく、横井亀夫氏との七十年にわたる友人関係から書いたものです。出版計画が中止となったのであれば、この『回想——横井亀夫の生涯』に掲載できるよう、提供しなさい」と言われる性質のものです。そこで、石堂先生の文章の提供方を同氏に何回も要請しましたが、同氏は拒否を続け、きわめて遺憾ながら、本書に掲載することができませんでした。ここに経緯を報告させていただき、石堂先生の文章にかえて、両人の親密な友人関係を示す手紙・葉書を掲げることにいたしました。

なお、〔 〕内は編者がつけました。以下も同じです。

編者

〔一九五七（昭和三十二）年、月日消印不明〕

（日本共産党の）綱領問題の留意事項のことで、いまごろ、なぜあんなことを書いたかよくわかりません。行政措置も、規律上、必要なのでしょうが、いまは、もっと大切な根本的方針の昏迷が見られるのですから、このところに指導の重点をおいてもらわないと困ります。もっとも、これはきわめて困難で、これにしゃべると行政措置（あの本などは、形式犯というところですか）の方がはるかにやさしく、したがって、その誘惑には、まけるところです。都委〔日本共産党都委員会〕もよくわかりませんが、心配がありそうです。一度、ゆっくりお話をうかがい、愚見も批判していただきたいとおもいますが、まったくひまなしです。それはそうと、瀋陽の川村薫君から、長い手紙をもらいました。

〔一九八六（昭和六十一）年十一月二十七日〕

お便り有難く拝見。大兄の声がきこえないのは、さすがに淋しいことです。学士会館の新人会の会合にたまに出ないと皆さんに心配をかけることになるので。先日、出かけましたが、帰りに池袋駅までついていってやろうというようなことになり、かえって迷惑をかけるのを心苦しいところです。

運動史の会の件は、そのつど大橋〔周治〕氏から報告をきいています。私の健康状態は、一向に変わりはないのですが、毎日がひどく忙しいのです。一度だめになったアゴスティの『コミンテルン史』が刊行されることになり、その校正をこれまで二〇〇ページばかり終わりました。あと、まだ千ページで、前途多難というところです。そのうえ勁草書房がもう一冊出版してくれることになり、これまで書いた雑文を集めて原稿にして渡しました。このなかで「小林杜人のたどった道」というのを書きました。来年に出版の予定です。そんなことで弱音吐くひまがなく、気持ちは張り切っていますから、どうか御安心ください。小山〔黎〕さんにもよろしく。

〔一九八八（昭和六十三）年六月二日〕

運動史の会、たのしい一日でした。検査の結果をききに行ったところ「命にかかわるような症候はない」ということでしたので、もう通院はやめることにしました。一九二五年の浜松町での巡り合いは、はっきりと覚えています。あのころ、「横井少年」の名は評判でしたから、よけい鮮明な記憶となりました。あれからもう六十三年、思えば、長いものですね。二十八日に、亀山幸三さん急死、おなじ日に、京都の児玉誠さん（「煙」主幹）も亡くなりました。須田さんの奇禍も初耳。おたがいもう少しがんばりましょう。

南木曾旅行（1972年10月）・左から片山さとし氏、石堂清倫氏、勝野金政氏、横井亀夫

〔一九八八（昭和六十三）年八月三十日〕

佐藤秀一追悼録、お送りいただきありがとうございました。

内野壮児君から、この人のことはきいていましたが、これでいろんなことがよくわかりました。ことに大兄の御文章は非常に立派です。論旨もなるほどと思い、よい本をいただいてよろこんでいます。

〔一九九四（平成六）年七月十二日〕

先日はくわしいお便り、ありがとうございました。よくあんな細かい字で書けたものと感心しました。それに、以前にくらべて、よほど読みやすくなりました。きっと、いろいろの機能が回復しつつある証拠であろうと、何よりも心づよく感じました。

今週のNHKお昼の時間に馬篭や南木曾をやっています。今日は字幕に勝野〔金政〕夫人が出たのでびっくりしました。私たちが、先年、木曾旅行〔写真参照〕したときは、夫人はまだ六十歳代後半ぐらいに見えましたが、テレビの夫人は、八十をずっとすぎて見えます。毛髪も真白ですが、花篭を背負って墓所へ行き、一つ一つの墓前に花をさしていました。顔はよく見覚えがあるので、本当に奇遇でした。

一橋大学の加藤哲郎氏がコミンテルン関係のことを調べたいというので、勝野家を紹介したところ、吾妻まで行き、勝野金政氏は十年も前に亡くなっていましたが、私の手紙などは残っており、山縣〔山本縣蔵〕が「摘発」したという国崎定洞さんと片山〔潜〕、勝野の関係もかなりはっきりしました。夕刊の『モスクワで粛清された日本人』（加藤哲郎著、青木書店）を読んだあとでしたので、あらためて南木曾旅行のことを思い出しました。

これで、野坂〔参三〕氏が山縣摘発をやったことを知って、大いに山縣に同情しましたが、その人が国崎グループを疑わざるをえなかったというのでは、はじめは、まさかと思いましたが、次々に資料（コミンテルン関係）が発見され、やっぱり、そうであったのかと、複雑な思いがします。評議会設立の事情を説明するために、山本さん〔山本縣蔵〕が松尾君たちをつれて新人会本部（〔上野〕桜木町）にこられた時、私ははじめて氏をみました。第一回普選のとき、立候補した山本さんに、無産者新聞に来てもらい、柳瀬〔正夢〕君が肖像をスケッチしたのを新聞にのせたことや、選挙活動の記事をのせたりしたことを、つい昨日のことのように覚えています。渡政〔渡部政之輔〕とならんで別格の労働者革命家と信じていたのでした。しかし、スターリン時代を生きぬくためには、あらゆるものを、一応、スパイと疑わねばならぬような空気があって、そのなかで山本さんも、その風潮に抗しきれなかったのであろうと考えるようになりました。

こうしたマイナス面ばかりに心をとられているわけにもゆかず、これからの社会主義運動に前途があるとすれば、それは何であるのかを積極的に考えていきたいと思っています。

大兄のところへ、一度お訪ねしたいのですが、どこへゆくにも、人を頼まなければならないので困ります。そのうちに友人にひまができたら、車ではこんでもらおうと思っています。

先日、「ひまわり」グループの諸氏がこられ、片山〔さとし〕遺稿集の進行について報告を受けました。大体、原稿の素材をそろえたので、伊藤晃教授に選定を仰ぎ、原稿にしたいとのことでした。

本ができるのは、明年でしょうが、それまでに大兄が旅行できるほどに、回復されることであろうから、大兄と私をグループ旅行につれていって下さいと頼んでおきました。快諾を受けました。

〔一九九六（平成八）年六月二十日〕

六月十九日に試写会に行ってきました。期待を上回るできで、一同、大いに感動しました。羽田〔澄子〕夫妻のほか福永恭三、鍋山歌子、大竹一燈子、その他未知の人、十名ばかりでした。

「運動史座談会」の要点と、それ以降の追加インタビューをあわせてあります。商業映画とちがい、スポンサーもつかず、羽田夫妻の経済的負担によってできあがったものですが、各地のサークルが借り出して、映写会をひらく必要があります。横浜では、葉山峻氏や生活クラブ〔生活協同組合〕に相談したいと思っています。それが実現するようでしたら、必ずあなたを招いてみていただくことにしたいと思います。

簡単な説明書をもらいましたから、同封しました。歌子さん、すこぶる元気、ただ難聴でこまるとのことでした。鈴木裕子さんも元気です。もう女性問題では大権威です。

11　2版　2001年（平成13年）9月5日　水曜日　夕刊

失敗から学ぶ明晰な思索力

評論家・石堂清倫氏を悼む

鶴見　俊輔
（哲学者）

石堂清倫《きよとも》氏がなくなられた。私は一度もお会いしたことがないが、近年、その著作を読んで、すがすがしい風にさらされた。私より二十歳ちかく年長。これから学びつづけてゆきたい人である。

日本には、日記と私小説の伝統があり、その集積は、みずからもあやまちにまなぶ道をつくる。

個人として、自分のあやまちにまなびつづける文人、学者、商人はこれまでにいた。しかし、集団として、民族として、国家としてあやまちにまなびつづける道はつくられていない。

石堂清倫（私にとっては歴史上の人物なのでこう書く）は、学生運動家、編集者、研究者、政治運動家としての百歳近い生涯を、明晰《めいせき》な思索をもってつらぬき、最後の著作として、『二〇世紀の意味』をのこして、ゆかれた。九十七歳の著作。なくなる一カ月半前の発行だった。

自分の失敗をみとめ、その失敗からまなぶことができるかどうかが、思想の試金石である。その力が、石堂清倫の著作に、うしなわれない若さをあたえた。『わが異端の昭和史』正続、『中野重治と社会主義』は、社会主義運動の内部にいたものとして、その時、その時の失敗を記録し、分析した。その分析は、当然に国境をこえて、日本の運動に命令をあたえたソヴィエトロシア政府の思想におよび、世界さまざまの場所にうちたてられた在権マルクス主義の批判におよぶ。

このようにひろく同時代を見わたすまなざしは、どこで養われたのか。

この人は、四高、東大英文科出身であり、同時代人として夏目漱石の影響を受けている。漱石をとおって入ってきたイギリスの気風で、権力を手中にしたマルクス主義の中に見いだすことのできない特色は、権力が腐敗することに対する感度である。「すべての権力は腐敗する。絶対的権力は絶対的に腐敗する」というアクトンの警句に煮つめられたこの知恵は、ひろく、イギリス人の中に、高い地位にのぼるものをふくめて共有され、イギリス人の政治感覚として、のこっている。二十世紀のさまざまな国の権力を掌握したマルクス主義理論家の著作には、この考え方は共有されることがなかった。

一九〇五年に、日本は対露戦争を負けることなく終えた。このあと百年近く、先進国としての日本という幻想の中に、政府も国民も住みつづける。

夏目漱石は、その幻想の外にいて著作をつづけたまれな日本人の一人である。その気風は、石堂清倫の中に流れこみ、日本の全体主義とソヴィエトの全体主義の激突の中におかれた一九三〇年代の彼の思索を養いつづけた。

一九四五年敗戦の混乱の中で、満州（現・中国東北部）にのこされた日本の知識人が、ソヴィエトについたり、それに反撥《はんぱつ》したり右往左往する状態を見すえる力を彼はもった。その時その場だけでなく二十世紀の終わりまで、国家権力に弱い日本の知識人のあいだにあって、明晰に現代を見渡すまなざしを石堂清倫は保ちつづけた。

「イタリア語版のグラムシを読むのが楽しみ」と語っていた石堂清倫さん＝1989年撮影

朝日新聞、2001年９月５日付夕刊
（鶴見俊輔氏および朝日新聞社の許可を得て転載）

石堂清倫氏・略歴〔一九〇四（明治三十七）～二〇〇一（平成十三）年〕

一九〇四（明治三十七）年、石川県生まれ。一九二七（昭和二）年、東京帝国大学文学部卒業。同年、日本共産党入党。一九二八（昭和三）年、三・一五事件で検挙される。一九三〇（昭和五）年、保釈。日本評論社入社、出版部長、満鉄調査部員となる。一九四三（昭和十八）年、満鉄事件で検挙。一九四九（昭和二十四）年、中国（旧満州）大連より帰国。復党後、マルクス主義諸文献の翻訳に従事。一九六一（昭和三十六）年、離党・除名。その後、イタリア共産党のグラムシの思想を紹介し、社会主義の再生を説く。二〇〇一（平成十三）年九月逝去、享年九十七歳。

主な著書は『現代変革の理論』『思想と人間』（編著）『わが異端の昭和史』（正・続）『異端の視点』『中野重治との日々』『中野重治と社会主義』『二〇世紀の意味』『わが友中野重治』など。翻訳には『マルクス・エンゲルス全集』『レーニン全集』『問題別グラムシ選集』ロイ・メドヴェーデフ『共産主義とは何か』アルド・アゴスティ『コミンテルン史』など。

〔石堂清倫著『二〇世紀の意味』平凡社刊、同著『わが異端の昭和史・下』平凡社刊より作成〕

敬愛する同志・横井亀夫君の生涯

野田　弥三郎

二〇〇一（平成十三）年三月五日、私の深く敬愛する同志横井亀夫君、九十一年の生涯の幕を閉じた。彼と交わり、その深い人間味にふれた多くの友人たちが、彼と永遠に別れることを惜しみ、盡きせぬ感慨を抱きしめている。私もその一人であり、この一文を草する次第である。

一九〇九（明治四十二）年三月二十二日生まれの横井君は、一九〇六（明治三十九）年一月一日生まれの私より三年あまり若いが、二十世紀をほぼ全体生きた人間として同時代人である。そしてこの時代を労働者階級の解放のために献身した。われわれの成し遂げ得たことは極めて微々たるものに違いないが、意義のないものではない。

◇

私が横井君と名乗りあって交わるようになったのは、一九七〇年ころからであって、そう古いことではない。しかしこの三十年間は二人の人生で極めて多くの収穫があり、精神生活上で、意義深いものであった。

横井君は私利私欲と無縁であり、他人の困難を見すごすことなく、力の限り奉仕することを、自分の義務とする人である。その上、労働者階級の出身であり、かつ知識階級のもつ意義あるものを、極力吸収する意欲をもつ人物であった。

私は、この彼の欲求を若干みたすことに役だったようである。

◇

横井君と私の交友は、長い長い平行線の前史のあることを一言述べておこうと思う。

彼と私が出会い言葉を交わし、協力しあう機会は、一九二七（昭和二）年以来、いろいろあったのである。私は、関西の甲南高校を卒えて東大に入学し、直ちに「新人会」に加わり学内で社会科学研究に努め、学内で講座を開くだけでなく、学外にも手をのばし、その年の暮れには労農党の城南支部の書記ともなり、芝区や品川区の多くの工場に、労農党の機関紙を注入する活動に専心したのである。横井君も労働組合のオルガナイザーとして、同じ地の工場労働者をオルグしていたのである。そのころ、芝の協調会館で山本懸蔵を招いて講演会がひらかれた。三千名ほどの参加者は山本が演壇に立つと、割れんばかりの拍手を送った。和服姿の山本が一言「来集の皆さん」と述べると、臨官の警察署長はカチャンとサーベルの音をたて「弁士中止」と叫んだ。それに呼応して聴衆の中で、数ヵ所ビラがまかれ何十名かの警官が聴衆の中に突入し、会場は混乱状態となった。私は数名の労働者をひきいて警備にあたっていたが、やむなく会場を出て、支部事務所に戻って散会した。山本懸蔵に師事していた横井君は、必ずこの会場にいたにちがいない。その後まもなく、一九二八（昭和三）年の三・一五事件があり、彼は検挙、投獄された。

労農党が解散させられたのち、私は書斎にもどり、マルクス、エンゲルスとレーニンの著書の翻訳に専心した。レーニンの代表的著作の一つ「プロレタリア革命と背教者カウツキー」は最も大きな仕事である。

私はその後、暫く文筆活動に専念したが、一九二八年から共産青年同盟の機関紙「無産青年」の編集にたずさわり、検挙、投獄を経て、一九三六（昭和十一）年の暮れに仮出獄した。横井君も一九二八（昭和三）年に検挙され、二年間獄中生活をし、釈放後、解放運動犠牲者救援運動にたずさわった。

私は出獄後、新聞記者となり、石炭問題の専門家として、鉄鋼やガスの鉄鋼統制会で働き、終戦を迎えたのである。

戦後はいち早く共産党の再建に着手し、「赤旗」の刊行とその印刷工場の建設に専心した。しかし徳田一派の俗物主義、宮本顕治の卑俗功利主義を共産党の活動から除去することに成功しなかった。それは、われわれ自体の能力の低さによるにちがいないが、この課題は今後も、次の世代の重要課題として受け継がれねばならないであろう。

◇

横井君も私自身も、自己の能力の限り良心的に解放闘争に努力した。資本主義の末期症状はますます深化し、それに伴って残忍非道な政治が地球上全体に大きな禍をもたらすであろう。原子力をもちいた大規模な戦争は断じて許してはならない。横井君と私の最後のそして最大の願いは、人民大衆の力を一つに結集して、このような戦争を阻止することである。

（二〇〇一〈平成一三〉年六月）

野田弥三郎氏・略歴〔一九〇五（明治三十八）年～〕

一九〇五（明治三十八）年、台湾・台北市生まれ。一九二四（大正十三）年、甲南高等学校に入学、在学中、マルクス主義者になる。一九二七（昭和二）年、東大経済学部に入学、新人会で活躍。一九三三（昭和八）年、治安維持法違反で検挙。一九三六（昭和十一）年、年末に出獄。一九四五（昭和二十）年、『アカハタ』復刊につとめ、のち宣伝教育部で活動。一九五〇（昭和二十五）年、日本共産党の分裂で除名。六全協で復党したが、第七回大会後離党。ご健在。

主な著書に『野田弥三郎著作集』全五巻、小川町企画出版部（『新時代』、一九九五年一月より作成）などがある。

キューバ連帯集会での野田弥三郎氏（1995〈平成７〉年１月）

野田弥三郎氏（左）とともに（石堂清倫氏宅で）（1985〈昭和60〉年１月４日）

古参労働者共産主義者の最期に寄せて

いいだ　もも

「芝で生まれて神田で育つ」のが江戸っ子と言われるが、現在は「港区」とよばれている芝で生まれた横井亀夫同志と、生まれだけは、たまたま同じく、私も芝の片隅で生まれました。日本橋から新橋を通って真直ぐ来る東海道に沿った、海岸寄り（芝浦とよばれるそこは盛んに埋め立て造成中であった）の芝の、ゴミゴミしたあのあたりの庶民の家は、「東京都民」というよりは、みな庶民とよばれるのがふさわしい平屋建ての細屋《さいおく》であって、どこもいわゆる貧乏人の子沢山の家でした。

十二人兄弟の十一番目に生まれた、われらが横井亀尾も、失礼ながら、そんな境遇の、芝生まれの子であったちがいありません。ご両親がそんな、産んでは育て、産んでは育てる子沢山も、これで「打ち止め」にしようと、赤ん坊にかわゆく「亀尾」と命名したのに、ちがいありません。ところが、そのまた下に、もうひとり十二人目のビリの末っ子が「下手の手から水がもれ」て生まれてしまった。昔は、よくあることういう時、もうけ者というか、こぼれ者の赤ん坊に、「捨吉」とか「捨子」とか名付けたものです。横井家の「亀尾」の後の「末っ子虎チャン」の名は、何と呼ばれたものか？　とにかく、物心ついた横井同志は自ら「亀尾」を廃して、「横井亀夫」と名乗ることになったのでした。そんな十一番目の子が、芝のあのあたりで義務教育の小学校もろくに卒えないままに、働きに出なければならなかったのも、「当然」のことでありました。われらが横井亀夫少年は、十歳頃には早くも鉄工所に奉公に出て、十四歳の時には、一九二三（大正十二）年の第三回メーデーに参加したと言われます。

一貫した、すぐれた労働組合活動家であった横井同志は、「震災テロル」のあった関東大震災の頃（一九二三年）には、すでに旋盤工として十四歳で一丁前に働いていた。横井同志は、「日本光学」の労働者として「関東機械工労働組合」に参加して活動しています。

小生が芝浜松町一丁目あたりで生を授かって「桃」というオトコの子ともオンナの子ともつかない縁起《えんぎ》物《もの》の名前を受けた（この名は横井同志の「亀尾」と同様、少年時代の小生の名前コンプレックスとなりました）のは、一九二六年のことですが、「大正」十五年＝「昭和」元年のその「改元」の年の前後には、小生より十六歳年上の横井少年は、総同盟から分裂した左派の日本労働組合評議会に所属し、創立されたばかりの無産青年同盟の京浜地区委員会に参加し、あくる一九二七（昭和二）年には十八歳で共産党に入党し、さらに一九二八（昭和三）年には十九歳で「三・一五事件」にひっかけられて、治安維持法違反容疑で逮捕され、二年数ヵ月、投獄されています。石堂清倫同志からもよく、横井少年同志が「三・一五事件」で逮捕、投獄された最年少の共産主義者であった旨を聞かされましたが、昨年あいついで、当時の最年少の横井同志も最近の最長老の石堂同志も失われたこと（「出来事」といって然るべきでしょう）で、これで、わが国における「三・一五事件」「四・一六事件」の関係被告はことごとく鬼籍に属することになりました。

戦時下に一兵士として旧満州、フィリピンへと転戦させられた横井同志は、一九四五（昭和二十）年の敗戦時には現地除隊して、幸いにしてシベリア抑留をまぬがれ、戦争直後は鞍山製鋼所で働き、労働組合に参加して五味川純平に出会い、さらに大連で大連労働組合に参加して、そこで石堂清倫に再会し、また羽田澄子の諸氏と出会うことになりました。帰国後は三菱重工横浜造船所に入って、労働組合の組織部長としてストライキ指導に活動し、アメリカ占領軍のレッドパージによって解雇されたのは、戦後の私たちもよく知るところですが、解雇された横井同志が勤労者教育協会の事務局で働くなかで、朝鮮戦争前夜の日本共産党五〇年分裂に直面させられて、私たちも同様「国際派」として活動し、「所感派」主流指導部から除名・排除されたのも、ひとえに彼の一貫した労働運動の延長線上での「必然的」苦難でした。

横井同志は、朝鮮休戦、スターリン死去、徳田球一死去以後のいわゆる「六全協」で名誉回復されて復党しましたが、不撓不屈の共産主義運動を続けるなかで、一九六四（昭和三十九）年、五十五歳の老同志は、「いかなる核実験に反対!」と、核実験停止条約に賛成し、これに反対する党主流指導部と対立して、再び除名処分を被ることになり、自力でささやかな印刷業を営むようになりました。そこで、私は密接に横井同志と相会うようになったのですが、一九六六（昭和四十一）年に開始された「共産主義者の総結集」運動に横井同志は後輩の私どもと共に率先して欣然として参加し、私が書記長をつとめることとなった共産主義労働者党の構成メンバーとなったのでした。

その道の「業界」では周知のように、当時の新・旧共産主義者の大同団結の最後のチャンスであったといっても決して過言ではなく、「共産主義者の総結集」運動は、「結党準備委員長」であった志賀義雄同志が、「モスクワの感触の変化」というだけの理由で、「スト破り」をやらかしたために、不首尾に終わり、横井同志も含めた「社会主義革新運動」（内藤知周・松江澄・内野壮児ら）、「統一協議会」（春日庄次郎・原全吾ら）、「日本のこえ」多数派（いいだもも・樋口篤三・白川真澄・大井正・国分一太郎ら）の部分結集としての後期大会における「共産主義労働者党」の結成に終わったわけですが、一九九一（平成三）年のソ連邦崩壊以後に、旧ソ連邦の党、国家の機密資料が露出、漏洩するにいたった今日では、当時、「モスクワの感触（実は指令）」が変化した影には、ソ連邦の党、国家の「エージェント」をつとめていた野坂参三同志のモスクワ当局への直接要望報告書（宮本顕治を排除してのモスクワ路線での「党再統一」の安請合い）があったことは、文献考証上も完全にあきらかにされています。一九六八（昭和四十三）年反乱の激動期に、全共闘・反戦青年委員会・ベ平連の大衆的反乱に一臂の力をはたしながらも、共産主義的党主体の再形成としては不首尾に終わった共産主義労働者党の苦闘は、そのような国際的、日本的な「スターリン主義」の負の脈絡のなかに置かれていたのでした。

そのような主体状況のなかで、共産主義労働者党期も、それが分解・解体を余儀なくされた後での独立独行期も、一貫した共産主義労働者としての苦闘を、いつもニコニコと継続していた横井亀夫老同志の姿は、飄々《ひょうひょう》として闘いのあるいたるところで出会う、といってよかった。その控え目で、ユーモラスな、謙虚なお姿として、いまも私の瞼の裡《うち》に焼きついています。九十一歳でのその労働者共産主義者としての最期に合掌いたします。

「横井少年」の思い出

山本　菊代

私が横井さんを知ったのは、私が労働運動に関心をもち、電気産業労働組合で雑務を手伝っていた頃だった。労働組合の事務所が愛宕山の近くにあり、その近辺に警察署もあったが、また協調会館のホールがあり、そこで左翼系の組合、その他の組織の集会が開催されていた。その集会には、私たち組合のものも必ずといってよいくらい傍聴に行っていた。

左翼労働組合である評議会系の集会には必ずといってよいくらい、小柄な愛くるしい少年の姿があった。その少年は会場のなかを走り回っていた。たぶん伝令か何かの任務を果たすために会場を走り回っていたのであろう。みんなに「横井少年」、「横井少年」、といって愛されていたことを、当時二十一、二歳であった私の頭にも強く焼きついている。しかし、私が手伝っていた組合は評議会に加盟していなかったので、直接話をしたことはなく、直接、面とむかって会い、話をしたのは二十何年の後であった。

四・一六の共同被告であった西村桜東洋《おとよ》さんが九州の福岡県から上京し、ある日、「今日は横井さんが案内してくれるのだ」といって何処であったか、東京の公園に一緒に案内された。有名なソバを食べた記憶だけ残っている。公園を案内され、帰りに石堂清倫氏のお宅へつれて行っていただいた。

それから私たちには思いもかけない真夏の一週間を、長野の内野壮児氏の別荘に、城戸武之さんと私たち夫婦を横井さんが運んでくださり、主のいない別荘で一週間、静養させていただいたことなどを思いだします。

〔「労働運動研究」二〇〇一（平成十三）年五月号「読者だより」より転載〕

山本菊代さん・略歴〔一九〇五（明治三十八）年〜〕

一九〇五（明治三十八）年、岡山生まれ。十七歳で上京。職業学校卒業後、帰郷し小学校教員。再上京。一九二七（昭和二）年、関東婦人同盟書記。一九二九（昭和四）年一月、日本共産党入党。四・一五事件で検挙、以後、数度検挙、合計七年間投獄生活。一九三三（昭和八）年、獄中の山本正実氏と結婚。戦時中、助産婦。一九四六（昭和二十一）年、復党。千葉県松戸市の地区委員などで母親運動、地域の諸活動に取り組むが、一九六四（昭和三十九）年、党除名、「日本のこえ」、共産主義労働者党、労働運動研究所に参加。現在九十七歳で活動中。

〔鈴木裕子編著『日本女性運動史人名辞典』、不二出版、一九九八（平成十）年十二月刊より作成〕

「お別れの会」出席者・その１（2001〈平成13〉年４月28日）
前列左より山本正陽氏、山本菊代さん、近藤悠子さん、窪川えい子さん、高津睦子さん、山下治子さん、中嶋久子さん。後列左より福田玲三氏、山崎季広氏、石田裕之氏、下司修氏、上田良子さん、柴山健太郎氏、山口泰子さん（中列）、上野朝子さん、溝辺節子さん（中列）、市村順子さん、丹野貞子さん

父・渡部義通と「横井少年」との接点

渡部義就

（一）

横井さんのことを思いだしてみると、父・渡部義通の死後、度々のお便りと年賀状と暑中見舞いを欠かさず頂いていたので、とても身近に感じていたのですが、横井さんと親しくお話しすることが出来たのは、実はただ一度だけでした。一九九八（平成十）年の春だったと思います。叔母栗原広子と兄渡部義任と私の三人で「中川の里」に横井さんを見舞いました。横井さんは車椅子の生活でしたが、思いのほかお元気で、私どもの訪問を大歓迎して下さり、老人ホームで書き溜めたたくさんのメモを取り出して見せてくれました。その多くは反戦平和をテーマにしたものと、日本共産党の宮本・不破に対する弾劾でした。

（二）

私と横井さんの出会いは、一九七〇（昭和五十五）年頃、大岡山の父の家だったと思います。私が安保・沖縄闘争で十三ヵ月の獄中生活を終え、父を訪ねた時に、横井さんが父を訪ねてくれていました。その後、父に会うたびに、「この間は、横井君がどこそこの修繕をしてくれた」「昨日は、横井君が来て庭の木を切ってくれた」「先日は、横井君が車で迎えに来てくれてどこそこに連れていってくれた」などと、かならず横井さんの名前が出るほど親しくして頂いておりました。父はいつも医者通いをしていましたし、戦後、父と連れ合った三井礼子も足下がおぼつかなく、横井さんには随分無理を言って甘えていたようです。横井さんも親不孝な息子たちに代わって世話を焼いてくれていました。とりわけ父にとって嬉しかったのは、横井さんが車を運転して、石堂清倫さんと父を会津の父の生家に連れていってくれたことでした。

他方、大阪市大を定年退職した後、東京に居を移した叔父の栗原佑も、横井さんには大変お世話になり、「横井少年、あいつは面白いやっちゃ」と「横井少年」の訪問を心待ちにしていました。佑の死後も、叔母広子が編集した追悼集『続未完の回想』は印刷業をされていた横井さんの尽力で活字にすることが出来ました。

父と叔父は長いこと絶交状態にありましたが、一九七六（昭和五十一）年頃だったでしょうか、何十年ぶりかに会って、若い頃の思い出話をしていた折り、会津の田舎に療養中の父を佑が訪ねたこと、全協（日本労働組合全国協議会）のこと、スターリンを信奉したことの恥ずかしいこと、亡くなった友人たちのこと、お互いの知己のことなど延々と話が続き、どんなことだったかは思い出せませんが、横井さんの話になり、父と佑叔父、広子叔母、三井さんが笑いあっていたことがありました。

このように私は、父義通と叔父栗原佑と叔母広子を通して、親切な「横井少年」を身近に感じていました。しかし、ご本人にお会いしたのは、七〇年代、八〇年代、九〇年代の三十年間を通して、多分、四、五回程度ではなかったかと思います。

もう一つの横井像は、日本のヴィヴォルグ地区京浜工業地帯の労働運動家横井亀夫です。四十年にわたって川崎の溝ノ口で労働者医療に携わってこられた多田先生、六〇年安保を指導し、革共同の政治局員として神奈川の戦闘的労働運動の防衛と発展のために尽力した故陶山健一さんも、横井さんとは親しく、また横井さんを尊敬していました。横井さんも、陶山さんを「彼は非凡な革命家です」と言っていました。

〔三〕

父渡部義通は、常磐炭坑の争議や岡谷の製糸工場の争議にオルグとして行っているようですし、京浜工業地帯の労働運動とも深い関わりを持っていました。栗原佑も大森の弁天池の近くで、石堂清倫や岩田義道などとアジト生活をしていて京浜の労働運動と関わり、全協を通して横井さんと共に闘い、生涯同志として交際していました。

幕末・明治を経て西欧列強の植民地分割戦が激しくなる中で、資本主義国としての発展を遂げ、最後の帝国主義国として国内の労働者と農民から徹底した搾取と収奪をし、台湾、朝鮮、中国への侵略の植民地分割に割り込むための富国強兵に突き進んでいた時代に、横井さんは生まれ、そして欧州を主な戦場とした第一次世界大戦の戦時景気で大儲けした資本家がより大きな工場に投資し、広い産業分野を資本の支配下に置く時代に労働者として働き始めたのでしょう。厖大な官僚群と軍部、警察を従えた天皇制ボナパルティズムと資本家、大地主に対して闘う戦闘的な労働者、農民の運動が渦巻く中で、横井さんも当然のこととして労働運動に参加したことでしょう。ロシアの労働者がツァーリーを倒し、初めての労働者革命が成功したことに共感し感動して、天皇制の弾圧と闘う命懸けの決意で共産主義者横井さんが生まれたのだと思います。若い活気にあふれた労働者活動家を人々は尊敬と愛情を込めて「横井少年」と呼んだに違いありません。そして戦前・戦中・戦後と、労働者人民の先頭で戦闘的に献身的に共産党員として闘い、労働者階級の魂を体現していたのだと思います。しかし横井さんが命を懸けたこの党は、もはや革命を裏切ったスターリンの指導の下で作られた、共産主義とは無縁の党でした。

日本帝国主義の敗戦とともに、労働者は在日朝鮮人・中国人・アジア人労働者と共に各地、各職場で反撃に出て革命前夜を迎えたにもかかわらず、占領軍と官憲の弾圧のみならず、社会党の結託、それどころかプロレタリア革命を指導するはずの日本共産党さえもが、日本資本主義を、帝国主義を打倒しないことを戦略に掲げる、しかしその中でそれが革命への道だと信じて献身的に活動する、これが横井さんのみならず日本の戦闘的で、まじめな労働者のたどった道だったと思います。

（四）

そのうちに日共は所感派・国際派に、ソ連派・中国派に、はたまた国粋主義的な自主独立派などといっているうちに、若い戦闘的な労働者は日共にはそっぽを向く、反革命と教えられてきたトロツキズムが頭をもたげ、革共同だのブンドだのの潮流がスターリン主義は間違っていると言い始め、六〇年安保では学生運動の主流はもはや日共ではなくなり、七〇年闘争の中では革命的左翼が権力と闘い、日本共産党は機動隊と行動を軌を一にする。そしてペレストロイカ、ソ連崩壊のあとには、ブルジョアどもが、「共産主義は間違っていたことが証明された」と言えば、日本共産党は「自分たちはソ連とは関係ない」と尻尾を隠そうとする。創生から今日まで人民をたぶらかし、歴史を偽造することで生き延びてきたスターリン主義党は醜くあがいています。

日共の宮本・不破に対する怒りを通して横井さんなりの共産主義者像を再構築すること、すなわち労働者魂を貫こうとしていました。横井さんは何が労働者のとるべき道なのか、誰が人民とともに闘っているのかを「横井少年の目」でしっかり見つめていました。

(五)

二〇〇一(平成十三)年九月十一日のペンタゴンと世界貿易センタービルへの決死の攻撃は、全世界の闘う民族、階級、人民の溜飲を下げる出来事でした。まさに世界の人民を経済的・軍事的に支配する帝国主義の象徴が一瞬で崩れたのです。ブッシュ大統領はなりふり構わず牙をむきだし、皆殺し的侵略戦争を始めました。全ての帝国主義国は遅れまじと派兵を開始しました。日本共産党も小泉自民党と一緒になってテロ非難に唱和し、海上保安庁の武装攻撃に賛成しました。「横井少年」が闘った首切りと合理化が、リストラだの改革だのといって蔓延しています。「横井少年」が願った平和が、小泉自民党と不破・日共スターリン主義者の侵略戦争開始によって叩き壊されようとしています。しかし日本の労働者人民は、幾百万幾千万の戦闘的「横井少年」を生み出します。しかし今度は、労働者階級と被抑圧民族がスターリン主義党を叩き壊し、自己の解放を賭け、自分達の党を作り、帝国主義を倒すために闘い、必ず勝利します。横井さんの夢は日本とアジアそして世界の労働者の手によってきっと実現されます。

(六)

横井さんが亡くなり、偲ぶ会がもたれるということは、溝ノ口診療所の多田先生から手紙を頂き、偲ぶ会の直前に初めて知りました。とても親しい大切な方が亡くなった思いで、新幹線に飛び乗って、ご遺族のみなさんに連絡することもなく、直接会場にお邪魔しました。

会場で多くの方々が語られた横井像は、隣人愛に満ちた隣のおじさんであり、後輩に親切な人生の先輩であり、断固として柔軟な労働運動の活動家であり、介護労働者の立場に理解を示す老人ホームの入所者であり、音楽好きな老人であり、戦前の共産党活動家としての「横井少年」等々、横井さんの生きた歴史の多様さと重さ、その中での人付き合いの広さを教えられ、改めて日本の労働者階級の歴史と生活を体現していた横井亀夫像に向き合った思いでした。

II　一九四〇年代――大連時代

大連時代からの付き合い

三輪　隆夫
　　　きみ

若い時から、社会と正面に向き合って生きて来られ、一生を自分の信念で貫かれた尊敬する先輩でした。大連の日本人労働組合・大連日本人勤労者組合（石堂先生がいずれも委員長で、私はその下で常任委員）以来、半世紀を超える長いお付き合いをさせて頂きご厚情に深く感謝します。

いつも元気で、とくに平和行進に参加されていた頃を思い出します。最後にお逢いしたのは、婦人民主クラブの五十周年集会に車椅子で見えていた時のことで、その時はとても元気だったので喜んでいました。二〇〇〇年十一月には石堂清倫先生の奥さんが亡くなり、二〇〇一年の九月には石堂先生ご自身が亡くなり、段々親しい方がいなくなり、淋しい思いをしています。

私達もふたりとも八十歳を越え、冬の寒さには、随分身にこたえましたが、この頃やっと暖かくなりだし、ほっとしているところです。

庭の色とりどりの木々や花の新緑が芽をふきだし、その美しさに励まされて暮らしています。

大連引揚げの混乱の時に

廣田妙子

引揚げ時の混乱の中でも、いつも立場の弱い方のことを優先に考えておられたこと。大連日本人引揚対策協議会では、中国語が通じなくても、ロシヤ語が通じなくても、意志交流ができるまで、ねばっておられた責任感と積極的な行動を尊敬、学ばせていただきました。

大連の民主化闘争で出会う

藤川夏子

戦後、大連の民主化闘争のなかでお目にかかったのが出合いでした。劇団はぐるま座の東京公演も観ていただいたことがございました。私は山口県にと、遠くに来てしまって、最近ではお目にかかることもできませんでした。山代巴さんのご本（『囚われの女たち』、217頁参照）で戦前のことも知りました。大切な思い出を沢山いただいたことでした。

私も酸素ボンベを引きずりながら、三年も経ちました。それでも、劇団まで出かけています。もう舞台には立てなくなりましたけれど、詩の朗読などや、若い人たちに経験を話したり、大声でどなったりしています。遠のいていく平和を取り戻すために、少しの力でも出せたらと思っています。

大連で「高木のおっちゃん」に叱られる

羽田澄子

私は終戦を大連市でむかえた。十九歳だった。半分は動員のような形で、満鉄の中央試験所に勤めていたが、敗戦で職場をはなれた。満鉄は中長鉄路公司となり、中央試験所は科学研究所となった。その「科研」(略称)には一九四六(昭和二十一)年一月に結成された「大連日本人労働組合」の支部ができた。その年の六月から私は支部で働き始めた。労働組合で働こうと思ったのは、私自身の社会観の変化が基礎にあるのは無論のことだが、「大連日本人労働組合」を立ち上げた中心人物の一人、石堂清倫氏と幼いころから家族ぐるみのお付き合いがあったからである。

私はまず科研に働く女性たちを組織して、「科研支部労組の婦人部」をつくった。なにをやったか、もうさだかには思いだせないけれど、教育啓蒙活動が中心だった。戦後の大連では二十五万人にのぼる大連在住の日本人の生活と内地引揚げは大きな問題であり、その責任は労働組合にかかっていた。そのために組合はさまざまな運動を展開していたが、支持とともに多くの反撥もまねいていた。労働組合の本部には、地元大連に在住していた左翼の人たちと、中国の解放軍の戦線から送りこまれた幹部がいた。そもそも大連にはソ連軍が進駐し、中共の力が強くなっていたのである。いろんなことで本部に連絡にいくことのあった私は、そこで横井さんの姿を見かけていた。その年の十一月のころだったと思う。

私は本部で働き始めた。内地への引揚げが決まり、組合の組織にも変化が起きたのだ。当時の婦人部長の引揚げたあとを、私が引き受けることになった。ここで、私は横井さんと面と向かうことになった。

そのころ、横井さんは「横井さん」ではなかった。私たちは「高木さん」とか「高木のおっちゃん」とよんでいた。解放区からきた幹部はみんな偽名をつかっていたのだ。「おっちゃん」は、カーキ色の軍服とオーバーをはおって、がたがたと本部のコンクリートの床の部屋を歩きまわっていた。石堂さんから「この人は本当のプロレタリアートで、戦前の若いときから闘争をしてきた人です。いろんなことを指導してもらうように」と紹介された。本当のプロレタリアートとは、どんなものか見当のつかない私は、大いに緊張したものである。

高木のおっちゃんは、厳しい眼で私のすることを見ていた。高木さんから見れば、私はプチブルの頼りない小娘である。正直なところ、私だってなにをどうすればいいか、すべて初めての経験だから、戸惑うことが多かった。それでも、本部が計画し展開する組合運動のなかで婦人部としては何をなすべきか……何故か、私はハイティーンのころから婦人解放運動に憧れていたから夢中で働いた。支部の人たちと話し合い、会議をかさね、チラシや運動のための文書を一生懸命書いた。私の書いたものを高木さんは厳しくチェックした。初めのうちは散々だった。何をしても、何を書いても文句をいわれた。「これは何だ」「プチブルのお嬢さんだな」と情け容赦のない口ぶりで、私は睨まれどおしだった。

考えてみると、高木さんと向き合って仕事をしたのは四ヵ月あるかないかだ。しかし、この僅かな間に、高木さんの態度はどんどん変わっていった。険のある眼つきが、だんだん柔らかくなっていって、文句をいわれる回数が減ってきた。私自身は判らなかったが、多分私が運動をのみこんでいったのだろう。怖い怖いとばかり思っていた高木さんだったのに、ある時ふと笑顔の優しい、誠実な、素朴な人であることに気づいたのである。私のすることを支持して、賛成し、応援してくれるようになった。私が思うよりずっと親しい気持を、おっちゃんは私に持ってくれたようだった。しかしそれは僅かな間のことである。

いま思うとおかしいと思うが、当時は婦人部と青年部は一緒にされて、青年婦人部とよばれていた。女性たちも若い人ばかりだったから不思議にも思わなかったのだ。だから仲間同志で結婚する人もいて、机を並べてみんなで囲むお祝いの会が何回かもたれたものだが、そんな席での高木さんは嬉しそうで、みんなに優しかった。引揚げが始まり、何回も船がでるようになると、仲間はだんだん減っていった。歓送会も何遍かしたように思う。一九四七（昭和二十二）年のたしか四月だったと思う。第一次の引揚げも最後になるころ、高木のおっちゃんは日本に帰って行った。そのころは仕事のうえで付き合うことも、ほとんど無くなっていた。

私は、その一年後、一九四八（昭和二十三）年の七月に日本に帰ってきた。高木さんに会ったのは引揚げてから何年もたってからだったと思う。たしか石堂さんから、「高木さんは、横井亀夫が本名だよ」、ときいた気がするが、私にとってはこちらの方が偽名のような気がして馴染めなかったものである。

一九八二（昭和五十七）年六月、石堂さんが「運動史研究会」で労働運動のなかの先駆的女性たちの座談会を組織され、私は記録映画作家としてその撮影をしたが、その時、横井さんにお会いしている。丁度、このころ、私の長編記録映画「早池峰の賦」が岩波ホールで公開された。そのとき、この映画に感動された谷川徹三氏が朝日新聞文化欄に大きく、「映画『早池峰の賦』に思う」という文をよせられた。こんな体験は私にとっては初めてのことだったが、横井さんはその新聞記事を印刷したものを五百枚ほども持ってきてくださったのである。当時はいまのようなコピー機はなかったから、どうやって作られたのか。岩波ホールの控室の机の上に分厚くかさねおかれた印刷物を前に、横井さんは、ただ、にこにこしておられた。その残部はいまも私のところに大切にとってある。

「運動史研究会」の座談会が、映画作品「女たちの証言――労働運動のなかの先駆的女性たち」となったのは、一九九六（平成八）年、十四年後のことだが、そこに横井さんもちらりと写っている（421頁参照）。

その後、またご無沙汰が続いて、こんどは特別養護老人ホーム「中川の里」からお手紙を頂くようになった。感慨深いものがあった。

この文を書くためにも、横井さんの大連時代のことを石堂さんにお聞きしたいと思っていたのに、石堂さんもこの（二〇〇一〈平成十三〉年）九月一日に亡くなられてしまった。横井さんとの話は五十五年、半世紀以上、むかしの話になる。

反戦平和、本物で生きた人

武井満男

横井さんとは、戦後、大連で知り合った。もう五十年以上も前のことだから、何時、どうして、というようなことは忘れている。その時も、またあとからも、横井さんが、いくつで、何処で生まれ、何処で育ち、あの時、何処から来たのか、何をしていたのかなど、一切、聞いたことがない。その頃は高木さんと呼んでいた。大連で知り合った若い人たちの間では、だから高木さんの方が通りがいい。若い者と言っても、うちの下の妹がいま七十歳を過ぎているのだから、昭和も、そして大連も、遠くなったものだ。

横井さんは九十二歳となる数週間前に、亡くなったと聞くから、あの頃は、まだ四十歳にはなっていなかったはずだ。私たちの目には、なんと言っても、石堂清倫さんが最長老で、河村丙午さんと横井さんが少し間をおいて、それに次いでいた。

横井さんは、ある時、ふらっと、大連日本人労働組合の事務所に現れた。もう、敗戦の翌年になっていたと思う。すでに何人も、そういう人に会っており、なかにはあとで憲兵だと判った人もいる。横井さんは、私のことをきっと、生意気な若造と思ったに違いない。私は、勝手に胡散臭い人の方に入れていたからだ。

でも、だんだんこの人は本物だと思うようになった。というのは、まとまった話はしないでも、何かの折には、その人が何を選ぶかが見えてくるものだ。横井さんは自分が本物だから、気がつかないのだろうが、相手や、事柄が本物か贋ものかをはっきりと捉えていた。「負けたあと」というのは、また大連という土地柄では、あとで石堂さんが書いておられるように、いろいろな事があった。

そして、一九四七（昭和二十二）年三月末に、第一次引き揚げの最後の船、高砂丸で引き揚げた。この船には組合の本部で働いていた人たちがまとまって乗船しており、土岐強さんや野々村一雄さんも一緒だった。残留する人たちが埠頭の岸壁で見送ってくれたが、「赤旗」や「インターナショナル」の歌の応酬で、デッキに乗り出して手を振っている私たちの後を行き来する船員たちは、舌打ちをしながら、いまいましげにしていた。私は、日満連絡船で何回も往復しているので、よく判ったが、私たちがおしこまれたのは、深い船倉で、八百人ばかりの人を乗せるには、客室に使えるはずの場所がもっと上の甲板に近い部分に広くあったはずだ。さすがに、土岐さんと野々村さんは上甲板の客室に案内されていたが、あとで気がついたが、それが罠だった。

出港したその夜だったと思うが、子供の争いかなにかを口実にして、野々村さんと土岐さんにたいする糾弾が始まった。末の弟に薬缶を持たせて、なにかを届けるふりをして、様子を探らせていた。さすがに土岐さんは、その仕掛けた連中を堂々と論破して手をださせなかったが、ともかく皆で迎えに行って、下に移ってもらった。

横井さんは、私の母親の傍らにいて、なにかと話相手になってくれていた。着いたのは佐世保だと思うが、私は何人かと共に隔離されて、しばらくの間、ＣＩＣ（米国情報調査局）の取り調べめいたものがあった。組合のおもだった人には個人別のファイルがあり、大連で何をしたかが、何を喋ったかが、みな記録されている。私は誰かと（多分、三浦さんだと思うが）間違えられたらしく、二、三の応答で、それが判るとあとは何事もなかった。引き揚げ列車に乗った時は、横井さんとも、土岐さんとも別々だった。

おふくろたちと、上野駅に降りた時に、引き揚げ援護の学生たちに取り囲まれた。自分たちの親が、戦後、大連で組合に苛められたというのである。この時は、本当に腹が立った。それこそ「日本が勝手なことをしてきた土地で、贅沢に育てられた者に、敗戦ということがどんなことか判るのか」と。リュックひとつで、おふくろたちと別れ、さて、今夜からどうするかと立っていると、水草さんとばったり会い、代々木の家に連れていかれた。

野坂さんと横井さん

その代々木の家で、皆と相談して、引き揚げ船の中のテロについて、はっきりした抗議をしようと考えた。水草さんたちは、もっとひどいテロにあっている。

共産党本部に相談にいくことになった。横井さんも一緒だった。野坂参三さんと会った。野坂さんは、八・一五の敗戦のあと、「日本人民に告ぐ」というビラで、その名前を初めて知った。相談できる人と会うという気持ちだったが、その野坂さんが、横井さんの顔を見ると、「亀ちゃん」と呼びかけた。野坂さんは、延安で日本兵の捕虜になった人を集めて、教育していたことは知っていたが、その何年も前から日本を出ていたはずだ。だから「亀ちゃん」と呼ばれた横井さんとは、横井さんが少年の時期の知り合いのはずだ。どんな知り合いかは聞くまでもないことだが、当の横井さんは、その時も、そのあともなんにも言わない。

野坂さんは、私たちの書いた新聞への投書の書き方など、二、三のことを教えてくれて、それだけで終わった。

土岐さんと横井さん

そんなことがあったあと、私は大連で一緒だった人たちの動静を訪ねて、青森から熊本まで回り、帰ってきたら代々木の家はもう引き払われていた。それから、何をして暮らしていたのか、わからない時期があって、通信社にいたころだと思うが、横井さんと会った。一九五〇（昭和三十五）年六月二十五日の朝鮮戦争の勃発は、外信のデスクで、ＡＰやロイターの電報をうけて知った。その前、五月三日には共産党の非合法化が言い出され、次いで、その中央委員二十四名の追放が指令されていた。虎ノ門の何処か飲み屋風のところで、久しぶりに大連以来の人たちが集まった。石堂さんもいたと思うが、土岐さんの送別会だったのか。とにかく、土岐さんは潜るというのであるが、私にはそれが判らなかった。レッドパージもあちこちで始まっており、反戦を唱える人たちのためにも、都会の中で闘うやり方があるのではないかと思っていた。土岐さんは、この世間知らずが何を言うか、という風だったが、石堂さんや横井さんがどう考えていたか、聞かずに終わった。土岐さんは北海道の何処かの炭坑地帯に行ったそうだ。この会合のあと、私は、土岐さんの奥さんがおられた古本屋さんを、毎月末に訪ねることをしばらく続けた。その北海道の話は、何年かあとで、土岐さんから聞いた。土岐さんは、「赤旗」の編集局長に就かれるなど、一貫して、選んだ道を進まれた。

横井さんの年賀状

横井さんとは、そのあとしばらくご無沙汰だった。向坂〔正男〕さんと日本エネルギー経済研究所を始めたころから、時々、横井さんと会った。いつも何ということもない話で、大連で、まだ赤ちゃんだった向坂さんの男の子、マー坊の話も出た。その二人とも、もういない。このころは私も五十歳代になっていたが、名古屋の大学に行くようになって、また、往来が途切れた。

その大学を退いたころだと思うが、どちらからともなく年賀状のやりとりが始まったが、でも会わず仕舞いだった。お嬢さんの手で「父が老人ホームに入った」と言ってこられたのは何時だったか。いま、私が見ているのは、二〇〇〇年の賀状で、「護憲紀元二千元年」を「反戦平和の年としよう」という印刷があり、表の宛名は横井さんの手書きである。

この前、羽田澄子さんと電話でお話をした。その時、「九・一一」のことが出て、いま、石堂さんや横井さんがいらしたら、「その時、以来のことを何と言われるのか、聞いてみたい」と語り合ったが、でもお二人とも、それを知らないままで、今静かに休んでおられるが、「その方が好かった」ということで終わった。反戦平和を願い、それを闘ってきた横井さん、ずーっと本物で生きてきた横井さん、自分のことは何も語ってくれなかったが、私には、背負いきれないほどのものを残してくれた。

温かい気持ち、人生の大きな教訓

香山磐根

もうすぐ十九歳になろうとしていた一九四七（昭和二十二）年五月のある日、私は横井さんから人生の大きな教訓を得ました。そのことが忘れられず、いまでも横井さんを尊敬している一人です。

ところは東京の千駄ヶ谷にある、ある人の邸宅の中、「日新館」と呼ばれていた、板張りの大きな道場のような部屋の中での出来事です。当時、若い男性が数人この「日新館」の中で、何をするでもなし、ごろごろして暮らしていました。

そこに現れた横井さんは誰かと話をしたあと、私たち数人全員に、金額は忘れましたが、何がしかのお金を配ってくれたのです。

何をするというあてもなく、ごろごろぶらぶらしていた私たちの懐は、勿論寂しく、先々どうなることかと、漠然とした不安な気持ちを抱いていましたから、この思いがけないお金はとても嬉しく、有り難かったことを鮮明に覚えています。

遡って、私がなぜ「日新館」にいたのかを説明しますと、私の家庭は、父も母も共に両親に伴われて、幼少の明治時代に旧満州に渡った関係で、私は大連に生まれ育ちました。戦後の混乱期にある人の紹介で、大連の日本人の引き揚げの仕事をする団体に就職しました。ここで私は横井さんに逢ったのです。横井さんとは仕事上の交流はなく、地味なパッとしない、飄々としたおじさん位の印象しかもちませんでした。

私は大連からの引き揚げ最終船で博多に引き揚げました。

引き揚げる時、私は日本で一番の都会である東京を引き揚げ地と申告しました。しかし、具体的な引き揚げ先はあるわけもなく、ある人から世田谷の等々力の向坂逸郎九大教授宅の紹介を受けていましたので、こちらに伺ったところ、東京の第一夜は、とてつもなく厚い布団に寝かされてびっくりするやら、感激するやらでした。ここで私の運が向いていたのは、丁度、その日に大連で一緒だった某氏から、葉書が向坂教授宛にきていて、「日新館」に大連で一緒に働いていた同志たちがいることが判ったのでした。

純情少年の私は、日本に帰ったら、民主日本建設の礎になるんだとの意気に燃え、ゼロから出発するんだと心に決め、お金は全く持ち帰りませんでしたから、博多では二百円支給されたきりでした。

大連で叔父から貰ったネクタイを質屋に持ち込んで、僅かに飢えを凌いでいたところでしたから、横井さんからなにがしかのお金を貰った時の嬉しさはまた格別でした。現今なら多少の金をあげたり貰ったりすることは日常のことですが、当時は物凄いインフレの時代で、金も物も欠乏して、人々は血眼になって自分の生活、家族の生活を守るのに精一杯という有様でしたから、到底、他人のことなんか構っておれないのが普通という、今日では想像もできない冷酷な世の中でした。

そういう社会にあって、まだ四十歳にもなっていない横井さんが、私たち若い者が困っていることを見越して、どこでどう工面したのか知りませんが、一寸先は闇の世の中、ご自分の家族の生活を考えたら、当然、自分の懐に大事にしまっておかねばならない貴重なお金を、若い者全員に、例え僅かずつであったとしても配ってくれたという、その温かい気持ち、優しい気配りに感激し、無私無欲の立派な態度に感動しました。

後年、私が中国残留孤児のボランティアや、中国の青年の日本留学支援に、無私無欲の気持ちでやって来ることができたのは、この時の横井さんの行動に感激し、感動したせいであると信じております。

ところが、私はその後、横井さんとお逢いすることも殆どなく、年賀状の交換だけの交誼という、没交渉に近い状況のまま、永い年月が過ぎ去りました。私がそのことに気付いたのは、六十歳も過ぎてからで、横井さんはすでに老人ホームに入所なさった後でした。

人生の大きな教訓を得た者として、横井さんのご恩に報いたいと、お見舞い金や盆暮れの贈物を送ったりしました。横井さんのことだから、きっと回りの人にお裾分けするだろうと、余分に送ったりもしました。ところが、如何にせんその期間は短く、数年で横井さんは黄泉不帰の客となられてしまいました。

今となってはもう遅いのですが、人生の師横井さんのご恩に充分に報いることのできなかったことが悔やまれてなりません。

しかし横井さんは、「私にそんなにすることはないよ、その分、後輩の人にしてあげなさい」と、つぶやいておられるような気がします。

Ⅲ　一九五〇年代

おだやかな話しぶりの思い出

小野　みどり

思えば、横井亀夫様とお知り合いになったのは、一九五一（昭和二十六）年、東京・品川区戸越、私どもの家と庭つづきの内野壮児（262頁参照）さんのお家の一部屋に越して来られてからでした。

いつお会いしても、おだやかにやさしくお話しされ、心がやすまるようでした。私どもは、その当時は主人の義彦（271頁参照）は「アカハタ」編集局に勤めていたかと思いますが、遠い遠いむかしのことでよく思い出せません。私はたぶん、読売新聞に勤めていたのだと思います。毎朝、勤めに出る私を、子供たちが門のところまで追いかけてきて、「ママ行っちゃダメ」と泣きわめきましたが、身を切るような辛さで振りきって勤めに出るのは、毎朝のこととはいえ、たまりませんでした。そんな子供たちを横井様やご家族はよくあやして下さったものでした。その子供たちも、いまは五十歳代となりました。

老人ホームにお入りになってからも、度々お便りを頂きましたが、小さい字で書いていらっしゃいますのでなかなか読みづらく、折角、いろいろ書いて下さいましたのに、全部理解することができず、お返事もままなりませんでした。でも、ほんとうに長い間のお付き合いでした。

いまは、あのおだやかなお話しぶりを思い出し、もう一度、心ゆくまでお話ししたかったと残念でなりません。

亡父に熱いメッセージ

小野　瞭

横井亀夫様とは小生が生まれた時からのご縁、お付き合いでした。子供の頃から「横井さんのおじさん」と呼ばせて頂き、原水禁の平和行進の途中、大阪でお目にかかったり、我が家に泊まって頂いたり、数多くの接点がございました。

小生自身の人生の岐路においても、常にお励ましのお手紙を頂き、また亡父の追悼集〔『資本主義論争と反戦平和の経済学者・小野義彦とその時代』知人社、一九九二（平成四）年刊〕にも熱いメッセージを寄せて頂きました。

小生にとっては到底「他人」ではなく、とても近い親類のように感じられるお方でした。痛恨の念に絶えません。

生前の父がいつも言っていたことですが、「横井さんこそは、真の労働者だ」「私は横井さんから、本当に大きなものを教えてもらった」という言葉を思い出します。

小生がいま、大学で講じております「新しい働き方」「新しい社会・経済システム」についても、よく考えてみれば、亡父を通じて横井さんから頂いたメッセージを具現化することなのかもしれない……等々の思いが去来します。

「泣虫記者」の師

近藤　悠子

横井亀夫さんがとうとう亡くなられた。誠実、剛直、信念――それらをひっくるめての一労働者であった、と思う。

四月の偲ぶ会の帰途、若葉をむくむくと茂らせそびえ立つ樟《くす》の木に出逢った。芳香を放つ堂々たる姿を仰ぎ見て、ああ、横井さんのようだ、と思った。立身出世、名声とはおよそ無縁の、一労働者として生涯を閉じた人、そのゆるがない存在感が胸中を占め次の句となった。

生涯を　一労働者　樟《くす》若葉

出逢いはいつだったのか。戦後まもなく、大田区議となった共産党の仲田小春さん（次頁の写真参照）というなお名前の区議さんのところだったろうか。もうかなり年輩の仲田さんから「亀ちゃんはね、少年旋盤工だったのよ」と紹介された。仲田さんと横井さんの「同志的」な関係がそれで知れた。まもなく家庭にも連れていって下さり、婦人民主クラブ員の夫人のマツさん、まだ小学生の陽一、黎さんを紹介していただいた。

それから、同じ馬込に下宿していた私は、何かと横井さんを頼りにした。「婦人民主新聞」の記者とは名のみ、駆け出しで価値観も定まらぬ私を横井さんは嫌な顔もされず、引きまわして下さった。朝鮮戦争が始まったころ、在日朝鮮人がなぜ「在日」なのか、それを紙面に、と横井さんに相談したと思う。横井さんはさっそく大田区の朝鮮人部落に案内して下さった。夜、どぶ板を踏み、胸をつく焼酎とにんにくの臭いに辟易としながら、バラックの小屋に通された。数人の肌ぬぎに近い男たちと「ヨウ」「ヤア」のあいさつで横井さんとの間柄が知れた。在日朝鮮人がどのようにおかれているかをまず見せ、一軒の朝鮮人家庭を紹介して下さった。

川崎の町のその家のことは偲ぶ会でもお話ししたが、雨漏りのする家で、強制連行され、ひどい労働をさせられたお話のあとで、熱い鶏がゆを近所から取って下さったこと、こぼれ落ちる涙でおかゆがしょっぱくなった話である。「日本があんなにひどいことをしたのに、それなのに……」、編集部に帰っても涙がとまらぬ私に、水沢耶奈編集長はたちまち、「泣虫記者」の渾名をつけた。

晩年の仲田小春さん（1972年2月）

すべて横井さんの実地教育であった。数ある師の中のお一人である。

だんだんと横井さんが「大変な人」であることが分かってきた。少年工の共産党員、徴兵されて戦後、中国共産党の八路軍に協力して活動していたこと、共産党員としての戦後の活動、そして誤謬つづきの共産党との内部闘争、除名などなど。婦人民主クラブ[編注]が創立以来、二十数年、直接的に支配、介入してきた共産党との度重なるたたかい（いまも先方は、『婦人民主クラブ（再建）』を名乗っている）に、いつも控え目に助言、励ましを惜しまなかった人である。

横井さんの社会主義への傾倒、党とは本来かくあるべき、官僚支配ではなく、人民の中へ、の信念は終生、変わらなかった。ソ連や日共の変質に憤りつつ、在るべき社会主義像を抱いて誇り高く逝かれた。いま、傲りと反省を知らぬ北のグローバル資本主義国に対し、貧困と差別に苦しむ側の反撃が「テロ」という形をとってわき上がっている。横井さんがお元気なら、何と言われるであろうか。

（二〇〇一年十月二十八日）

編注：婦人民主クラブは、一九四六（昭和二十一）年三月、「侵略戦争に日本の大部分の女性が、盲目的に協力したのはなぜか、女性が基本的な人権に目覚め、自主的に女性の民主化のための運動をすすめる必要があるのではないか」との反省に立って、評論家の羽仁説子、作家の宮本百合子、佐多稲子氏らの呼びかけで生まれた。一九四〇年代は、新憲法下での意義ある一票運動。一九五〇年代は、石川県内灘・東京都砂川の軍事基地反対・原水爆禁止運動、母親運動、ＰＴＡ運動、日中友好・国交回復運動。一九六〇年代は、反安保闘争、保育運動、高校増設・全入運動、合成洗剤追放運動、ベトナム平和市民運動。一九七〇年代は、女性解放（ウーマン・リブ）運動、キーセン観光反対、「天皇在位五十年祝典」異議運動。一九八〇年代は、女性反戦反核運動、日系企業の韓国女性労働者との連帯運動、家庭科男女共修運動、政策決定参画運動。一九九〇年代は、「従軍慰安婦」謝罪・補償運動、ＰＫＯ協力法・憲法九条改悪反対運動、「子どもの権利条約」推進運動、北京女性会議での反核活動などを行ってきた。同クラブは、「女性が生き生きと暮らせる、性差別・性暴力のない社会をつくるために手をつなぎ、武力によらない平和な世界を目指」している。一九四六（昭和二十一）年八月より「婦人民主新聞」発行、一九九一年より「ふぇみん」に改称。〔『しなやかに女たち—婦人民主クラブ50年の歩み』一九九六年刊・「朝日新聞」一九九六年三月八日・「毎日新聞」一九九六年三月九日・同クラブのホームページより作成〕

春風たいとう無垢な心の方——川崎・古市場平和懇談会

二階　淳介

思えば昭和二十九（一九五四）年、学生のころに川崎・古市場セツルメント・ハウスの運動に参加し、ご一緒に地元の市会議員や主婦の方たちと「古市場平和懇談会」を創設し、川崎に平和運動を起こし、またお宅にご厄介になり、それから半世紀にもわたるお付き合いでした。

私が無党派であったために気安かったのでしょう、埼玉のころも、東京へ移転したころも、よく訪ねて下さいました。

また、丹沢や尾瀬、秩父などの山行きも忘れることができません。横井さんは体力に恵まれていましたから、二十歳くらいの年齢差がちょうどバランスよくて、カミさんも一緒でよく出かけました。

なかでも、伊豆の天城を越えて松崎温泉に一泊した山行きが印象的で、のちに横井さん自身もよく思い出として話しておられました。

いつの時も、春風たいとうとして、不快な思い出がありません。よほどうまが合ったのでしょう、楽しそうにして下さいました。

小日向の家に訪ねて下さり、地下鉄の駅まで送って行き、改札で別れた時に、滂沱と涙を流されたこと、今でも忘れることができません。それが最後となりました。

最近は、私も大したこともせず、ご報告することもないまま通り一遍のごあいさつだけで、一度、「中川の里」にお訪ねしようと思いながら、昔のように身軽に動けぬようになりましたので、果たせぬままお別れしたこと、悔やまれてなりません。

本当に無垢な心の、きれいな生き方をされた方だと、深く思います。

Ⅳ　一九六〇年代

平和行進のこと

早川康弌
美佐

ほんとうによいお方で、私どもの家にも度々おいで下さいまして、丁度、来ておりました長男のところの孫たちに、たこや人形を下さいましたこと、いまでも孫たちが覚えております。平和行進にご参加なさったお土産話をよくうかがいましたし、平和行進で二子玉川にお出での時には、主人と二人でお見送りに行ったことも、つい先日のように思い出されます。自動車の運転免許をお取りになった時は、八月六日の広島原爆記念日に、埼玉・東松山の丸木美術館にお連れ下さいました。安らかに安らかにご冥福をお祈り申して居ります。

ともにヒロシマ平和行進を歩く

石谷　瑶子

平和運動に大変ご熱心で、私との出合いは福山にいた頃、平和行進で広島へ東京から歩かれた時にご一緒に福山地区を何キロも歩いた時がはじめでした。それからいつも平和問題についていろいろ教えてくださり、コピーした資料等をよく送って下さり、養護老人ホームへ入られてからも、ご不自由な手でお便り下さいまして、いつも励まして下さいました。

私も原爆を受けた被爆者ですが、毎年八月六日が来るたびに、横井様もきっと思い出して下さっていると感謝していました。私も六十九歳となり、家族を原爆でなくし、一生独身を生きて来ましたが、今は広島の原爆養護施設に入って、幸せに暮らしています。横井さんも原爆は絶対に許せない、といつも書いて下さいました。この世界から原爆等を持たない世の中を作って行くことが横井様の願いだったと思います。

私のホームへも、全国各地から小学生から高校生まで、平和教育の一環としてホームのおじいさん、おばあさんの話を聞きに来ます。その時には自分の体験を話します。私どもは、もう原爆が落ちてから五十六年経ちますので忘れてしまいたい気がしますが、若い戦争を知らない人に原爆の恐ろしさを一生懸命話しています。今後、その子供達が成人しておとなになる時のことを考えて、幸せな物資の恵まれた今しか知らぬ人々に、不自由な頃のことを話しますが、一ヵ月に一粒も米の配給のなかった頃のことなどを話しますと、子供たちはおどろいています。

横井様の遺志をついで、平和な生活がいつまでも続くことを願いつつ、祈りといたします。

滋賀でともに平和行進、「原爆許すまじ」

上田良子

横井さんとの出会いは、一九六〇（昭和三十五）年、安保闘争、三池争議、松川事件裁判と激しく揺れ動く社会情勢の中、四十年余りもの昔に遡ります。

この年は、広島の原爆記念日に向けての第三回「平和大行進」が行われた年でした。通過する各地では、「原爆許すまじ」の声とともに、沢山の人達が行進に参加し、平和への願いを新たにしたものでした。横井さんはその時に東京―広島間を往復歩き通されたただ一人の人で、その熱意と気迫に、沿道の人達から多くの賛同と声援が送られたと記憶しています。私は滋賀県の大津から彦根へ向けての行進に参加し、広島から東京へと戻られる横井さんと初めてそこで出会いました。ご一緒に歩いて何を話したのか覚えていませんが、真っ黒に日焼けした横井さんの顔が、実に優しく輝いていたことが印象として残りました。帰られてから思いがけずお便りをいただき、それがきっかけで、それ以来、今日までずっと関わりが続いた

小学生とともに平和行進。左から３番目が上田良子さん、後列中央は横井亀夫

のも、常にその笑顔と優しさがあったからかと思ったりしています。実に不思議なご縁でした。

一九六三（昭和三十八）年、私は結婚して横浜へ住むようになりましたが、その折に、早速、川崎下平間の家に呼んでくださり、奥様ともども、歓待していただいたことも忘れられない思い出の一つとなりました。横井さんも山からの帰りや仕事で近くへ来られた時など、私の家にも、たびたび立ち寄ってくださり子供たちも可愛がっていただきました。「お別れの会」でも話題になりました「鉄棒」を私たちにも造っていただき、最近まで庭に存在し、随分遊びにあるいは布団干しにと役立ってくれたものです。

今一つの思いがけないつながりは、横井さんが敗戦直後、旧満州で旧昭和鉄鋼所（鞍山）に勤務され、労働組合で活躍されていた時、私の叔父も同所におり、五味川純平氏の『人間の条件』に二人ともモデルとして登場していることです。仕事の違いはありましたが、このことが後に話題になって、お互いに「会ってみたいネ」との思いはあったようですが、それも果たすことなく叔父も早くに亡くなってしまいました。

「仰ぎ見る高炉に朝の光《かげ》させば今日もひと日をいきほはむとす」——一九四四年、松隈叔父詠む

一九九〇（平成二）年、私が勤務していた養護学校へお訪ねくださり、障害児教育へも関心を寄せていろいろお話しくださったのが、お元気で活躍の時、お会いできた最後になりました。倒れられてもなお、社会問題等への関心は消えることなく、福祉のことなど身近に感じることなど書いては送ってくださいました。でもお会いすると、ただ穏やかな笑顔あるのみ。今でも胸から手紙や葉書の一杯入った袋を下げて、車椅子でこちらへやって来られる姿が見えるようです。二〇世紀の動乱の中にあって、つねに働く者の味方として、心豊かに人間味溢れるすばらしい生き方を示してくださった横井さん、長い間お付き合いくださって有り難うございました。

「いかなる国の核実験にも反対！」

津脇　梅子

初めてお目にかかったのは、おそらく一九六〇年代だったろうと思う。「いかなる国の核実験にも反対

すべきか否か」で、原水爆禁止運動が根幹のところで大きく意見が対立し、揺れ動いていた頃と記憶している。横井さんは、これまで活動してこられた原水協の方針に反して「いかなる国の核実験にも反対すべきである」という立場を自己の信念とされた。当時、同じ意志を持って活動していた父（津脇喜代男〔私鉄総連創立の中心人物〕、私は次女）と意気投合し、横井さんは友人の奥田英雄氏とわが家にお越し下さって、原水爆禁止運動をはじめ平和運動・労働運動について熱っぽく語っておられた。

私は二十年前に父を亡くしている。亡父は明治生まれの人であった。家の没落とともに宇部炭鉱で両親とともに少年坑夫として働き、労働運動に目覚めたそうである。そんな訳で、戦前から労働運動をしていた人である。戦後、総評の結成や私鉄総連の結成にかかわり、私鉄総連で労働運動をするかたわら、地域で新幹線の騒音補償問題をはじめ、様々な平和活動や住民運動をしていた。襖だけで仕切られた田の字型の狭いわが家は、いつも父のそうした活動の仲間であふれ、嫌でも子供の私にもいろいろな話が耳に飛び込んできて、とても勉強するどころではなく、皆さんの話に聞きほれていたのである。

のちに知るところであるが、横井亀夫さんも戦前からの活動家であり、亡き父と様々な面で意見が合い、原水禁運動ばかりでなく、様々な話にお越し下さったように記憶している。記録映画監督羽田澄子さんの『女たちの証言』という映画を見に行った時、そこに横井さんがご出演されておられ、なるほどこんな風に戦前から大変な中で労働運動をされてこられた方だったのだ、と改めて敬服したのを覚えている。

一九七一（昭和四十六）年、私が長男を出産した時も、一月の寒い中を、奥田英雄氏と一緒に分厚い「スポック博士の育児書」をお祝いに持ってきて下さった。当時、進んだ育児書として持てはやされていた時期で、横井さん、奥田さんはなんてハイカラさんなんだろうと感激した。共働きでも電機労働者の賃金は安い時代でした。出産に関する知識も、毎月本屋でたち読みをして済ませていた私は、どんなにか有り難く嬉しく、「スポック博士の育児書」と首っ引きで初めての子育てをしたのを思い起こします。

そんな訳で、私には優しいおじいちゃん（！）といった感じで、今も横井さんは、私の心の中で生き続けています。ご遺族にはお叱りを受けるかもしれないのですが、亡き父に非常によく似ているのです。まず、頭のツルツルに禿げた容姿、背格好、普段はすごく優しい話し振りなのに、こと社会情勢や政府、政治、それに対する革新といわれる政党や労働団体のあり方となると、きりりと引き締まったお顔で決して曖昧さを許さない姿勢であった。

晩年、ご家族のお住まいの近くの「中川の里」という特別養護老人ホームに入居されていると伺って、毎月一回ぐらいのペースで横井さんをお尋ねするようになった。原水禁運動を社会党中原支部の書記としてかかわっておられた大島芳夫さんの奥さんの循子さんが時々お孫さんも一緒に同行して下さった。私たちは、東京近郊とはいっても田園風景の残るこの「中川の里」に、ピクニックにでも行くようにお弁当を作って楽しみに出かけて行った。春には、つくしやタンポポが咲き乱れ、竹藪や畑も残っていた。車椅子の横井さんと近くの公園や、園芸店などを散策し、お弁当を頬張った。「次に来る時は何が食べたいですか？」と、お聞きすると、「豚の角煮」とか油っこい料理がお好みでした。亡き父といるようで楽しみな一日でした。しかし、何時も驚かされるのは、横井さんがいろいろな雑誌や新聞を購読しておられ、よく読んで、しっかりした論評をされることでした。老人ホームのお部屋のコーナーには本や雑誌が一杯で、他の入居者の方々とは違った雰囲気の、横井さんの書斎さながらでした。

帰り際には、おみやげといって、特に気になった記事のコピーを手渡されました。不勉強な私は、何時も宿題をもらって帰るような気分でした。「物事をしっかり見つめて、生きてよ」と、何時も励まされているようだったのです。

不甲斐無い私は、母の介護、そして死、自分も心臓を悪くして倒れ、横井さんに最後のお別れも言えませんでした。そのためか、いまだにその死が信じられないのです。

死の瞬間まで、あんなに自分を見失わず、自分の与えられた生をしっかりとみつめ、自分らしく生きられるか、時代の先輩の生き様は、優しくも厳しく、私に何かを語り続けて下さっているように思えてなりません。

心からの感謝を申し上げます。

先輩の教えを胸に議員活動

武田　郁三郎

ご生前大変お世話になり、私のこれまでの三十余年にわたる議員生活において、大変影響を受けたお一人です。横井さんとは、不二越精機労組の解雇闘争以来のおつき合いで（当時、私は全川崎労働組合協議会議長でした）、様々なご活躍されたお姿を、いま、しみじみと思い出しております。

永きに亘り、道一つに歩むには、その情熱はもとより、芯の強さと弛まぬ努力であるとおもいます。まだまだ、ご活躍頂きたく願いつつも、この世を去られるとは、やはり人生の果敢《はか》なさと、痛感しております。

九十一年と十一ヵ月の人生に、心から敬意を表し、ご苦労様でしたと申し上げたいと思います。私も先輩の教えを胸に、神奈川県議会議員として活動に邁進していく所存です。

不二越精機労働争議と平和行進

佐野芳三

一九六〇年代に、不二越精機の労働争議の際に、非常に骨を折っていただきました。共産党が介入した大変に込み入った争議でした。争議中は毎日、執行委員会（私は初代の委員長）が開かれましたが、なんだかんだで、喧嘩になったり、議論が沸騰してライターが飛んできたりして、なかなか収拾がつかなくなったこともありました。そんな時、横井さんはいつもケタケタ笑っていました。高いところから見ていました。私を隅に呼んで、「佐野君、トロッコでないが、止まらなくなったら困るんだよ、だから何時かは手を打つべきだよ」と言うんです。「それ本心ですか?」と聞いたら、「本心だよ」という具合でした。またいろいろなオルグ（労働争議の応援・組織者）がやってきましたが、その連中が下手なことを言うと、横井さんは食って掛かり、立ち向かっていきました。

争議がなかなか解決しないうちに、「広島で原水爆禁止世界大会がある。その時の行進にぜひ出たい。争議中で悪いが、どうだろうか?」というので、「行って来てくれよ」とみんなで寄せ書きして出かけてもらいました。どこかの地点で帰ってくるのかと思っていたら、「広島まで行っちゃった」という手紙がきました。帰ってきて、よくやったなあ、と思って、「大変でしたね、どの位歩いたのですか?」ときいたら、「いやー、あのなー、毎日、夜七時位になると、その地区の方々が、大歓待してくれて、風呂に入

各職場代表と握手する両氏（左の二人）

仲よくインター合唱

ソ連使節団の二人　不二越精機を訪問

四月十一日来日いらい各地を視察しきょう帰国するソビエト訪日親善使節団一行(十名)のカザック共和国厚生大臣ブリトリコヴァ女史(三七)とタジック共和国の詩人デホティー氏(四七)の二人が三日午後二時半川崎市木月住吉の不二越精機(社長藤井哲夫氏(五四)従業員三五〇名)を訪れ、本社、本工場などを約一時間三十分にわたり見学した。

同工場中庭で全従業員にブ女史は「今日は日本で最後の日、実に深い印象と感激とをもって帰ります」とあいさつ。ついで講堂で座談会を開き従業員となごやかに話しあった。

席上詩人デホティー氏は「日本の女性は大へん美しい。あとは目に入らなかった」とユーモアたっぷり。最後に全員でインターナショナルを合唱した。

ソ連使節団、不二越精機を訪問（1957年6月）一握手する横井亀夫（「読売新聞」1957年6月4日）

れてくれて、旨い物をご馳走してくれて、ぐっすり寝るから、平気だったよ」というようなことを言っていました。

あとになって「中川の里」にお見舞いした時は、昔のよき横井さんでなく、昔の仲間を見ると、感激してか、すぐ泣き出してしまいました。

今日まで、俳句をやっていたとは知りませんでした。私も最近、少々、句を詠んでいますが、「やわらかき　豚カツたべて　うす涙」はよい句ですね。横井さんは歯が悪く、入れ歯だったのですよ。安い豚カツは固くて、歯に食い込んでくる。色っぽいが、「金木犀　花袋の恋を　思うかな」、これもいいですね、そして「菊人形　団十郎で　座を占める」、なかなかやるなあ、と思います。亡くなって残念でなりません。一緒に俳句の話も出来たらなあ……と思います。横井さん！　貴方は、どうか死んでも生きていてください。私らは、ずっと思い続けて生きて、死んでいきます。いますぐには死にませんが。あと十年か、十五年は、私は生きます。それでは、どうぞ、お元気でね！

（「お別れの会」でのスピーチ）

弁護士生活五十年で忘れられないお一人

山本　博

　横井さんの日本の労働運動における特殊な地位、そのご経歴は、ある事情から早くから存じあげていました。いまはもう知っている人も少ないでしょう。その後、一九六〇年代の川崎での全国金属・不二越精機の事件があり、その闘争のあり方をめぐって組織内で対立があり、私もそれにまきこまれて、ひどい目にあいました。今となって批判がましいことは言いたくありませんが、日本共産党――というより不二越支部の中の党員メンバーの数名――の態度は、私としてはどうしても同調することは出来ませんでした。おかしなイデオロギーとエゴイズム、労働運動と革新政党との関係は、どう考えても非理性的としか言えませんでした。そうした中で、横井さんは孤立し、非難の嵐といえる中で毅然として言うべきことははっきりと言明し続けたのです。ご家族は誇りにされてよいと思います。

　私が早稲田で労働法学を学び、労働運動の仕事を自分の天職とするようになって、五十年になります。実にいろいろな体験をしましたし、いろいろな方と知遇をいただきましたが、横井様はとりわけ忘れられない方のお一人です。それにしても、労働運動が今日のようなものになるとは思いもしませんでした。とはいえ、いまのところ私はまだ現役です。

　多くの親しい方が鬼籍に入られ淋しいかぎりですが、これも人間の定めなのでしょう。「逝く者を止められないとしたら、残された者は何をしたらよいか……」という古い俚諺をかみしめ、老骨に鞭を打って働いております。

ベレー帽のおじさん

船見　文子

四十年ほど前、私は川崎市幸区の鹿島田で工場労働者として働いていた。二十歳代の頃である。昭和三十年代は日本の家庭に急速にテレビが普及し、その他の家電も増産に次ぐ増産で大手家電メーカーの下請けであった私の働く会社も、三十人だった従業員が数年で千人という急成長ぶりであった。私は、一九五五（昭和三十）年の春この会社に就職し、日給百八十円で働いた。この賃金は当時、都市労働者の最低の賃金であった。

私は就職した頃、日本共産党に民青を経て入党したばかりのホヤホヤで、戦争を起こさない社会と、貧困から働く人々が解放される社会を建設するためには、「社会主義で計画生産の国家」が良いと信じ、社会の変革のために活動することに生き甲斐と希望を見出し、雨漏りのするアパート暮らしも、食うや食わずの生活も、いま振り返れば全く苦にならない明るい娘だった。

埼玉・東松山の丸木位里・とし・ご夫妻を
横井亀夫と車で訪ねる—右端・船見文子さん

やがて、労働組合を結成し、賃上げ闘争もし、労組の上部組織にも加盟し、組合旗を先頭に原水爆実験禁止を訴える街頭行進や米軍基地反対デモ、雨の日のメーデーにも参加し、日米安保反対のデモにも組合員大勢が何回も国会周辺に行った。三井三池闘争には、組合として組織的なカンパもした。

その頃、横井さんはデモに行くたびにベレー帽をかぶっていつもニコニコ顔で、一緒に行進したり、壇上で演説している人の話を聞いたりしている作業服のおじさんだった。

大勢の若い娘たちも、作業服姿で頭には赤い鉢巻きをして横井のおじさん、おじさんと呼んで親しんでいた。

この当時、横井さんは日本共産党の綱領（闘いの戦略）や平和運動への係わり方、労働運動への係わり方、党と諸団体との正しい付き合い方について大きな意見の相違をもっていた。しかし私が共産党員であることは勿論ご存知なのに、政治的な話はしないおじさんだった。労働組合主催の学習会なんかにも、何時も来て若い労働者と一緒だったけれど、共産党批判は私たちに対してはしない人だった。たぶん、私たちには、むずかしい議論は向かないと判断していたに違いない。みんなも私も、よく写真を撮って頂いた。アメ玉も頂いたし、私は食事をご馳走になったり、お酒も飲ませて頂いた。横井さんは下戸、私は若い頃から呑んべで、今も変わらない。お酒なんか呑んじゃいけないよ、なんて言わないおじさんだった。広島まで徒歩で行く平和行進にも、横井さんは参加した。ニコニコ、黙々と明るいおじさんとして。

しかし、ソ連がフルシチョフの時代になって「部分的核実験禁止協定」が結ばれ、毛沢東が狼（アメリカ）の顔に化粧を塗るようなものと、アメリカが参加したこの協定を批判し、日本共産党の中でもこの協定に対する評価が分かれた。この頃、ようやく横井さんは日本共産党に対する色々な意見を私にも語った。私はその頃、金太郎アメ的な画一的な意見しか出てこない細胞会議（まるで上意下達）のありようにいつも不満だった。やがて職場の党組織のリーダーの一人だった私が、横井さんと同じ、修正主義者、ソ連派とレッテルを貼られ、党内では敵視される存在になっていた。私は共産党から敵視されても、労働者の敵ではないと確信していたから、あっけらかんとしていた。しかし組織的なつながりというのは脆いものだ、とこの時ほど実感したことはない。私が愛した職場の「細胞」の諸君は、急に、よそよそしく、口をきかないようになり、私を避けた。この頃の口惜しい思いは、人間として余りにも急激な冷たさ、断絶感、肩寄せ合って腕を組んで生きてきたつもりの仲間が、腕を振りほどき、別人の顔になって去っていった。そのことが、たまらなく悲しく、口惜しかった。何々派と呼ばれ敵視されるのは何ともないが、この同志の態度には泣かされた。横井さんも職場で同じ立場だっただろうと思うけれど、職場の細胞の人たちのことをとやかく言うのを聞いた覚えはない。

横井のおじさんが、戦前からの共産党員だったことを、亡くなられてから私は知った。やっぱり、ただのおじさんではなかったと思い当たる節がある。

リストラと言う首切りの嵐が、吹き荒れる今日この頃だけれど、闘う労働運動の盛り上がりもなく、職安は働き盛りの人々で一杯だ。

ブッシュの言葉ではないが、「どっちの側に味方するのか?」と問われれば、「リストラされる人々の側に味方する」と即座に明言できる哲学を、横井さんは生涯の道標として持ち続けておられたと思う。

労働者で生きる

中山百合子

私は一九四二(昭和十七)年九月十一日沖縄県首里市に生まれました。両親が沖縄出身でした。一九五八(昭和三十三)年三月、川崎市立塚越中学校を卒業後、翌日から大和電気に就職しました。貧しかったため高校入学をあきらめました。

「残業婦人」とあだ名がつくほど、夜八時近くまで働きました。当時、一ヵ月の給料五千円、皆勤賞五百円を毎月もらいました。五千円はそっくり母に渡しました。

十八歳の時、牢屋に入れられるのを覚悟して共産党に入党しました。

その後、川崎駅でビラまき、各種統一行動、集会などで、いつも横井先生にご一緒させて頂き、ご指導をたまわりました。十八歳の私には分からないことだらけでした。大和電気では組合運動、政治運動を全力で闘いました。そして会社は倒産。

星川電気に就職、また倒産、そして皆、仲間達がチリヂリバラバラになりました。

二十三歳の時、自動車運転免許証を取りました。造園会社に勤め、トラックの運転手をしてお金を貯めました。

二十八歳の時、毎年考えていてはなかなか実行出来なかった、夜間高校に入学しました。生涯独身を覚悟して、四年後、無事卒業して自分が一番苦手な栄養短期大学に入学しました。商業高校だったので、授業は毎日ちんぷんかんぷんでした。二年後、無事に卒業し、「栄養士」の免許を受け取りました。その後、夫と知り合い、結婚し、長男（現在二十二歳の社会人）、長女（女子体育大学二年）をもうけました。短大卒業と同時に地方公務員としてお腹が大きい時も働き続け、二十三年間、働き続けてあっという間に過ぎて行きました。ただただ夢中で！

私も遅まきながら生きている限り労働者でいたいと思っております。あと一年半で定年ですが、その後も何か仕事をみつけて働きたいと思っております。去年の暮れ、職場で脚立から落ちて首の頸椎四本目と五本目を損傷して四十日入院、今年四月より職場復帰を致しました。まだ両手がしびれておりますが、何とか仕事を続けております。一日中立ちっぱなしで時間に追われる保育園の給食作り、高齢と共にサービス残業に追われる毎日です。

これが私の五十八年の人生ですが、横井さんの「お別れの会」でいろいろな方々のお話を伺いまして、私は今もなお深い感動を受けております。

惜しみなく教えてくれたかたでした

山下治子

横井亀夫さんとの出会いについて考えてみると、とても不思議な気がします。

一九六五(昭和四十)年頃、当時「代々木」に批判的な人たちが神奈川県内で会合をもった日に、横井さんはその場に出席していた私の元、夫(故人)と会い意気投合して話の続きをするべく港北区のわが家に立ち寄られたことに始まります。下平間のご自宅と距離的にも近かったので、その後も時々寄ってくださいました。

お会いして間もなくの頃、私は娘の保育所さがしを始めていましたが、夫の徹底した非協力の中で退職の決意を話した時「もったいないなあ、辞めないほうがいいですよ」と、ただ一人反対されました。女性の復職の難しさを知りつくしていらしたからでしょう。私は結局、気持が弱くなって退職しましたが、子どもが成人し、夫と別れた時、かつての横井さんの忠告がいやというほどよみがえってきました。その後、女性団体で働くことになった時、「よかったですね、今の生活のほうが貴方に合っていますよ」と心から喜んでくれた言葉が忘れられません。

子どもが幼い頃はよく『何処どこ』へ行きませんか」と誘ってくれました。

元旦の丹沢は骨まで風がしみ通るほどでしたが、いまは懐かしい思い出です。

丸木美術館へ行く時は途中、八百屋さんの前で車から降り、レタスなどを買われ、「あそこはお店が無いからこういう物が一番いいんですよ」と。私は横井さんの気遣いのこまやかさに感心しました。

一九七二（昭和四十七）年頃の秋、秩父困民党が最後に敗走した佐久への路を車で行くことになりました。幾つもの峠を越える難所に寿命の縮む思いでしたが、助手席の横井さんだけは、「大丈夫ですよ」と泰然自若。峠をよれよれになって走り続けた農民たちのことを考えていたのでしょうか。

あの時、横井さんと行っていなかったら、一生あの道を辿ることはなかったでしょうし、東馬流の「秩父暴徒戦死者」の碑の前で「暴徒」とされた無名戦士の無念さを心にたたむこともできなかったと思うのです。

川崎・下平間時代の思い出

辻　和也

横井さんとは、川崎市幸区下平間二三〇番地の公社住宅に住んでおりましたころ、お近づきになりました。その時期や、きっかけは定かではありませんが、恐らく国政選挙か、地方選挙が出会いの初めだったと思います。私が一時期、社会党に籍を置いていた関係で、元参議院議員の竹田四郎氏の参院選の際には、戸別訪問や後援会活動で方々引き回して頂き、横井さんの交友関係の広さに驚いたものです。また元神奈川県知事の長洲一二さんや元衆議院議員の岩垂寿喜男さん、県会議員の岡田一夫さん、皆さん故人となられましたが、これらの方々の選挙でもご協力頂きました。

戦前の無産者運動を経験されている横井さんは、腑甲斐ない革新陣営に対しいつも辛口のコメントをされていました。また、埼玉県東松山市の丸木位里・俊・原爆の図記念館、築地の魚河岸、川崎民家園など、方々を車を運転して連れて行って下さいました。幸病院にお勤めの頃、争議の応援に行ったり、公労協のスト権ストの際には旧国鉄の新鶴見操車場の動労（国鉄動力車労働組合）を激励に行ったり、いろいろなことがありました。

私が常々、不思議に思っていたのは、人は年齢を経る毎に、段々と保守化していくのに横井さんは益々、ラジカルに、そしてその対象が身内であっても容赦のないところが驚きでした。

この数年、電話やお便りの中で、冷戦終結後の反体制勢力の意気地の無さを嘆いておられたのに対して、私は、「横井さん、時代が変わったんですよ」と説明しましたが、納得はされませんでした。むかし、下平間の頃、銭湯の帰りにわが家へ立ち寄られ、お茶をのみながら、ひとときを過ごされた、あの骨太の横井亀夫様を偲びつつ、安らかな眠りを心から祈念しお悔やみの言葉といたします。

溝ノ口診療所の支援に感謝

多田　靖

横井さんご夫妻には、診療所発足〔一九六八（昭和三十八）年六月〕当初より、支援して頂きました。とくに、診療所発足にかかわった陶山健一氏と亀夫さんとはそれ以前からの知り合いであり、事務長をやっていた大島芳夫氏（故人）とは、彼が奥村事務所にいた時からの知り合いでありました。

奥さんのマツさんとは、私も同じ札幌生まれであり、札幌北高等学校の同窓であったこともあって、親しくして頂きました。奥さんの絵は、いまも私たちの診療所の壁にかかっています。

その後の三十年間、いろいろのことがあり、ご夫妻には変わらぬご高配をうけながら、お役にたてず、まことに申しわけなく思っています。労働者解放の思想を貫いて生きたご両人をしのび、その思いの一端をひきついでいきたいと思います。

詩吟の友

平野　弘

川崎・鹿島田の詩吟の会は、詩吟が上手くなりたいからというよりも、酒を飲みながら親しい人たちが集うという伝統が会発足時から続いております。そういう気楽さがあって、赤川さんが横井さんを推薦したと思います。いろいろとご指導、ご交友頂き大変感謝いたしております。詩吟をいっしょにさせて頂いた関係で、病床の折も仲間のことなど、いろいろと手紙を頂きました。詩吟の会も、随分多くの人が他界されました。先に他界されました小島会長、正木さん、梶さんらと、そちらで詩吟を興じておられることと思います。

風景画のよき理解者

広瀬　えつ

意志の強い、良いお方で、一生懸命闘病されておりましたのに本当に残念です。

主人・光治（故人）の風景画のよき理解者で仲良くして頂いた頃のことを、懐かしく思い出しております。主人の「里山」の絵を二点、ご遺族の方より「中川の里」に寄贈されたことをきき、心あたたかい思いで、主人も喜んでいることと思います。

いただいた〝尾瀬〟のすばらしさ

中村　睦　夫
婦美子

横井さんとの出会いは、定かではございませんが、夫が当時日本冶金の組合の仕事上の関係かと思いいます。ですからもうかれこれ四十年近いようでございます。夫とは二十数年、歳が離れておりますが、うまが合ったのでしょう、社宅住まいの私どもへ、時々お見えになり団欒をされて行かれました。そろそろ子供（昭和三十五年生まれ）の手が離れるようになりますと、郊外へお連れ下さいました。奥利根湖をめぐったり、大山の初日の出を見に行ったり、また、原爆の図で有名な埼玉・東松山の丸木美術館を訪れ、ご夫妻といろいろなお話もいたしました。その時、若い方々が楽しそうに焼かれた花瓶など、「今に有名になるかも……」という横井さんの一言で買ったりしたものです。何といいましても一番の思い出は、尾瀬です。

横井さんとお友だち、夫と私、四人で六月の尾瀬木道に立ちました。まだ春浅く、所々に雪が残っており、朝靄の中より池塘が現れ、遙か燧岳が聳え、白樺の芽吹きでした。私たちはうれしくて、横井さんの後になり先になり付いて歩きました。水の流れの水芭蕉はキラキラと輝き、大きな口を開けて、春よ春よと唄っているようでした。「一休みしましょう」と、木道にかけ、至仏を仰いでいらした横井さんの横顔が今でも思い出されます。きっと、大好きな場所だったのかも知れませんね。

その夜は尾瀬が原の長蔵小屋泊まりとなりました。小屋は満員で、しかも女の人が私一人だったため、押入れに寝かされてしまいました。丁度、甲府から来られた若いグループの方々が、横井さんのお知り合いだったそうで（本当にご交際が広かったのですね）、皆さんご持参のぶどう酒を車座になり、「乾杯！」、お酒好きの夫は大喜びで飲みあかしたようです。その夜空は明るく美しく、まるで白夜だったと申しておりました。私はとうとう起こしてもらえなかったのです。

翌朝は、残雪を踏んで、みな元気に燧へ登りました。私が先頭を切って登りますと、横井さんは「奥さ

中村睦夫・婦美子さんご夫妻（写真・左1、左3）とともに群馬県尾瀬へ
（右端が横井亀夫）

んはすごい！　やあすごい！」を連発、滑って転ぶと、喜んで写真を撮ったりして、四人揃って山頂に並んだのです。

尾瀬のすばらしさを教えて下さった横井さん、本当に感謝で一杯です（あれから四回も尾瀬へ行っております）。今でも春、夏、秋と何回でも行ってみたいと思い、尾瀬は大好きです。

まだまだ、いろいろありました。私の兄弟とも仲よくして頂き、家族の一員のようなお顔の写真もございます。

本当に人との出合いを大切になさった方なのですね。

病院に入られてからは、余りお目にかかれずにおりましたが、時々おはがきを下さいました。最後にお会いしたのは丁度、敬老の日で、お孫さんが可愛いお子さんを連れて見えられ、本当に幸せそうでした。

ご家族のお話は伺ったことがなかったのですが、こんなに素敵な方々がいらっしゃるのだわと、とても嬉しく思いました。

つるつるの頭をハンカチで拭き乍ら、何でも「おいしいですね、おいしいですね」と、食べて下さった優しい横井さんにお会い出来ず淋しいです。もう一度お会いしたかった、と残念に思います。

でも横井さんのことですから、きっと黄泉の国でも、沢山のお友だちに囲まれ、皆様ご一家の幸せを見守って下さっていることでしょう。

尾瀬・長蔵小屋への便り

平野　紀子

横井さんは年に数回、私たちの群馬県尾瀬の長蔵小屋（「いわつばめ通信」）の私宛に、お葉書を下さいました。私もすぐに返事を出し、交換日記ではない、交換はがきでした。字がひとつずつ、心血を注いだものでした。思想があふれた一枚のはがきは、生きる姿勢を見せてくれました。

尾瀬の「長蔵小屋」・「いわつばめ通信」発行人・平野紀子さんと　（1978年9月）

V　一九七〇年代

高津さんの野田・学習会でともに学ぶ

高橋　清子

横井様とは、私の晩年になってからのお付き合いでした。野田弥三郎様のお話を聞きに、高津家に伺って、初めてお目にかかりました。

その会が終了してから、横井様からお便りが参りました。それから世の中のことなど、お便りで話しあったり、伺ったりしているうちに、ご発病、入ホームとなられたのでした。老人ホームに入られてからも、志はいつも社会に、政治に、思想に向けられておられ、励まされました。常に平和を願い、虚偽と闘ってこられた横井さんを失った淋しさは、老齢の身にとってたいへん辛いことです。

貫かれた精神に敬意！

高津　暁子

奥さんのマツさんと国民救援会で田中うた〔一九〇七～一九七四（明治四十～昭和四十九）年〕らとご一緒に仕事をしてお付き合いが長かったのですが、横井亀夫さんは十歳頃から働かれ、運動に参加されたとのこと、十四歳のときに、第三回メーデーに参加され、労働者としての、いろいろなご活動にびっくりしております。その貫かれた精神に、敬意を表します！

田中好子〔一九一一～一九九七（明治四十四～平成九）年〕さんとご一緒にお宅に伺ったり、マツさんの手料理をご馳走になったこともありました。ご夫妻に婦人民主クラブの活動で、なにかとご協力を頂き有り難うございました。長い間、お世話になりました。新橋七丁目の文化工業会館、愛宕警察署前の事務所が懐かしく思い出されます。

小山黎さんたちの手厚い介護で、横井さんもうれしかったことでしょう。

昔のメーデーのお話に感謝

窪川えい子

長いお付き合いで、戦争直後の大連時代からです。また引揚げて来まして、少しとだえましたが、高津さんのところで学習会をしたり、お元気な時には奥様も一緒に、野田（弥三郎）さんと一緒にメーデーに行ったり、昔のメーデーのお話も沢山、うかがいました。亡くなられ、残念でなりません。

横井さん、さようなら。

片山さとし・ひまわり学習会のこと

東条利一

片山さとし・ひまわり学習会[編注]で初めて会った時に、片山さとしさんから「三・一五」の被弾圧者の中で一番若かった人と紹介されました。

それ以来、数々のご苦難を経られたことと推察します。同時に、それらにひるまず一生を労働者階級と人類の苦しみからの解放に力を尽くされたことに感謝しています。

片山（ひまわり）学習会は、横井さんがオルグした聖マリアンヌ大学病院の看護婦さんたちが参加した頃が最も盛んで、片山さんの自宅に一度には座り切れず、週に三日、別に開いたほどでした。偲ぶ会で伝えられた「知人にブランコを直ぐに作ってもってきた話」とか、「コーラスの大のファンだったという話」などには、さすが横井さん、と思いました。

こうした優しさと気遣いの反面、病院で会った時にはきびしい表情であったことも忘れられません。ほかに何人かの同志と一緒に見舞った際も同じでした。きっとこの国の現状と何度も同じ誤りを繰り返して、なお、それを直し得ないこの国の多くの人々の弱さを、憂慮されていたのではないかとお察しします。

このことを肝に銘じて私も力を尽くすつもりです。横井さんどうぞお安らかに。

編注：片山さとし・ひまわり学習会は、一九五八（昭和三十三）年ごろから三十年間、東京・大田区の片山さとしさん宅で開かれ、『経済学教科書』、『哲学教程』などからマルクス、エンゲルス、レーニンなどの著作の大半を学習した。

片山さとし氏・略歴〔一九〇六（明治三十九）年～一九九二（平成四）年〕

一九〇六（明治三十九）年島根県生まれ。一九二六（大正十五）年松江高校を経て東京帝国大学経済学部に入学。新人会に入り、共産青年同盟再建に協力。一九二八（昭和三）年三・一五事件で検挙され、同大学を中途退学。のちに読売新聞社に入社、政治部に勤務したが、退社。一九三九（昭和十四）年鈴木東民氏の好意で、読売新聞に再入社。一九四五（昭和二十）年九月読売新聞・争議に参画する。一九四六（昭和二十一）年読売新聞を解雇され、「アカハタ」記者に転身。政治部長となって雑誌「新しい世界」編集長も勤める。共産党東京都委員として活躍するが、党の理論戦略にからむ論争のなかで、除名・復党を繰り返す。その後、勤労者学園理事も勤め、理論活動に専心する一方、若い労働者や学生の教育に尽力。一九九二（平成四）年夏、逝去、享年八十六歳。
主な著書に、『日本共産党はどこへ行く』（一九七一年）『日本共産党に与える書』（一九七四年）『日本共産党の転向』（一九七六年）のほか、著訳書多数。

〔片山さとし遺稿集刊行委員会編集・発行『片山さとし遺稿集』一九九五年九月刊より作成〕

交通事故災難を救われる

野口晋輔

横井さんの人となりについて書くことは、私の場合、難しいです。片山さとし・ひまわり学習会で何回か会っていますが、突っ込んだ議論をしたことはなく、職場が一緒だったとか、平和運動やその他の社会運動で一緒だったということもありません。

多摩川ジョギングクラブ（1970年代）、
後列中央の370が横井亀夫、前列右の端・柳川純夫氏

私が横井さんと知り合ったのは、二十七年前（一九七五年）です。多摩川の丸子橋の手前で朝、交通事故にあい、収容された救急病院の設備が劣悪で治療方法にも大きな問題のあるところでした。それで当夜、片山さとし先生に連絡して、病院を変えたいと頼んだところ、片山さとし先生は横井さんに連絡してくれました。横井さんが川崎の幸病院を紹介してくれて、それで救われて現在まで生き続けることが出来ている次第です。その点では本当に横井さんに感謝しています。

横井さんは川崎の地域に、かなり広い人間関係を作っていたようです。横井さんは顔が広いと言う人がいますが、それは本当だと思います。

交通事故から数年たって、私の怪我も治り、私とワイフはお礼に横井さんをドライブに誘ったことがありました。私達は茨城に住んでいますので、横井さんを袋田の滝に案内しましたが、大変あの滝が気に入ったようで、帰りぎわに何回も何回も振り返りながら歩いてゆく横井さんの姿は印象的でした。あの時は阿武隈山脈を横断して、いわきの海岸に出て、温泉に入って帰った記憶があります。

そのほか横井さんについての印象的なことは、あの頃、私は武蔵小杉の多摩川の近くにある等々力緑地の近くに住んでいましたが、よく横井さんが川崎・鹿島田の自宅から多摩川べりをジョギングして私の家へ立ち寄りました。私とワイフは横井さんがあの年で随分パワーのある人だとびっくりしていました。あとで、平和行進で広島まで歩いたと聞いて、横井さんだったら出来るだろうと思いました。一つのことを最後までやりとげる熱意には驚かされました。

大きな信念で励ましていただきました

小林　麗子

思えば、一九七〇年代、頸腕障害で通院中の川崎幸病院以来のおつき合いでした。一九八二（昭和五十七）年、私の勤務先、東芝アンペックの会社解散・従業員の全員解雇の憂き目に遭遇、それから八年の長期にわたる東芝との解散・解雇反対闘争の間じゅう、本当に大きな精神的なご支援をいただきました。また会社解散直後に、相次いだ両親の死にも、それは深いお心遣いをいただきました。

晩年、病を得て、横浜の「中川の里」に、静かにお暮らしのとき、ベッドに腰をかけて、たくさんの昔話に花を咲かせましたね。

奥様のお話を初めてされたのも、この時でした。

いま、横井さんを偲ぶとき、私の落ち込んだとき、元気の出ないとき、いつもどこかで励まされ、元気をいただいた思い出ばかりです。

今度、お会いしたときには、世の中のこと、人生のこと、山のこと、もっと、もっと、いろいろ教えていただきたいと思っています。

大きな信念をお持ちのご立派な方でした。

川崎・幸病院時代のこと

矢口　巌

横井さんが川崎幸病院に籍を置いたのは、今から二十六年ほど前の一九七五（昭和五十）年の頃だったと思います。当初、印刷関係や営繕関係の仕事を主にしていましたが、年齢はかなり離れていたものの、その人柄や、冗談を言いながら皆をよく笑わせていましたので、すぐに職場の人気者になっていきました。

一九七七（昭和五十二）年の春闘もほぼ収束に近づいた頃「共産主義者同盟川崎幸病院細胞」を名乗る院長に近い者たちが、組合員の「山本さん」を誹謗中傷するビラを撒き、それにより組合内の対立が決定的となりました。そして六月八日の暴力的な「山本さん解雇」、そして私や横井さんにまでも恫喝、解雇の策動がなされました。その後の解雇撤回闘争開始の中で、共産主義者同盟川崎幸病院細胞を中心とする組合分裂、第二組合結成とめまぐるしい戦いの中で横井さんが私たちの精神的支柱となり、若い女性の多い、病院内では少数派の組合でしたが、明るく楽しい雰囲気を作り出してくれておりました。しかし病院経営者たちの労働者への不当な行いに対しては私が想像できないほど激しい怒りを持っておられました。争議が始まった頃から、幸病院でなく、「災い病院」だ、といっておられました。

とくに傲慢で悪辣な院長に対しては、その激しさは、相当なものがありました。それは当時から血圧が高かったので、私たちも本当に心配しました。

話は少しそれますが、横井さんはとても山が好きな方でした。叶えさせて上げられなかったことを大変悔やまれますが、妻の実家が山形なので、ぜひ飯豊や朝日に行ってみたいと言っておられました。解雇反対の闘いが始まってからも、一度、皆を「ガンが腹すり山」という山へ連れて行ってくれたことがありました。「この山から富士山を撮った写真が五百円札の裏に印刷されている」と、その時おっしゃっておりました。その山に登るにも、私たちと五十歳近く離れているにもかかわらず、先頭にたって導いてくれたものでした。そういえば横井さんは毎日数キロの距離をジョギングしておりました。その姿がどこの新聞だかは忘れてしまいましたが（町内新聞のようなものだったかもしれません）、写真入りで載っていたことがありました。そのようにして七十になっても体を鍛えていたのです。その鍛えられた体にあのような強固な意志が育まれたのでしょう。

そして去年の偲ぶ会の時に、東京―広島間の平和行進を完歩した数少ない人として紹介された時、生涯にわたり強い信念を持ち続けてきた人なのだな、と今更ながらに驚かされました。

しかし横井さんは、人が悲しい目に会ったり、ひどいことをされていると、とてつもない怒りを持ってそれに挑んでいったのですが、自分のこととなると甘受してしまうことがある人だったのです。それは、給料が明細書と一万円違っていたことがありました。当時の一万円といえばかなりの大金です。その話は直接聞いたわけではなく仲間から聞いたことなのですが、いくら経営者と対立していたにせよ、間違いは間違いで話せばよかったのにと思いましたが、結局、そうはしませんでした。陰険な彼らに何を言われるかと考えるとそっとしていたほうが良いと考えたのかもしれません。

横井さんには組合運動だけでなく、人生の師としても様々ご指導いただきましたが、その教えられたことを、どの程度実践できたのか、と今考えてみても、本当に情けなくなるばかりです。

今は天国で奥様やこの世で親交のあった人たちと楽しく語らっているのでしょう。

川崎・幸病院でお世話になりました

但馬　文紀

私は、川崎の川崎幸病院に、昭和四十九（一九七四）年から昭和五十二（一九七七）年まで勤務していました。在職中、横井さんにはいろいろとお世話になりました。旅行に出かけたり、釣りをした楽しかったことが思い出されます。

川崎・幸病院労組のわかものたちと　（写真提供：但馬文紀氏）
前列左より１番目・但馬文紀氏、左端：横井亀夫

「米黒人支援」でお会いする

中島和《より》子

一九七〇年ごろ、私がアメリカ黒人の指導者R・F・ウイリアムズの生命と人権を守る国際署名運動の世話人をしておりました折に、丸木美術館でお目にかかって以来、ずっと私の研究と活動にご支援を続けて下さいました貴重な先輩でいらっしゃいました。昔の労働組合の指導者としての記事も読ませて頂きましたし、核兵器反対、平和運動、人権運動と初志を貫いた立派な指導者でいらっしゃいました。

私が桜美林大学教授を定年退職した後、近年、研究テーマとしました日本古代の祭場（磐座・いわくら）を守る運動〔現在・NPO古代遺跡研究所長〕に力を入れました時にも、変わらぬご支援をたまわり、心から嬉しくお手紙を読んでは励まして頂いておりました。心暖かく、かつ原則にきびしい方でいらっしゃいました。一度ぐらいお見舞いに上がらねばなりませんでしたのに、それもかなわぬうちに亡くなられ、何のご恩返しも出来ず、申し訳なく思っています。私のアルバムには、私の著書『黒人の政治参加』の出版記念会に、今は亡き母と共に笑顔で写っていらっしゃるお写真がございます。出版を心から喜んで下さり、老人ホームからも、たびたびその時の思い出や著書についての励ましのお言葉を頂きました。長い間に頂いた変わらぬお励ましのお心を考えますと、とても有難くなつかしく、それだけに淋しい気持で一杯でございます。

Ⅵ　一九八〇年代

あたたかな笑顔、厳しいまなざし――「山代巴を読む会」で

牧原憲夫
暁子

横井さんとは一九八一（昭和五十六）年、「山代巴を読む会」の集まりで初めてお会いしました。この会は、『荷車の歌』などで知られる山代さんの自伝的大河小説『囚われの女たち』（径書房刊）の刊行にあわせて発足したものですが、山代さんとのご関係は、『会報』八号に書いてくださった横井さんの文章（本書・第一部214～215頁）をみていただく方がよいでしょう。

横井さんは、ときどき読書会に顔を出されただけでなく、会報の印刷まで引き受けてくださいました。読書会では、自分の思いを話すことに不慣れな会員を励ますかのように、いつもあたたかな笑顔で聞いてくださり、ときに、日本や世界の現状について厳しい指摘をされました。また印刷についても、面倒な注文を快く聞きいれてくださいました。打ち合わせのあと、京浜工業地帯に定着しようとした巴さんの夫吉宗さんのプレーナー工としての腕はどうでしたかとお聞きすると、にこやかに、「下手だったよ」と「暴露」して下さったこともありました。

横井さんはまた、暁子の母牧瀬菊枝のことをいつも心にかけてくださいました。母は、山代さんのすすめで、戦前の労働運動に参加した女性たちや、丹野セツさん、田中ウタさんの聞き書きをしていました。

横井さんは「巴さんのいうことはあたっている」「菊枝さんは大事な仕事をしてくれている」、なんどもそう言われました。そして、母が脳梗塞で倒れたあとは、「菊枝さんを大切にしてください」という心のこもったお葉書を度々いただきました。

にもかかわらず、横井さんのお見舞いにうかがうこともせず、また、「もう一度、読む会の人たちに会いたい」という願いも実現できず、本当に申し訳なく思っております。横井さんの、「ひと」に向けられたおだやかな笑顔と、「こと」に向けられた厳しいまなざしを、あらためて思いかえしております。

編注：「山代巴を読む会」は、一九八一（昭和五十六）年五月、『山代巴文庫』（径書房発行）の発刊を機に創立された。同会の創立は、「会報」創刊号によると、「膨大な作品群を、何としても書かねばならぬと山代さんに決意させた、今日の日本や世界のありさまを考えると、私たちもまた、自分の生き方や考え方を改めて問い直し、同じような願いや悩みをもつ人々と心を通わせあい、励ましあいながら生きていくことを求めているように思われます。この会は、そんな気持ちから生まれました」（世話人代表・牧原憲夫氏）と書かれている。当初、『囚われの女たち』の各巻の発刊にあわせて活動する予定であったが、刊行が大幅に遅れたため、独自のペースで読書会や会報の発行がなされた。活動は、全国の会員百数十名の方が、第十巻が発行された後の一九八七（昭和六十二）年五月までの六年間、読書会と「会報」の発行の形で続けられた。本文集でも多くの方々が、『囚われの女たち』のことをふれている。本自体の発行も千単位から万単位に読者を広げ、当時、「なぜこんな奇跡が？」といわれた。

山代巴・読書会——私が私であることを愛する如く……

関屋照洋

一九八一（昭和五十六）年ごろ、山代巴さんの小説『囚われの女たち』全十巻を読む読書会で、はじめてお目にかかりました。牧瀬恒二・菊枝さんご夫妻のお嬢さん暁子さんのご伴侶、牧原憲夫さんのご紹介でした。横井さんは、すでに七十歳を超えられ、晩年でしたが、その後、私の家が「中川の里」、「横浜総合病院」に近かったので、時々お見舞いに伺ったり、コーラスの発表会に付き添って行きました。

お付き合いをして感じたことの一つは、横井さんは共産主義者でしたが、他の人がどんな思想の持ち主でも、反人間的・反人道的でないかぎり、その人の立場を認める、思想の自由は認める、という考え方の持ち主であるということです。ご一緒に読んだ山代さんの小説のキーワードは、「私が私であることを愛する如く、貴方が貴方であることを愛する」——フランスの人民戦線（一九三〇年代）で使われた合言葉ということでしたが、その言葉を横井さんは実践され、あらゆる思想の方と交流し、相手を尊重されて一生を過ごされた、と思います。

もう一つは、老いを全うされた方ということです。人生を、若いときは若者らしく、老人になったら老人として、最後まで全うされたことは、素晴らしいことと思います。「中川の里」に入られて、自分の分相応をわきまえられて、精一杯過されたと思います。音楽について、若いときには、労働歌か革命歌しか歌われなかったと思いますが、晩年は童謡・日本の歌曲、そして西洋のクラシック音楽を愛されておりました。私がテープをお持ちして、お聴かせしたのですが、最初は童謡・日本の歌でしたが、次はベートーベン、その次はモーツァルトを聴きたいと言い出されました。それでは、次回はバッハの宗教音楽をお聴かせしましょう、ということになっていましたが、これは残念ながら果たせませんでした。音楽だけでなく、思想・社会・世界の動向に対しても、最期まで関心を持ちつづけておられました。宇都宮徳馬さんが主宰されていた平和問題専門の月刊雑誌『軍縮』を定期購読されていて、いつも線を引いて読んでおられました。

さらにもう一つ付け加えますと、中川の里で出会った介護する方の労働条件をみて、介護する方の労働条件の改善について文章を書かれ、雑誌に投稿されておられていたことです。九十歳になられても、自分の周りで働く人たちに配慮しておられ、人様のことを考えられ、尊重されておられる生き方は、素晴らしいことで、最期までよい人生を送られた、と思います。私は、横井さんの晩年にお知り合えたことを、とても感謝しております。「ありがとうございました」と、申し上げたく存じます。

〔「お別れの会」でのスピーチ〕

ディパーク大府の木立（伊藤よう子作）

画業を励まされた先輩

伊藤　よう子（篠塚瑶子）

山代巴さんの小説『囚われの女たち』を通じて、若い日の横井亀夫さんの颯爽としたお姿を想像し、二十五年ほど前の一九八〇（昭和五十五）年、「運動史研究会」の宮内勇氏の事務所で、初めてお目にかかりました。山代さんの女子美術の後輩ということで、勉強中の私を横井さんは励まして下さり、個展をわざわざ見に来て下さったり、作品の写真からも絵の批評をつづけて下さる有難くて長いお付き合いでした。

地方公務員であった夫は二十五年前に世を去り、そのあと難病、奇病に次々と苦しめられながらも、大奮起して画業をつづけるために、住居を生まれ育ってきた東京から愛知県に移しました。ここで最後で最高の代表作「野の花は友だち」「沖縄の心」二点を描き上げ、二〇〇一（平

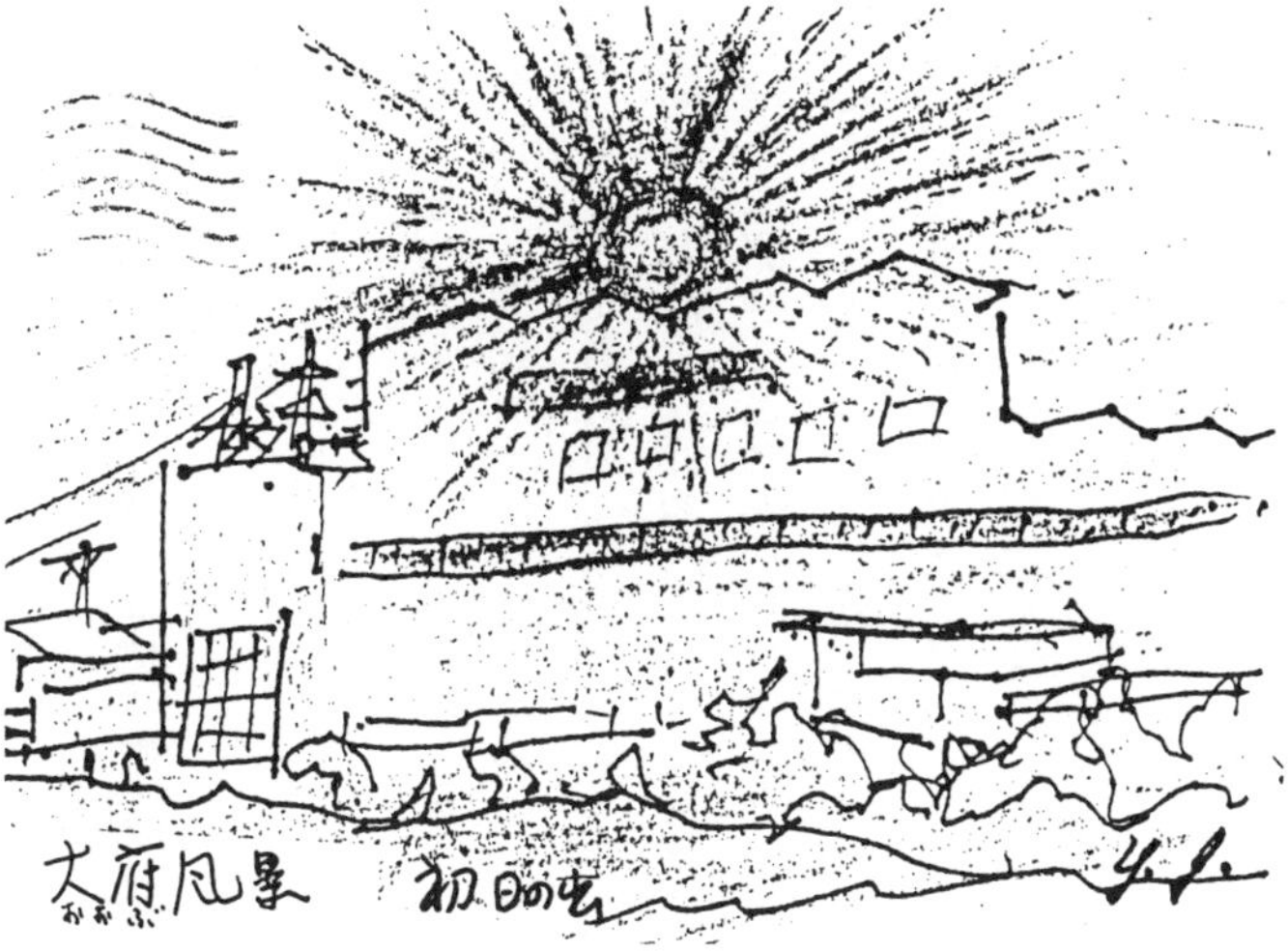

大府風景　初日の出（伊藤よう子作）

成十三）年の七月に個展を開きました。

横井さんも、「中川の里」の句集などを拝見しますと、ほんとうに人間の尊厳のために、人生を捧げられた方と知り、嬉しく思っております。私も八十歳をこえましたが、やはり最後まで努力しつづけるのが、生きる道だと、悟りました。

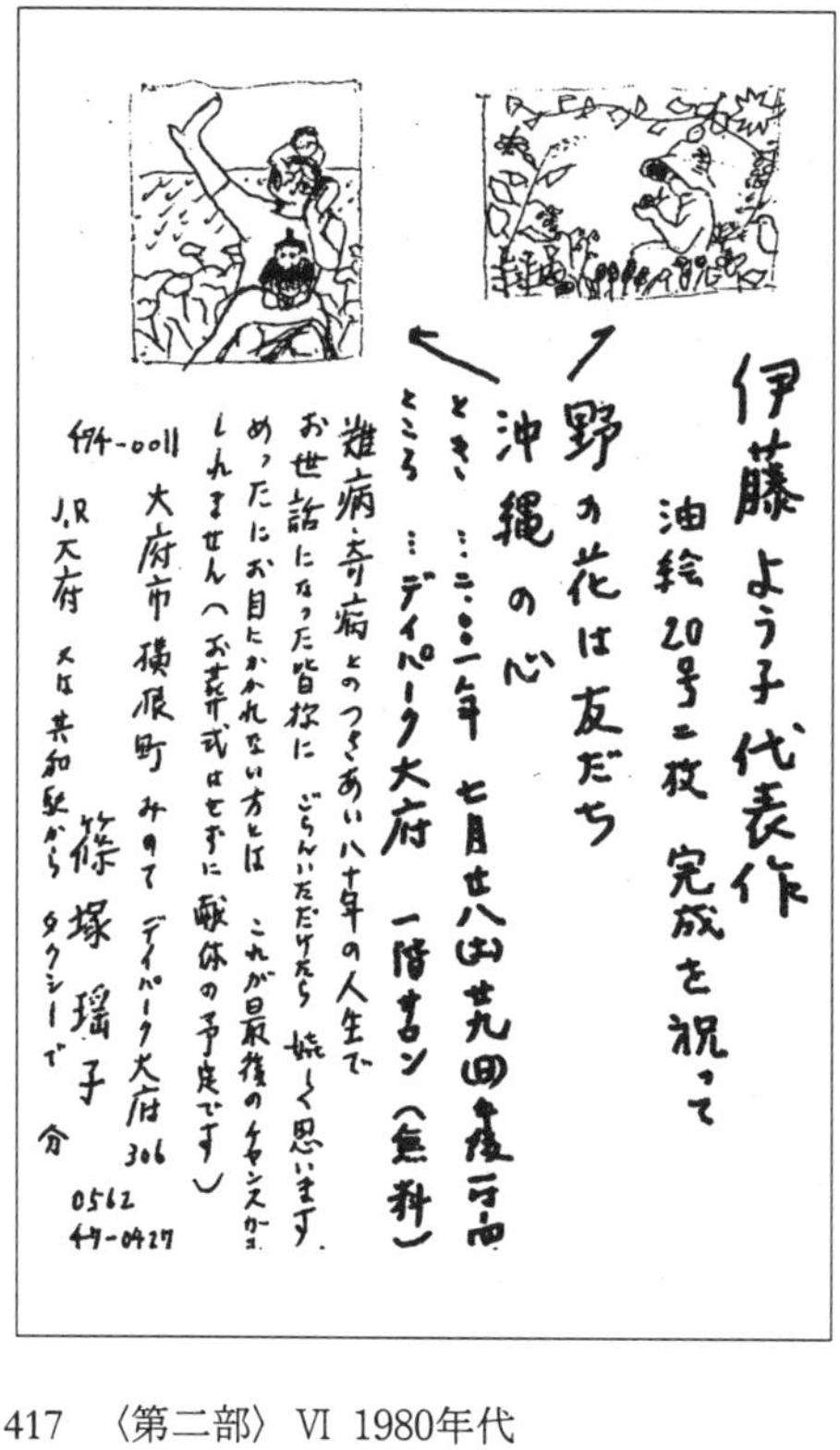

伊藤よう子代表作
油絵20号二枚　完成を祝って
野の花は友だち
沖縄の心
とき：二〇〇一年　七月廿八(土)廿九(日)
ところ：デイパーク大府　一階ホール（無料）
難病・奇病とのつきあい八十年の人生で
お世話になった皆様に　ごらんいただけたら　嬉しく思います。
めったにお目にかかれない方とは　これが最後のチャンスかも
しれません（お葬式はせずに献体の予定です）

474-0011
大府市横根町みのて　デイパーク大府306
篠塚瑶子
0562
47-0427
J.R大府　又は共和駅から　タクシーで　分

母・九津見房子の一周忌のとき

大竹　一燈子

横井亀夫さんは、二十年前の一九八一（昭和五十六）年七月に、「運動史研究会会報」に、「昨年の七月十五日、九津見房子さんは誕生日の十月十八日で九十歳を迎えることができずにこの世を去りました。その一周忌が七月九日、房子さんが生前住み馴れていて親しくした牛込神楽坂のお寿司屋さんの二階で、親友同志たちにより行われました。参集した仲間の一人、一人は房子さんと、大正期の権力のはげしい弾圧と迫害に闘ってきた人たちで、一人、一人が解放運動途上の頁を豊かにしています。

山内みなさんは八十三歳、丹野せつさんは七十九歳、近藤真柄さんは七十八歳、鍋山歌子さんと福永操さんは七十五歳を迎えてしまい、年少の大竹一燈子さんも既に七十歳を迎えようとしています。

一九二〇年代、労働組合運動の高揚と社会運動の進展を迎えた当時、彼女たちの存在は暁天にまたたく星のようであり、青年運動家の心に美しく描かれていました」と、書いてくださいました。

そして同じ年に、墓標の文字を山代巴さんに書いていただいたものが出来上がった時に、母・九津見房子の墓参をしてくださいました。岡山県勝山町の旭川に臨む釣り宿のような素朴な宿に泊まって頂きました。横井さんとは石堂さんのご講演の時など、よくご一緒になりました。山代さんと国立の私の家にお出で下さったりもしました。

九津見房子さん一周忌の墓標建立（旧・勝山藩・墓地）
中央・大竹一燈子さん、左へ牧瀬菊枝さん、山代巴さん、横井亀夫

一番印象の強いことは、病もあって童女のようになられた、まつさんとお出で下さった時のことです。まつさんのことは、一九三二（昭和七）年頃、救援会の事務所でお見受けしていました。亀夫さんを知るより、早かったのです。昭和八年六月、刑期を終えた母・房子が札幌から東京へ帰るとき、同じ列車にまつさんも乗り合わせていたそうですが、母には係官が付き添い、母も警戒していたので、まつさんは話しかけられなかったとのことでした。

そのまつさんに対して、亀夫さんは、やさしく、やさしく、身の回りをみておられました。ご一緒にお花の下で、お昼を食べたり、お茶やお菓子を上がりました。

帰りは、南武線の谷保駅までお送りしましたが、高い階段を手をひき合って上がられたお姿は忘れられません。長い間のいろいろなお詫びの心を込めてお世話をしていらっしゃったのでしょうか。

老人ホームでも、いつも回りの人に気をつかい、楽しませていられたのではないでしょうか。

『女たちの証言――労働運動のなかの先駆的女性たち』の産婆役
――石堂清倫先生と横井亀夫さん

鈴木裕子

今年は、わたくしにとって思い出の深いお二人が亡くなった。三月に逝かれた横井さん、その半年後、横井さんのあとを追うようにして他界された石堂清倫さん。お二人の縁の深さを感じさせられる気がする。六、七年前、羽田澄子・工藤充ご夫妻の尽力によって完成された映画『女たちの証言』にいくらかピンぼけした写真が収められている。そこには山内みなさん、丹野セツさん、福永操さん、鍋山歌子さん、大竹一燈子さんらの女性たちにまじって、遠慮がちに横井さんと石堂先生が並んでいる。この写真は、運動史研究会が企画し、一九八二年六月、鍋山さん宅でおこなわれた前記女性たちによる座談会(『労働運動の先駆的女性たち』)の際、写されたもので、このほかに牧瀬菊枝さん、澤地久枝さん、わたくしが加わっている。

当時、石堂先生は、運動史研究会の主宰者、横井さんは同じく有力メンバーで、お二人とも大連時代か

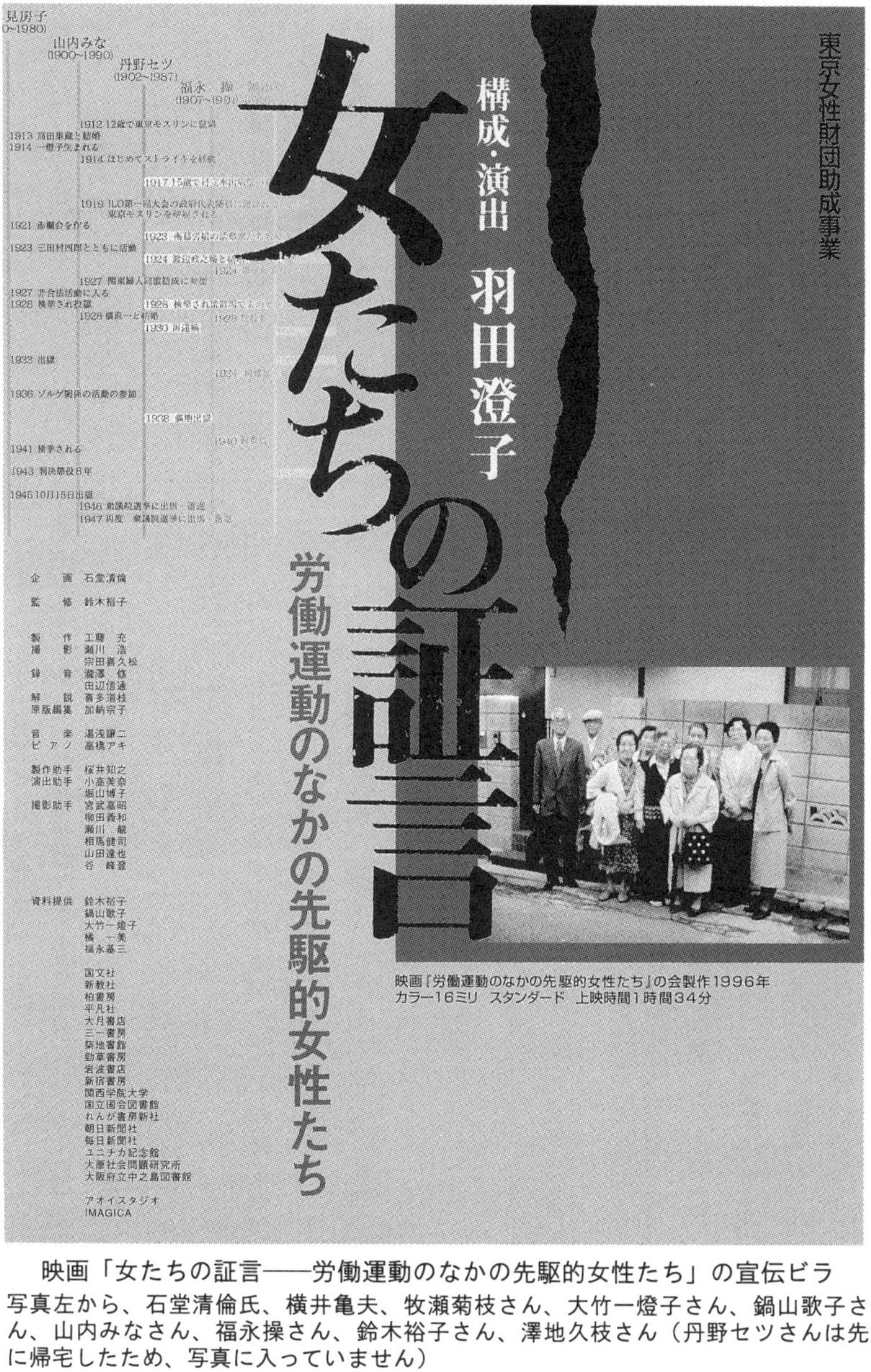

映画「女たちの証言——労働運動のなかの先駆的女性たち」の宣伝ビラ
写真左から、石堂清倫氏、横井亀夫、牧瀬菊枝さん、大竹一燈子さん、鍋山歌子さん、山内みなさん、福永操さん、鈴木裕子さん、澤地久枝さん（丹野セツさんは先に帰宅したため、写真に入っていません）

ら羽田監督とは旧知の間柄であり、前記の女性たちとも戦前の労働運動時代から多かれ少なかれお知り合いであった。当日の「主役」は、かつて左翼労働運動や社会主義運動に燃えた前記の女性たちであったが、この会の「産婆」役は石堂先生に加えて横井さんの二人であったのではないかと今にして思う。運動史のなかで、とかく陰の存在としてしか扱われていない女性たちに光を当て、正当な評価が下されるように念じた二人の旧友、男性同志の計らいだったのではないかと推測するのである。

はじめて横井さんにお会いしたのは、横井さんがもう七十歳に手が届く頃だったと記憶するが、かつての僚友たちから「横井少年」と言われただけに若々しかった。お顔にも声にも張りがあった。横井さんは誰に対しても、ものやわらかで親切だったが、とくに女性たちには親切だった気がする。大竹一燈子さんから聞いたお話が頭の片隅に残っている。大竹さんのお母さん、つまり九津見房子さんが一九八〇年に亡くなられ、その一年後、山代巴さんの筆で刻まれた碑が完成、岡山県勝山の元家老九津見家代々の墓地に建立される時のこと、山代巴さん、牧瀬菊枝さんら女性陣に加わって、横井さんも同行された。自分の荷さえ大変であろうに、横井さんは女性たちの荷物を担いでエッチラ、オッチラと坂道を登っていったというのである。いかにも横井さんらしいエピソードである。

横井さんは孫みたいな（たしか四十数歳の年齢差がある）わたくしにも懇切で丁寧で親切であった。わたくしが一時期、大田区田園調布本町で借家住まいをしていた頃である。ある日なにかの会合でお会いした折り、横井さんはプラスチックの小箱を差し出された。何かと思って開けたら、新住所の入ったわたくしの名の名刺がぎっしり詰まっていた。はて、横井さんは腕のいい旋盤工であったとは聞いていたが、いつの間に印刷術を習得されたのであろうか。ともあれ横井さんはこういうように細かいところにもよく気のつく懇切な人であった。ちなみに横井さんが作ってくださった名刺は女性用の小さい判で、普段あまり名刺を使わないわたくしだが、ご厚意に感謝して方々に配ったことも今となっては懐かしい。

横井さんが最晩年をおくられた「中川の里」に、幾度もお約束しながら、わたくしはついぞお伺いできなかった。ある時などは病気でご不自由な手で書かれた地図まで添えて、わたくしが伺うのを楽しみにしているといったお手紙も戴いた。

当時、わたくしはようやく、社会問題として争点化していた「慰安婦」問題に関わっていて、何かと忙しく、かつ目前の仕事に追われていた。ようやく仕事が一段落したと思い、お伺いしようかと思っていた矢先、原因がわからない足痛に襲われ、ぐずぐずしているうち、今年の三月五日、横井さんの訃報に接したのである。

最後にお会いできなかったことは心残りでもあり、残念でもあるが、幸い晩年の横井さんが多くの人びとの好意と善意と厚意に包まれて、花を愛し、自然を愛し、うたを愛し、そして何よりも人を愛して、穏やかな日々を楽しまれたのを聞いて幾らか慰められている。

横井さん、どうもありがとう。

主人なきあと十三年の文通の友

河合　八重子

主人の河合知二郎とは、社会党時代（兵庫県高砂市会議員）からのお付き合いだったと存じます。小学生だった息子がもう五十すぎになっております。その息子は、むかしご一緒に平和行進を歩きましたが、そのこともお便りの中でよく気づかって下さいました。主人も折にふれて私に話してくれておりました。私はお会いしたことは、若い時に一度だけありましたが、主人亡きあと、十三年間も文通のみで交際させていただきました。一年に二、三度のお便りをいただき、誠実な方だと感心しておりました。

永い間、本当にありがとうございました。

静岡にお招きしたときの私の気持ち

大庭　伸介

ご生前、ご高齢にもかかわらず、運動の現状を糾弾するお手紙をたびたびいただき、その都度、私どもの世代がもっと頑張らなければ、と気持を引き締めたのも、今となっては想い出の一駒となってしまいました。

横井さんには、一九八四（昭和五十九）年十月、静岡に来ていただいて、昔の貴重な話を仲間とともにお聞きしたことがあります。その時、私たちは、

「いま、関わっている運動——労働運動であれ、市民運動であれ——を内側から見つめ直したとき、そこにどのような問題が横たわっているだろうか。

自分たちの立っている地点が、先輩たちのいかなる闘いの蓄積の上に形づくられたものであるか、具体的にしっかりとつかんでいるだろうか（権力や資本は、彼らの立場から階級闘争の歴史をきちんとふまえた上で攻撃してきている！）。

運動をはじめた時点で持っていた純粋な情熱とエネルギーを持続させ発展させるため組織として意識的な努力をしているだろうか（たとえば、権力や資本は後継者の育成に最も腐心している！）。

日常の生活のなかで、何となく「抵抗らしきこと」をやっているというような惰性に流されることなく、

必ず勝利するんだという気迫にみちた活動と緊張した生活をしているだろうか（たとえば、「別に悪いことをやっているわけじゃないから……」などという安易な気持ちから、権力に気脈を通じている人間――その正体を見抜けない?!――の前で無警戒な言動をしたりしてはいないだろうか！）。

今回のメインゲストの横井亀夫さんは、小学生の頃から七十五歳の今日まで一旋盤工として現場で労働運動を闘い抜き、かつ今日の現実に鋭い危機感と問題意識を抱いている希有の存在である（なお、山代巴の大河小説『囚われの女たち』に実名で登場している）。

私たちがそれぞれ関わっている運動、さらに自分自身が、ともすれば日常のなかで見失い、なおざりにしてしまいがちな「原初性」「純粋性」「継承性」「徹底性」を一身に体現した横井さんから貴重な体験を聞きだそう。それは必ずや、私たち自身の生き方と運動の発展にとって大きな示唆を与えてくれるにちがいない。

自民党政府が破防法をチラつかせはじめ、すべての野党が沈黙または迎合している情勢のなかで、「いまこそ非合法時代を生き抜いてきた大先輩の言に耳を傾けるべきときである」という思いでお話を聞きました。

また、かつて一度きりですが、横井さんのお宅に泊めていただき、夜遅くまで話にふけったことがあります。その折、現実に生起している問題に真っ正面から対しておられる姿に接し、教えられるところが少なくありませんでした。お人柄で、自らを語るところが少なかった横井さんですが、もっと積極的にかつてのご活動について聞き取りをさせていただけばよかったと、今ごろになって悔やまれます。

ともあれ、後輩のひとりとして、横井さんの志を継いで、左翼労働運動の発掘と批判的継承、発展に微力ながら尽くしていきたいと考えております。

編注：112頁の「非合法下の労働運動――現在を問う！ 労働者・市民連続座談会で語る」をご参照下さい。

大阪唯研への支援と励ましに感謝する

森 良文

横井亀夫さんの略歴を拝見して、九十一歳のご長逝、しかも十四歳で第三回メーデーに参加とは、私どもの集まりで一同こぞって、驚きもし感心もして、仲間うちでしばらくの間、なつかしい思い出に浸りました。私は大学を卒業した後、一九六〇（昭和三十五）年からはしばらく予備校の宿直で、夜間の教務主任を兼ねて暮らしを立てていましたので、大阪から外には出られず、横井さんお目にかかったことはありませんが、友人の中には日本共産党反対派の総結集のころに会合でご一緒したのもいて、何かと思い出しては、そのころの集まりとそこでの人々の動きについて話してくれたものであります。

私どもは、一九五八（昭和三十三）年からの中ソ論争の中で、一九六二（昭和三十七）年には国際分派として日本共産党から数度にわたってＬＣ（細胞責任者）が次々と、またさかのぼってその後も除名され、ついには阪大の学生細胞そのものも、強行的に解散させられました。私どもはそれを不服として、独自の闘争を続けながら、同時に、それ以後、マルクス主義、マルクス＝レーニン主義をわがものとし、わが国におけるその確立と貫徹のために今日まで精一杯努力して参りました。私どもは活動の内容においては以前と変わるものではありませんが、外部に対しては、それ以後は大阪唯物論研究会の名の下に活動して来ました。大阪唯研は大阪市立大学の森信成先生が中心になって一九五七（昭和三十二）年に組織したものであり、大阪における理論的政治的活動の一つの中心として、また大阪における日本共産党反対派の拠点としてマルクス主義の確立とその発展のために一貫して活動して来たのであります。当時、学生だった私どもも、学生唯研として大阪唯研の結成に参加し、理論的政治的活動を続けて来ました。森先生には、それ以前から系統的に理論的指導を受け、また森先生につながる多くの先生方からも直接に、親身になって、また時機に合わせて、その都度具体的に教えを受けて来ました。大阪唯研の基本精神は、わたしどもの理解するところに従って、二〇〇一（平成十三）年の夏のあいさつに「森信成先生死去三十周年」として要約した通りであります。

一九七五（昭和五十）年からは、私どもの基本的関心をまとめて、雑誌「知識と労働」第十号に特集として改めて公表し、大方の関心に訴え、引き続いてさらに厳しい批判を受けることにしました。それ以後は、定例のごとく夏と冬とに、私どものその時々の関心と意欲のあるところをまとめ披露し、大方のいつに変わらぬ支持とさらにそれ以上に厳しい批判をお願いして来たのであります。これに対して横井さんからはいつも暖かい支持をいただき、また親しくお便りをくださったり、いくつかの注文もつけてもらったりしました。そして毎回必ず私どもの活動に対するカンパを寄せてくださったのであります。それが私どもも一同をどれほど励まし元気づけてくださったことか、改めて感謝の気持ちを胸一杯に想起されるところであります。

十年余り前からは私が代わって大阪唯研の事務局の世話をするようになりましたが、このところ横井さんからのお便りは、ご高齢のこともあってか、郵便局までお出掛けになって、私どもの振替用紙に書き入れてカンパをお送りくださることが一苦労に違いないと拝察されるようになりました。事務局からは、夏冬のあいさつをお読みいただけるだけでうれしいことを申し上げ、カンパについてはどうかご放念くださるようお願いした次第であります。

私どもは若い友人諸君をも含めて、横井さんの生涯とその活動に思いを馳せ、九十一歳のその最期まで、それを見事に全うされたことを皆様とともに喜びたいと思います。私どもも横井さんにあやかって、また自分たちの目指すところにしたがって、わが国におけるマルクス主義の再生と復活のために精一杯努めたいと願っております。私は一九三八（昭和十三）年生まれの六十歳をすでに越したものですが、先輩たちの長命とその心意気に励まされて、これからも活動に邁進したいものと念じております。

Ⅶ　一九九〇年代

横浜市議生活十六年を支えていただく

丹野　貞子

横井亀夫さんと私をつなぐのは、昔、川崎市議であった津脇喜代男氏です。津脇さんは私の父の友人だったそうです。

しかし、横井さんと私は、少し違ったところでお付き合いしてきました。

今、思うと師弟の関係だったのです。特に、私が社会党横浜市議としての十六年間、悩み、弱音、自信喪失、嫌気、逃げたい時に、無条件で話を聞いていただき、受け入れ、常に肯定してくださり、「貴女は間違っていないよ」、と認めてくださいました。たまプラーザのアパートで……。中川の里でも。いつお逢いしてもです。そして、涙を流して「この頃は、すぐ泣くのだよ」と言われたこと。その涙で、私の心を洗ってくださいました。横井さんに、どれほど支えられたか、言葉にいいつくせません。

横井さんの顔を見ていると、「この方に逢えるのは、自分が人として、恥ずかしくない生き方をしているからだ」、と自覚できました。

今でも、師と勝手に思っております。

シルバープラザで父を激励

内田 真知子

横井さまには、横浜・あざみ野の老人医療施設「シルバー・プラザ」で、父・砂川正吉が大変お世話になりました。無口で寂しがりやの父の話し相手になって頂きましたこと、今でも忘れられません。心より感謝しております。

「中川の里」の横井亀尾さん

高橋 幸治

横井さんとの出会いは、平成七（一九九五）年に入ってからですので、私が特別養護老人ホーム「中川の里」（社会福祉法人中川徳生会）を開設して、数ヵ月を経てからでした。

一見やさしそうでもあり、しかし、目の光が強かったという印象があります。声も、私から思うと、ドスのきいたとも言える感じでした。

私は、この仕事について、特に入所者については、昔のことは、あまり聞かないことにしております。男性の場合は、昔のことを話したがる人と、そうでない人と、両方の方がおられるように思いますが、私は、横井さんが、昔、何をしていらしゃった方かを知りません。聞いてもみませんでしたし、横井さんから話をしてもらったこともありません。

ただ、知識はとても豊富な方で、いろいろなお立場を通って来られたお方のような気が致しました。いつも、職員のことを思いやっていただいておりました。とくに食事については、厨房の人たちに対する思いやり、「今日はこういうものの味がとても良かった」とか、「出来が良かった」とか、厨房では、この言葉でどの位やる気が出たか。いろいろなところで、職員がいい気分になるような、ほめ言葉がとてもお上手で、職員の皆さんは、とても喜んでおりました。

「中川の里」に来られた時は、すでに不自由な身体になってからですが、少しわがままで、おこりっぽいところがあったようですが、それも不自由な身体がそうさせていたのだと思います。

そして、とても努力家で、一生懸命でした。生きようとする思いが、とても強かったと思います。ご不自由な身体で、何かをやろう、しようと思う気持ち、これは私も見習うべきことだと思います。

死後も、献体までして、何かに役立とうとするところは、今の政治家に聞かせてやりたいほどです。

横井さんとの生活は、短い数年間ですが、私の心に思い出深く残っております。そして今でも、心に響いております。

これからも、横井さんの心の響きを忘れずに、私も生活できたら、と思っております。

「中川の里」の食いしん坊

田村　恵

横井さん、その後いかがお過ごしですか。早いもので天国に旅立たれてもうすぐ一年がたとうとしているんですね。相変わらず寂しがり屋で、筆まめで、美味しいものには妥協を許さず、エネルギッシュに賞味し、ギラギラと前進していらっしゃることでしょう。

お手紙は届かなくなりましたが、「中川の里」では、いまだに横井さんを思い出す瞬間が多い毎日です。例えば、それは友達から送られて来た沢山の色紙やお便りを貼っていた壁のテープの汚れだったり、車椅子のよく似た後ろ姿だったり、砂糖棒を巻いた煎餅だったりです。美味しいからと度々、医務室に持参され、お茶をしましたよね。そうそう、昨年のクリスマスの夕食はバイキング料理でしたが、以前、バイキング形式の食事会の折、「腹も身の内」と注意され、立腹されている顔を思い出し、苦笑したものです。

娘さんの黎さんから、毎週、時に毎日のように旬の果物、山海の珍味、ウニ、刺身などの差入れ、寿司や、うな丼、天ぷら、等々の外食後の満足そうな表情、「美味しいもの、たくさん食べられましたからね、本当に良かったですよ、楽しかった」と、ニッコリ笑っていらっしゃるだろう姿が、目に浮かびます。

私の知っている横井さんは、晩年のほんの一面だけですが、思い出すたびに、温かいものが込み上げて来ます。横井亀尾さん！　沢山の思い出、ありがとうございました。

老人ホームの不思議な人

小田島　千枝子

横井さんに初めてお目にかかったのは、私が老人ホームに勤めていた一九九四（平成六）年のこと、それぞれに個性の強い人々の中で、ひときわ、気にかかる存在の方でした。いつも本を読み、手紙を書き、音楽を楽しまれ、にこやかに人に話しかけられ、自分の身の回りのことは身体をフルに動かして「一生懸命」という言葉がピッタリの生活をされていました。

「すごい老人が居る」と驚きました。

その頃は介護の仕事は社会的に陽の目をみず、給料は安いし仕事はきついものでした。横井さんはそのことを長い文章にかかれて、役所へ訴える手紙を出されたのです。その時はまだ横井さんが、昔、労働運動をされていた大家であることを知りませんでした。その後、介護の問題は社会的に陽の当たる場所に出てきたように思います。

また、横井さんは何事にも積極的で、洗濯場のたたみ物を手伝おうとされたところ、意地悪なおばあさんに、「来るな」と言われ、大喧嘩されたりと、理不尽を許さない頑固一徹なところがありましたが、八十を過ぎても悪は悪、善は善と自己主張され続けてこられたことは、本当に尊敬するに値すると思います。

老人ホームに、時々、お抹茶を点てて横井さんに飲ませる白い髪の美しいおばあさんが居りました。耳が少し遠い方だったので、「話が通じなくて困るよ」と、照れくさそうに話されていましたが、彼女の側にはいつも横井さんの車椅子がありました。幾つになっても人を思う心が、これまた、素晴らしいと思えたものです。

やがてお手紙を頂くようになり、こちらも返事を差し上げていくうちに、短い文章の中にも、濃い時間を生きてこられた心の奥が、手に取るように伝わってきました。「本当にすごい人なんだ」と確信するに至りました。

横井さんの人柄がぎっしり詰まった「お便り」は、私の宝物の一つです。

週に一度は必ずご家族の方がお見えになって、外へ食事に出かけられました。約束時間の一時間も前から玄関で待たれることがあって、本当に嬉しそうでした。ご家族の心の支えあってのあの笑顔ではなかったでしょうか。

素晴らしい人と出会えたことを感謝しつつ、幸せそうに遠い国へ旅立たれた横井さんのにこやかなお顔を思い出しています。

今頃どの辺りを旅されているのでしょうか。

本当に不思議なお人でした。

みどりたすけあいの会とのお付き合い

井口房江

横井さんとは八年くらいのお付き合いだったでしょうか。老人医療施設シルバープラザでお会いして、喫茶でよくお話しするようになりました。「みどりたすけあいの会会報」四十九号〔一九九四（平成六）年六月二十六日発行〕には、初めての喫茶に寄せた、横井さんからのお便りが載っています。奥様を亡くされた少し後に、私も母を亡くした時には、随分慰めていただきました。

「中川の里」に移られてからは、訪問したり、私たちの新年会にお招きするようになりました。横井さんは筆まめで、時には月三通ものお葉書が届きましたが、私は筆無精で月一通出すのがせい一杯。心苦しく思っていると「リハビリのために書いてるんだから、気にしなくていいよ」と言って下さいました。お手紙には福祉や防衛に関する資料なども同封されていることもあり、いつも前向きで社会にしっかり目を向けておいでになる姿勢に、感銘を受けておりました。三、四年前からは小山（娘）さんのお車で、ひょっこり自宅へお訪ね下さるようになりました。

昨〔二〇〇〇（平成十二）〕年の六月末頃から、お手紙が来なくなり、心配になって小山さんにお電話したところ、「体調を崩され入院され、良くなったのに心因性で何も食べられなくなって痩せてしまって」と。びっくりしてお見舞いに伺いました。一まわりも二まわりも小さくなられ、「何も食べられなくてね」

と言葉少なに、大きな真っ黒な瞳がなぜかとても印象に残りました。その後、食事ができるようになって退院され、お元気に過ごされておりましたが、二月に肺炎で入院されお見舞いに伺いました。めっきり弱られ、それでも帰り際に、毛布の下の手がもぞもぞ動いたので、手を握ってお別れしたのが最後となりました。三月五日、帰らぬ人となり、その日、献体されると小山さんから知らされ、お花を持ってお別れして参りました。

四月二十八日、青葉台フォーラムでの「お別れの会」に招かれ、横井さんの来し方を知ることになり、大変感動致しました。何時も弱者の側に立ち、戦前から労働者の地位向上のため闘って来られ、今日の労働者の地位を築く歴史に残る方と知りました。著名人も大勢来られ、横井さんを偲び、福祉映画で著名な羽田澄子さんは、「横井さんには若いころ大変厳しく鍛えられました」と。ボランティア・グループ「リラ・コーラス」の美しい歌声に送られ、遺影は優しくほほ笑んでおられました。

ご病気で片麻痺になられたことは、横井さんにとっては不本意なことだったと思いますが、何時も前向きで努力をされていました。三年くらい前の新年会の折り、「トイレに連れてって」と言われ介助いたしましたが、「わるいねぇ、おむつが取れたんだよ」と、にこにこされました。その日、お会いした時から血色も良く、生き生きされていたことが、うなずけました。

「良かったですね、横井さんが頑張るだけでは、なかなかおむつはずしはできませんもの、いい施設に恵まれたんですね」と言いますと、うんうんと、大きく頷かれました。生前ご自身のことは全くお話しにならなかったけれど、何か、内面から滲み出るものを感じておりました。人としての尊厳を大切にされた強くて暖かなお人柄は、私の心の中に生き続けることでしょう。

コーラス・リラの会への応援に感謝

青井　加津子

私達のコーラス・グループ「リラの会」が横井さんと出会って六年ほど、中川の里ではいつも楽しみにして下さり、横浜・都築公会堂での発表会にも応援に来ていただきました。メンバー一同感謝しております。お別れの会ではなんとご立派な活動家であったかと、びっくりいたしました。

私達にもいろいろな思い出を残されました。それらを大切にしていきたいと思います。

コーラスの友

新田　啓子

特別養護老人ホーム「中川の里」に月一回コーラスのメンバーと共に行き始めて七年目になるでしょうか。ホームでのお昼のひとときに皆で楽しく歌う一時間ですが、そこで横井さんと知り合いました。非常に気を使われる温かい方で、コーラスのメンバーの皆も、すぐ打ち解けました。

コーラスの発表が都筑区内の会場である時は、何回か応援に駆けつけてくださったり、日増しに私たちにとって特別な存在になってきました。私たちの親くらいのお年の方だったせいもあるのかもしれません。たくさん頂いたお便りの中では、横井さんのこれまで歩んでこられた人生と姿勢、そしてお人柄が今も心の支えになってくれます。

月一回の歌う会では自らお歌いになるよりは、テープに取ったり、私たちに始終気を使うことがほとんどでしたが、その中で今でも強く印象に残っているのが「琵琶湖周航の歌」だったと思いますが、大きな声ではっきり最後まで歌われたことです。歌は誰でも歌えますが、九十歳の方が大きな声を出すだけでも元気のいることです。私は皆様に背を向けてピアノを弾いていたのでお声しか聞いていませんが、「中川の里」に行っていてよかったとしみじみ感動し、私ごとのようにうれしく思った一シーンでした。その後は残念ながら大きな歌声を聞くことはできませんでしたが、「中川の里」に伺いますと、今でも元気な横井さんが車椅子でひょっと現れるような気がします。音楽をやっていてよかったと思うこのごろです。

コーラスグループ、「リラの会」のみなさん

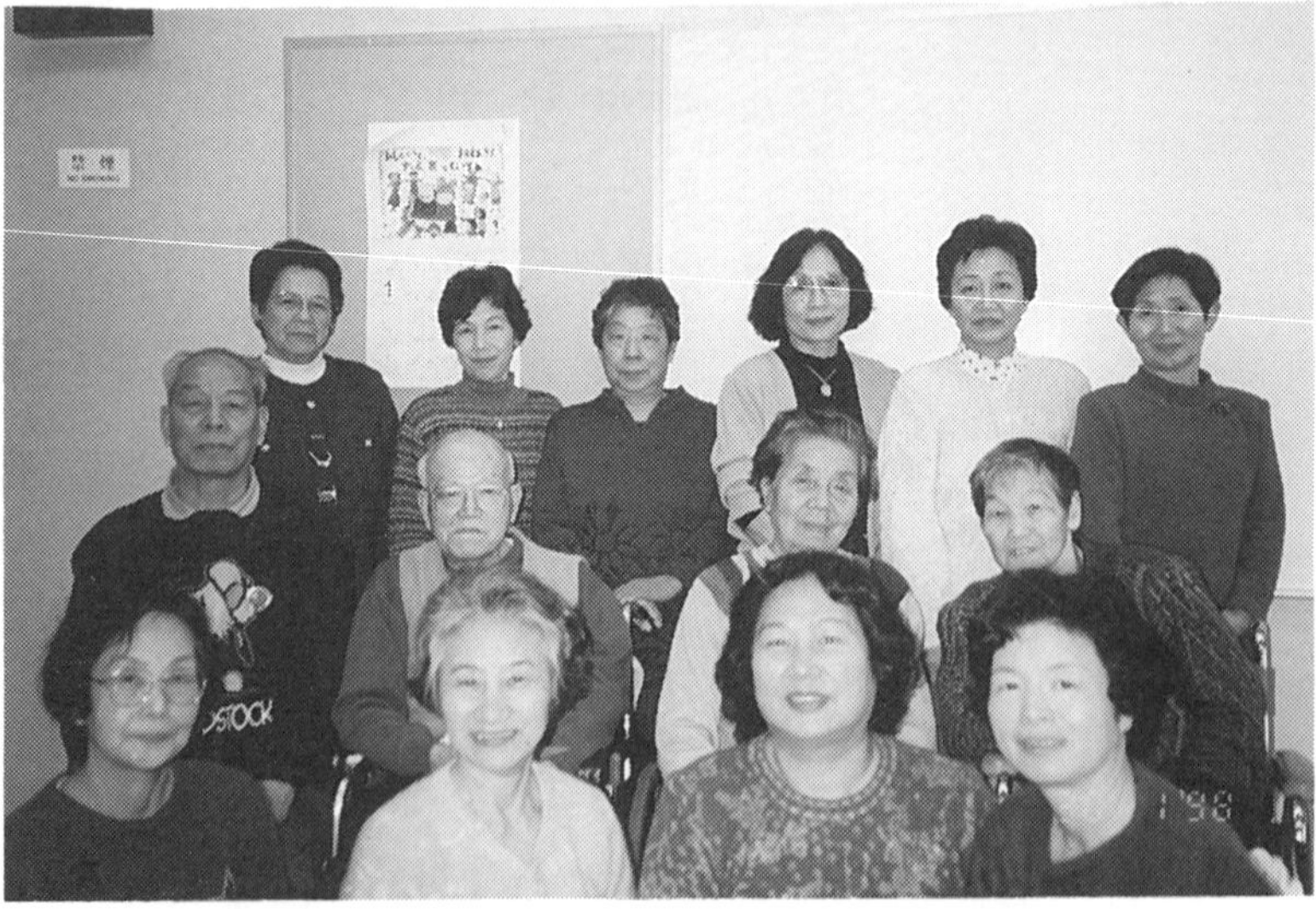

ボランティアグループ「みどりたすけあいの会」に囲まれた「中川の里」、
写真・前列左から3人目・井口房江さん、中列左から2番目が横井亀夫

「手紙」の交流の大切さ学ぶ

加藤　広子

一九九六（平成八）年の秋にホームヘルパーの研修のために「中川の里」で二日間お世話になりましたが、その時に横井さんにお会いしました。車いすの生活でしたが、とても紳士で前向きの方のように思いました。

「手紙を出させて下さい」という申し出に快く承諾したのも、私の身内にも体の不自由な者たちがおり、彼らが外出もままならず、客が来てくれるのをこの上なく喜んでいる姿をみていたからでした。

リハビリのために一生懸命、文字をしたためられるお姿は、まったく頭が下がります。人間の体は年とともに、だんだんその機能を失いますが、残ったものをいかに活用して、再起するか、明るく前向きに生きられた横井さんは、私の良いお手本でした。私もそうありたいと思っております。また、手紙のやりとりで、電話とは異なる、互いに思いやる交流の大切さも横井さんから教えられました。

ありがとうございました。

横井さんの風

手島　幸子

一年前より仕事につきまして、お目にかかれませんでしたが、頭脳明晰、紳士であられ、「中川の里」の研修の時に、横井さんがそばを通られると、室内にさっそうとした風が吹き、空気が変わりました。背筋をまっすぐのばして生きていらっしゃるお姿に、少しでも近くなりますよう、私も年を取っていきたく思っております。もうお会いできないことが残念です。が、すばらしい方と、お話ができたことをありがたく思っております。

教育関係の実習でお会いしました

吉野　誠

特別老人ホーム「中川の里」で生活されていた折に、教育関係の実習ボランティアで伺った者です。首から下げた筆記用具を手に、ふるえる手で、お手紙を書いていらっしゃったこと、年老いてもなお、世間とのかかわりを持ちながら、政治・経済・教育の世相を鋭く評論されていたことを思い出し、その生き方に深い感銘を受けております。

最期まで瑞々しい知的関心に驚き

柴山　健太郎

私が横井亀夫さんに初めてお会いしたのは、確か一九六九（昭和四十四）年、労働運動研究所の創立レセプションの時であった。その時、会場で、一柳茂次さんから、「有名な三・一五事件の時の最年少の被告、横井さんだよ」、といって紹介されたのだから、かれこれ三十年以上の昔である。それ以来、横井さんは労研のレセプションだけでなく、労働者党の新年の「旗開き」などにもたびたび出席されて、挨拶をいただくようになったが、横井さんはいつも飾らないジャンパー姿で、いかにも戦前からの労働運動出身らしい風格を感じさせる人だった。

横井さんが老人ホーム「中川の里」に入られてからも、「労働運動研究」誌に、年に二、三回、時によっては毎月のように投稿をいただいたが、いずれも戦前戦後の闘いに倒れた同志たちに対する熱い思いのこもった感性豊な追憶の文章で、私たちの胸を打った。

とくに、いまでも忘れられないのは、一九九六（平成八）年三月号の「パリ・コンミューンの月」という投稿である。横井さんはこの中で、三月十八日のパリ・コンミューン記念日に寄せて、いまは亡き戦前戦後の同志たち、内藤知周、内野壮児、城戸武之、由井誓、西川彦義、山本正美、山田六左衛門などの名前を挙げて熱い追悼の思いを捧げている。だが、横井さんの投稿の優れているところは、古い革命家にありがちな、単に過去の追憶と追悼だけでなかった。澤地久枝さんの著書や、蜂谷さんの経済分析や、一九九九（平成十二）年四月号の「新しい社会民主主義特集」を高く評価した文章など、たえず現代の社会主義運動の新しい流れに対して、みずみずしい知的関心を持ち続けていたことは、私たちに驚きさえ感じさせた。

ただ編集部を悩ませたのは、横井さんの原稿が体の衰えとともに、年ごとに判読しにくくなることだった。だが、わが編集部には福田玲三さんがいて、さすが詩人らしく、筆跡の乱れた横井さんの文字と文章を正確に判読できたので助かった。

昨年、横井さんの追悼の集まりに招待されて、出席させていただいたが、この集まりにも新鮮な驚きを感じさせられた。これまで私は亡くなった内藤、内野、長谷川、城戸、志賀、神山、亀山さんたち、多くの先輩たちの追悼会に出席したが、その経験から横井さんの追悼会も高齢の方々が多いことを予期していた。ところが、この集まりは、出席者の半数以上が横井さんと音楽サークルや句会の集まりなどで親しかった中年や若い女性たちで埋まり、ピアノ伴奏つきで、すばらしい女性コーラスまで演じられたことである。ここには単なる労働運動出身の革命家・横井さんが、政治運動だけでなく、豊かな感性を持った教養人であったことが、その人脈の中に示されていた。

私は、このようなすぐれた先輩を持ったことを誇りに持ち、私たちの事業を若い世代に受け継いでいかなければならないことを、あらためて感じさせられた。

「療養は、学習の機会……」

福田玲三

横井亀夫さんに最後にお会いしたのは、今は亡き岩田英一さんと伊豆に行っての帰りに、一緒に横浜市郊外の特別養護老人ホーム「中川の里」にお訪ねしたときだと思う。私の日記で調べると一九九七（平成九）年一月のことだ。

このとき、横井さんは面会室から自分のベッドのところまで案内してくださった。ベッドの横には雑誌『軍縮』やその他の印刷物が山と積まれていて、横井さんはこれらの資料を毎日読んで勉強している風だった。このとき、横井さんはとても元気

「軍縮」誌

「中川の里」に見舞われた福田玲三氏（右）・岩田英一氏（左）とともに
（1994〈平成8〉年10月）

で、車椅子で特別養護老人ホームの廊下を走っていた。今もなにか猿が木から木へ飛び移るような印象が残っているくらいびゅんびゅん飛ばした。

そして、この年の五月に私の友人の中村専一君が、脳出血で倒れ、一瞬にして半身不随となり、千葉の五井の病院に入り、東京葛飾の病院に移り、年の終わりに千葉の姉崎の病院に落ち着いた。思いがけない境遇の激変で、その激変が自分でまだ納得がいかず、ベッドの上で、彼は自由の利かなくなった自分自身にいらだつことが多かった。

そこで私は横井さんに、中村君に先輩として養生の心得を教えてくださるようにお願いした。横井さんはすぐに中村君に便りを出して、決してあせることのないようにと言い含め、食事の用意やその他の雑事から一切解放されて勉強に専念できる機会を利用するようにと、教えてくださった。

今から思うと、まさに横井さんはそのように療養生活を学習の機会ととらえ、その生活を楽しんでおられたかにさえ思える。横井さんは「中川の里」の良いところは、食事が美味しいことだといっておられたし、多くのボランティアの人々が手助けに見えている風で、老人ホーム内が和気藹々としていて、もしできることなら、横井さんについて中村君を療養させてやりたかったが、横井さんが亡くなられ、それもかなわぬ夢となった。

この文集にあるいは集録されているかもしれないが、横井さんは「中川の里」から、時勢にたいする感慨を折にふれて「労働運動研究」誌に送ってくださった。それは長い運動経験に裏打ちされた警世の言葉だった。「三つ子の魂百まで」のことわざ通り、横井さんは最後まで労働者の幸福を願い、その進路を心配し続けた。

あれは何時だったか、横井さんの奥さんを偲ぶ会だったろうか、その時も丁度、岩田さんと一緒に横浜の料理店にお訪ねしたら、たまたま退院された直後だったのか、「中川の里」に行かれる直前だったのか、家族の方々の手をとっておいおい泣いておられた。もともと情に厚い人だとは思っていたが、中村君が脳出血で倒れたあと訳が分かった。脳の血管が切れると、感情の抑制が利かなくなると医師に教えられた。一九九七（平成九）年に、最後に私が「中川の里」でお会いしたときには、気性も判断もとてもしっかりしておられた。それに、先立たれた奥さんやお子さんたちが皆、優しいから、横井さんはあのとき一層情にもろくなっておられたのだろう。

横井さんは脳梗塞で倒れられたとき、回復が早く、退院も早かったと聞いたが、中村君は症状が重く、まだ退院できないでいる。横井亀夫さん、なつかしい人だ。

「花の杖……」

藤木和子

「中川の里」の句会へお伺いしてからの短いお付き合いでしたが、いつも玄関まで車椅子でお見送り下さったお姿が忘れられません。句会に伺いましたあとには、必ずお礼のお葉書を頂きました。よくお気のつく、あたたかいお人柄に接することが出来ましたことを、幸運に思っております。素晴らしい句も残されました。

金木犀　花袋《かたい》の恋を　思ふかな
菊人形　団十郎で　座を占める

など、御壮健な頃のご生活が偲ばれて、好きなお句でした。

〝花の杖　曳かれ黄泉路《よみじ》へ　旅発たれ〟

「中川の里」句会での俳句（藤木和子先生指導）

横井　白浜・作

・雛壇の　前に集まり　車椅子
・祭笛　ホームの吾れに　今寂し
・秋めくや　献立表を　二度三度
・彼岸花　たくさん咲いて　震災忌
・りんどうの　老女の色を　秘めてをり
・金木犀　花袋の恋を　思ふかな
・菊人形　団十郎で　座を占める
・名月や　古里遠く　なつかしき

（句集・「中川の里」、第一号、平成十二年八月一日）

（例会句）

・寮母さん　食堂の中を見渡せば　駆け戻る
・傘寿の人　初夏を迎えて　寮娘の型よい土を撫で
・看護婦さん　配るクスリに　愛を湛え
・園長が　みんなに習わせたのしむ　三三九度の夢
・ホイル焼　他界の妻も　よく膳に出し
・厨房の人の　眼も優し　我の食べるを見る
・呆け老婦　他人をバカとののしり
　自分は婦人よと　涼し顔
・花より　団子ならぬ　若い寮母群
・クリーニングする　人の心が　垢落とす
・深夜の　寮母さんの応挙　何事かと恐ろしい

・軍費は　富士山　福祉は浜の真砂
・ＮＨＫ　サリンで　視聴率を高め
・男性は　老けると老いぼれ　女性は艶やか
・年上の寮母さん　本当の緑茶を　呑ませてくれた
・大正四年　傘寿のおうな　公園で娘心
・呆けの集まり　全人柄の　見本市

・頼みごと　必ず遂げる　寮母さん
・年頃の　寮母夕食は　別離の挨拶
・若き寮母　大人の艶色の真似　幼気溢れる
・二度三度　見て美しい　農協婦人
・おばあさん　朝の差し入れ　入れ歯なり
・靴下の傷　めざとく繕う　奉仕の主婦
・寮母さん　ダンプの如く　声響き渡る

・里人も　盆には薮入り　して見たい
・ショートの人　話せる頃には　姿なし
・大善手らお盆を迎え　緑濃し

・丑の日は　殊更、厨房に　思いはせ
・星取表　作る心に　頑固なし
・看護婦さん　慈愛の効き目　クスリ以上
・誕生会も　楽しいが重ねの中身が　上をゆく

・大臣よ　福祉従事者を　優遇せよ
・民謡教室　古参寮母の一声に　席も立ち得ず

・炎天下　荒野にたくまし　月見草
・窓辺に　映ゆる　胡蝶蘭眺めつ　老いの身恥ずる
・夕立に　逢って二人で　濡れて見たい
・夏祭り　ポスターだけで　嬉しそう

・看護婦さん　治療に必ず　言葉を添えり
・同居の人　良く食い、良く飲み　毎夜騒がし
・泣くもあり　喚くもありて　騒がしホーム
・池の中　反り身艶でやか　紅き鯉

・理事長の　愛いし鯉よ　子は数多し
・涼し気な　のれんで　氷菓　舌に乗せ
・高齢者　心にも無く　若さをそしる
・毎日が　オウムのニュースで　草臥れる
・理事長が　原液作り　クーラの清掃
・鯉の稚魚　春の姿を　見て欲しい
・呆け相手　向きになるのは　矢張り呆け
・呆け老人　智恵はしたたか　舌を巻く
・朋友還る　危機を救いし　白衣の英知
・午後の喫茶　急ごしらえの　ルームに小菊
・晩秋に　行く年を想い　一句あり

・麻ひに泣き　駄文弄して　心得々
・呆け老婆　怒る言葉は　やはり呆け
・呆けながら　まだ本性を　繕う友
・呆ける程　三色はまだ　譲らない
・永き日々　吾を介護せし女
　本日限りと　別離を告げ来る

・炎天下　荒野にたくまし　月見草
・花水木　移植後一年　初夏を想う
・ホームにて　初めて眺める　君子蘭
・福豆を　数えてやがて　春来る
・年賀状　畏友より来る　当選号
・清澄の　池に背を見せ　錦鯉

・春の雨　冬とは違うが　やっぱり寒メエ
・三月は　花咲き始め　四月は桜
・オウム教　それでも人を　愛したか
・住専の　社長はみんな　大蔵出

・入居者に　優しき人より　胡蝶蘭
・新人の　服も新らし　寮母さん
・寮母さん　女の真価を　発揮する
・美しき女性　一刻病苦を　忘れさせ
・施設長　鶏にまで　気を使う

・遊亀百歳　裸婦像を見て　感無量
・体躯優れし　娘の姿にハッとする
・春一番　風にもめげず　雄鶏の声
・平和なり　人も桜に　浮かれけり

・庭の樹は　枝分けの度　姿整のう
・寮母さん　人数が増えて　御機嫌に働く
・弥生なり　老婆の姿も　美しく
・老いの性　新聞記事に　共鳴す
・財産家　敬老の日にも　慾が見え

竹中盛江大姉を偲びて
・老醜を　曝すことなく　黄泉に発ち
・親友は　女性の美学を　心得付き合う
・君逝きて　恨み綿々　大空漠々
・待ちわびし　友の退院　一陽来復
・退院の　友を訪ずれ　声聞くも愉し
・春浅宵　民家の灯り　蛍の如し

・パラソルの　行く丘の翠　色も鮮やか

・慰霊祭　他所で他界せし　妻を偲ぶ
・寮母さん　テレビ横目に　オシメに走る

・夏至過ぎて　日足は延びたが　夜勤は厳し
・アトランタ　終わればやがて　秋が来る
・真夏陽の　翠のそよ風　生温かし
・揺れ動く　大木を見て　災害を思う

・秋分や　お花の師匠　教材の如し
・名月は　カーテンに洩れる　月あかり
・行く秋や　白壁に映る　美女細くなり
・霜降りて　コスモス満堂に　乱れ咲く
・大輪の　白菊菊師に　身を委ね

・洗濯する　人の身になり　身を謹もう
・年頃の寮母さん　言葉使いに　心せよ

・老婆の絶叫　馬鹿は死ななきゃ　治らない
・土曜毎　朝げの納豆　見るも嬉しい
・律義を崩さぬ　翁の姿　神々し
・文江さん　オシメ畳みに　余念なし
・掃除器の　音だけ残して下重さん　急に旅立つ
・食後二時間　飯の確認をする　こうこつの人
・呆けた人　泣きつつ飯食う　哀しやホーム
・性故か　心汲む人　汲まぬ人
・暁を　覚えぬ春眠　鶏は忠実
・朋友の　退院祝うも　再入院
・何となく　愉しさ覚ゆる　弥生かな
・春来たり　新築の家に　干し竿の衣

・古稀近き　友「おじさん」と　呼ぶ声嫌味
・彼岸中日　春季皇礼祭と　昔は呼べり
・阪神の　災害、果たして　天災か
・錦鯉　悠然と浮かぶ　小春日和
・ボラさんも　思わず音上げる　洗濯物
・お絞りを　用意する人　汚す人
・世代の違い　母娘はかくも　異なれり
・今の娘を　知らない老母　多くあり
・重労働　何ともないよと　腰ベルト
・寮母さんと　友達になれても　付き合えず
・若い寮母さん　お尻はみんな　大人なり
・柔らかき　豚カツ食べて　うす涙
・日課とは　趣味ばかりなり　老人ホーム

胸打つ「みなさん、ありがとう」

常岡雅雄

横井亀夫氏が不屈の闘士でありながら、同時に心やさしく、また人間味溢れる素晴らしいお人柄であったことが、俳句集からハッキリと浮かび上がってきました。「お別れの会」で配布された冊子には、生前のお顔立ちに添えられた「楽しかった、みなさん、ありがとう、さようなら」のお言葉がありましたが、胸を打ちます。

柔らかき　豚カツ食べて　うす涙
呆けた人　泣きつつ飯食う　哀しやホーム

ほんとうに横井亀夫氏の深い万感の胸中が歌い込められており、胸をしめつけられます。

若い寮母　お尻はみんな　大人なり
夕立に　逢って二人で　濡れてみたい

と言った大胆な歌に老いてなお、青春の血潮をうずかせる横井さんの若さを知らされます。また、それを老いても直に歌える横井さんの人柄のおおらかさが浮き立ちます。

九十歳のとき。左・大松勇氏、右・吉田峰夫氏

「お別れの会」出席者・その2
前列左から松島光男氏、樋口昭氏、松村芳子さん、羽田澄子さん、東条まち子さん、星野龍雄氏、広瀬せつさん、後列左から月野輪陽右氏、船見勝正氏、香山磐根氏、野口晋輔氏（遺影）、鈴木裕子さん、関屋照洋氏、中山百合子さん、船見文子さん、小田隆司氏、渡部義就氏、佐野芳三氏、杉橋甫の諸氏

人は尊厳あり
みんな尊く生きようと
自分らしく 楽しく生きた
毎日でした.

長いこと おつき合い
下さって
本当に ありがとう
楽しかった
みなさんありがとう
さようなら

2001.3.5

横井亀夫

イラスト　おじいちゃん　菊池　史子

Ⅷ 父・母・祖父へ

父と母を送る

横井陽一

父を送る

父はこの三月、九十一歳で他界した。

妹の家の応接間に寝かされた父は、朝の光が差し込む中で眼を閉じ、口元は入れ歯のないままなので少し窪んで真一文字に結んで、穏やかな顔つきであった。その日の朝、午前五時に病院で息を引き取った。肺炎による心不全であった。あと三週間で九十二歳の誕生日を迎える寸前に力が尽きた。大学に医学研究のため献体の登録をしていたので、大学に運ばれるまでの数時間を、妹の家で静かに休ませた。これはよかった。

四歳のひ孫が線香をおぼつかない手つきで付け、「おじいちゃん、お話ししない、眠っているよ」と不思議そうに眺めていたが、それ以上不思議がることもない。昔は家で亡くなるのが普通であった。応接間に横たわっている父を見ると、あくまで沈黙、静けさだけが吸い込まれるように時が流れていった。ただただ静けさだけが、音のない世界を作っていた。最近、静けさをこれほどしみじみと感じ取ったことはなかった。死と生の世界の隔たり、生命の偶然さ、命の長さ、人と人の出会いなどに思いをはせた。

父は十数年前に脳梗塞で倒れ、左半身不随の不自由な車椅子の生活を強いられてきた。最後の七年間を特別養護老人ホームで過ごした。近年は老人ホーム内の集合ホールで、毎日毎日、友人・知人に葉書を書き続けていた。脳梗塞の後遺症で眼の焦点が良く合わないため字が乱れ、郵便配達人泣かせで返送されてくることもあり、受け取った方も充分に理解できない場合も多々あった。しかし頭は最後までハッキリしていたので、老人ホームの代表で区役所の福祉関係の行事に参加したこともあり、施設での生活に満足しているといつも言っていた。

しかし、昨年夏に急に食事がまったく進まなくなり、三ヵ月間病院に入院した。危険な状態が続き、輸血をした直後、どうしても老人ホームに帰りたい、と言い出して条件付で退院したが、その直後から奇跡的に食事をもりもり食べるようになった。入院中は食事が採れず、点滴で命をつないでいたため、身体は入院中にすっかりやせ細り、骨と皮だけに縮んでしまい、顔は般若面のようになっていたのが肥ってきた。見舞いで持っていった焼き芋や佃煮、肉じゃがなどを「旨い」「うまい」といって喜んでくれた。ただ「うまい」という言葉の響きの中に、老人ホームや病院の食事ではない、家庭の普通の食事を求めているのではないか、と感じさせられていた。子供の家庭の事情で、父を老人ホームにいてもらわざるをえない、罪悪感がいつも頭をもたげてくるのであった。

夕刻、大学から亡骸を迎える車がやってきた。大学に向かう前に、特別養護老人ホームに回ってもらった。父の棺は玄関に安置された。お年よりの方々、職員の方々、ヘルパーさん・看護婦さん・炊事の方々など何十人もの方々が、次から次に出てこられて、静かに眠る父に手を合わせて見送っていただいた。ひとりの看護婦さんが、ほころび始めた沈丁花の枝を二枝、棺の上の花束の脇に添えてくださった。見送りが終わったかなと思った時、隣のベッドのおじいさんが車椅子でヘルパーさんに押されて出て来られた。

突然に顔を大きくゆがめ、涙を両目からボロボロ流し始めた。いつも無表情でベッドに横たわり、じっと部屋の天井を大きな目で見つめているだけで、挨拶の声をかけても何も反応してくれていなかった方だったので、驚いた。いつもはぼーっとされていても、年を取られても、「これが、ひと（人間）なのだ」、という思いで胸がつまった。私の眼から涙があふれた。

大学から来られた運転手の方が、「それでは、医学研究のためお預かりいたします」と言って、父の亡骸に合掌一礼し、車に乗り込むと、車は静かに老人ホームを去っていった。後日、老人ホームの看護婦さんから、「お父さんは、ホームでの生活を、とても楽しんでおられましたよ」との話を聞いて、ついて回っていた「罪」の意識が少し和らいだ。

〔二〇〇一（平成十三）年〕

父と野の花

三月に永眠した父は、葬式はいらない、小人数の親しい人たちにお出でいただいて、食事をする、そうした会を開いてもらえればよいよ、といって去っていった。

小さなホテルで開いた「お別れの会」には、数年前の誕生会で撮ってもらった写真を全紙（新聞紙一頁を広げた大きさ）に引き伸ばして飾った。右手に花束を持って満足そうに微笑んでいる。そのテーブルの前には、春の野の花を散らばせてもらった。白い菊も、白いカーネーションも、「おじいちゃんは、好きではないわね」、と妹が取り仕切って、献花は黄色いミモザ、キリン草で行った。

父は植物が好きであった。十年前に脳梗塞で倒れ、左半身不随になり、車椅子の生活を余儀なくされても、老人ホームのベランダにシクラメン、サボテン、アサガオなどを植木鉢で栽培して楽しんでいた。

父が亡くなる数週間前に、旧満州の平原で採集し、軍用郵便の葉書に押し花をして送ってくれたものが、見つかった。六十年も前の昭和十六年に、一銭五厘の葉書による「赤紙」召集で、三十二歳、二等兵として、シベリア国境が見える旧満州最北端の黒河に連れて行かれた時のものである。これを病院に持っていったが、父にはもう反応する力がなかった。

満州国黒河省神武屯満州第八一六部隊山本隊所属と記された父の軍事郵便(検閲済・山本印)には、「今、北満州の山野は、秋の草花が盛りです。ことに桔梗《ききょう》は山の斜面(坂になったところ)を埋めてしまうほどに咲いています。オミナエシも、とても美しいです」と、書かれている。私の小学校の三年生夏のことであった。夏休みの宿題に、母の指示で新入生用カタカナの古い絵本を廃物利用して、父からの便りをアルバムように纏めた。この中にこの葉書が張られて、六十年近く残されていたのであった。いま、父の植物好き、野の草花へのまなざしを改めて深く知った。

父は四年間の兵役で二等兵から一等兵に昇進しただけであった。その理由は、昭和三年、十九歳の時に悪名高い「治安維持法」違反で逮捕、刑罰を受けていたためである。最近、父の残していった手紙・書類の数々を整理していて、「私の獄中記」ともいうべきメモを見つけた。その中に「品川警察署から裁判所に送られる際、警視庁の空き地にタンポポが咲いているのに、心が魅かれた思いがある。陽の陰る頃、裁判所に至り、黴臭い陰惨な感じの暗い地下室に入れられて呼び出しを待った。……尋問が終わった時、判事が、『君は未成年者なのに、何故、党の組織に関係したのか』、と言われるのに、私は心のたかぶりもなく、『世の中が悪いのです』、と答えた」という一節があった。その時の父の受け答えから考えると、夕陽を受けていたかもしれない「空き地のタンポポ」の輝きに、励まされていたのではないか、と思った。

〔二〇〇一(平成十三)年〕

今年の雛祭り

今年の三月の初め、雛祭りに、珍しく家内が夫婦《めおと》の「立ち雛人形」を飾ってくれた。この立ち雛人形は、二十何年前に、私の母が、のちに人間国宝になられた著名な先生について、創作人形を習っていた時に作り、孫になる私の娘に贈ってくれたものである。雛の男は、衣冠束帯で、丈が十五センチほど、女は十二単の王朝風、丈は十一センチの可愛らしいものである。

家内が立ち雛人形を飾ってくれたのは、献体した母の遺骨が、一年半振りに還ってくるからである。母は、一昨年の八月に、MRSA(抗生物質の効かないという厄介な菌)の老人養護施設内感染から肺炎になり、八十七歳で他界した。本人のかねてからの強い遺志で大学に献体された。

三月五日、遺骨返還・感謝状贈呈式が東京の大学で行われた。同大学の平成七年度の遺骨返還は、八十六体であった。式には、学長、学部長、解剖学教室主任教授の先生のほか、多数の先生方と学生が出席され、学長先生と学部長先生から丁寧な挨拶があり、医学生代表も感謝の言葉を述べた。遺骨は各遺族ごとに返還された。文部大臣からの感謝状も、学部長先生から八十六遺族ごとに手渡され、「以下同文……」と省略されることもなく、全文が読み上げられ、感謝の意が表された。
遺族に、『解剖学実習を終えて』（第六集）という学生の感想文集が配布された。学生さん達は、巧拙さまざまな表現であるが、医学への目覚めと献体者と遺族への感謝を綴っている。ある女子歯科医学生さんは、こう書いていた。

――実習初日、ただこわかった。翌日、もう単純な恐怖はない。目の前のご遺体は圧倒的な強さをもって、私の中に「医学とは、人間を扱うとは何なのか」を教えてくれた。ここで学んだ「人間」、そして「人間」に対する尊敬を常に忘れずにいたいと思う。

文集を読んで、母の遺志は達せられた、と思った。
飾り棚に置かれた遺骨壷の入った真っ白い箱に並んで、凛《りん》として立つ小さな雛人形は、一週間飾られた。今後、雛人形を飾るたびに、家族は母のことに思いをはせるであろう。
母はよいものを残していってくれた。

〔一九九六（平成八）年三月〕

雛人形（横井マツ・作）

父と母へ

小山　黎

私は子どものころ、父があまり好きではなかった。母に苦労ばかりかけ、自分はとびまわっていた。その上、私たちは、貧乏暮らしで、住む家もなく、職もなく、人さまの家の隅でくらしていた。それも、これもみな、共産党という亡霊が、わが家にはびこっているせいだ、と。

父は、外づらが良く、友人も多かったけれど、その分、家族に目をむけていなかったと思う。私は、毎日父が何をしているのか何を考えているのか、知らなかった。父が八十歳を過ぎ病気になって、ようやく父との付き合いが持てた、と思っている。父ってこんな人だったのかと認識することができた。父が病気になったおかげで、一緒の時を共有することができるようになった。

だから、私は、介護をしているという気はあまりなく、私の行きたい時に、父のところへ行ったり、一緒にご馳走を食べたり、父と一緒に父の友人の家を車でまわったり、私も楽しいひと時を持てた。神様は、父に病気を、母には痴呆という贈り物をくだすったような気がしてなりません。父が脳梗塞になって亡くなるまでの九年間、私は父から沢山のことを学んだ。

亡くなる前の年の夏ごろから、何も食事ができず、痩せて骨と皮になってしまった。そんな父に、今一番何がしたい？　と聞くと、「歩きたい」と。そしてトイレにつれていって欲しいと言った。父は足をふんばり、私も力いっぱい持ち上げても、とうとう便器に座ることができなかった。最後まで頑張る父を、偉いと思った。

死ぬ三日前に、先生から食べると気管の方に食べ物がいってしまうので、鼻から栄養剤を入れるか、お腹に穴をあけるか、決めて欲しい、と言われた。父に「どうしようね」と言うと、「お腹にするよ」と言った。父はまだまだ生きるつもりだった。決して迷惑をかけるから何もしないでいいとか、死にたいとか、言ったことがなかった。反対に私は、「母にどうか父をお迎えに来てほしい、お腹に穴をあけるなんてイヤだ」とお祈りした。そうしたら、三日後にお迎えが来てしまった。最後までかけがえのない命を大切にしようとしていた父を、すごい、と思った。私に果たしてできるだろうか、と。それは父への皆様のお見舞いやお手紙が生きる力を与えてくださっていたと思う。ありがたいことです。父は友人が多くていいなと、いつも思っていた。

父は、母が痴呆になったのは、自分のせいだと随分自分を責めていた。でも母は痴呆になったおかげで、父にどこでも連れて行ってもらえるようになったし、優しい言葉をかけてもらっていた。母は父に「おとうさんへ」というラブレターを書くほど満足して、こちらの世界とあちらの世界を往来していたように思えます（次頁の文章は、父が脳梗塞で入院した直後のものです）。

〈おとうさんへ〉

わたしの　だいじな　おとうさん
大じに　いつも　わたしを　つれて行って
くださった
おとうさん　ほんとに
よくしてくださった
おとうさん
とてもうれしかった。
おとうさん　どなたが　なくなったのでしょうか、
わたしが　わるかったのでしょうか、
何かよいことをしますから
げんきを出して下さい、わたしは
これでうれしいのですから
どうぞよいことをしましょう
また　げんきになって下さい

いろいろ　わたしに　よいことを
してくださいましたね
また　おねがい　いたします
どうぞ　おげんきを　だして
また私をどこかへ　つれて行って下さい
ほんとによかったですもの
おねがい　いたします
どうぞ　おとうさん
私のお父さんでいて下さい
おねがいいたします

あさがお（横井マツ・作）

親子三代の癒し

小山　科子

二〇〇一（平成十三）年の三月のはじめに、母方の祖父が亡くなり、これで私の祖父母はみんな他界してしまった。時は確実に刻まれているんだということを、つくづく実感する。

祖父は、九十一歳で亡くなった。早起きと山登りと詩吟が好きで、いつも人生に前向きに生きているような人だった。十年前に脳梗塞で倒れてから左半身が不随になり、施設で暮らすようになってからも、その姿勢は何ら変わらなかった。少なくとも、私の記憶の中に生きる祖父の姿はそうである。

「お葬式はしないで欲しい。遺体は献体へ」、これが祖父の遺言だった。私の母と伯父は、祖父の希望通りにお葬式はせず、「お別れの会」を開き、遺体も献体へと運ばれた。私は、「お別れの会」に参加するために、日本へ一時帰国した。

祖父の「お別れの会」には、何と百人あまりの人々が集まって下さった。祖父の死の通知が届かなかったというのに、人づてに聞いて、当日、急いで駆けつけて下さった方まで何人かいた。来られる方はみんな祖父と同じ位の年代の方なのかと思っていたら、比較的若い人が多いのに驚いた。しかも、圧倒的に女性が多かった。「おじいちゃん、なかなかやるよね」、なんて言葉を母と交わしながら、祖父と共に過ごした時間を語ってくれる人々の話に耳を傾けた。

そこで私は、さらに驚くことになった。母方の祖父母が何らかの形で、若いころ、つねに社会運動に関わっていたことは、私もぼんやりと知ってはいたが、人々の口から語られる祖父の姿は、私の想像をうんと超えるものだった。

祖父は、十歳のころに鉄工所に奉公に出はじめ、十四歳の時にはメーデーに参加し、すでに労働組合の運動に、かなり積極的に参加していたという。十九の時には「三・一五事件」で逮捕され、二年間、刑務所で過ごした。戦時中は旧満州、フィリピンに行かされ、除隊後は旧満州の鞍山（現在の中国、遼寧省）にあった旧昭和製鋼所で民主化運動に参加した。『人間の条件』という小説を書かれた五味川純平氏や、『わが異端の昭和史』を書かれた石堂清倫氏、戦後、一時、五味川氏の秘書的な仕事をしていた澤地久枝さんなどが同胞だったという。

一九五八（昭和三十三）年に始まった東京―広島間を徒歩で行進する原水爆禁止平和行進の第二回、第三回に参加し、唯一人、往復の全行程歩き通したのも祖父だったという。「この行進の時に、何も知らない学生だった私は、横井さん（祖父の姓）にたくさんのことを教わりました」と涙ながらに語ってくれた方は、養護学校の校長先生をしているという方だった。「横井さんは、人間の尊厳を大切にする、本当に立派な方でした……」こんな言葉が後に続く。「横井さんは、徹底して労働者だった。いつも私たちを支え、見守ってくれていた」という男性は、声を詰まらせて泣いていた。「刑務所に入っている時でも、横井さんが一緒だと思うと励まされた」、こんなことを言って下さる人もいた。婦人民主運動や慰安婦関連の運動に関わる方々も来ておられ、横井さんには若いころ、よく叱られた、などという言葉がその方たちからついて出た。祖父が亡くなる直前まで暮らしていた老人ホームの寮母さんは、祖父が「寮母さんたちのための労働条件改善の提案」なるものを提出していたことを教えてくれた。

「私の祖父は、一体、誰だ?」私は、唖然としてしまった。私は思わず母に駆け寄って、「なんで、こんなおじいちゃんのこと、今まで私たちに何も教えてくれなかったの?」と問いただしていた。すると母の口から出てきた言葉は、「私も知らなかったのよ」というものだった。ますます開いた口がふさがらなくなった。私はその時、祖父の生き様を語って下さる方々に感謝し、感動すると同時に、すっかり腹を立てていた。「どうして?」という言葉が宙に浮き、身内の私たちよりも何倍も祖父を知っている人たちが、たまらなくうらやましく思えた。その日の夜、会も無事に終了し、ほっと一息つきながらも、私の心は釈然としなかった。

「人が平等に、人間らしく生きられる世の中を」という祖父の持ち続けたこの信念、志は、今、改めて私の中にはっきりと刻み込まれたにも関わらず、そんな祖父を誇りに思う気持ちがあるのにも関わらず、私は何だかプンプンと怒っていた。「どうして、それほどまでに強く信念を抱え、生きていたのなら、何故、孫の私に何も語ってくれなかったの?」という思いが私の中で大きくこだましていた。どうして娘である母にさえ、祖父は何も語らなかったのだろう。

そんな最中、母がぽつりと言った。「私、今日初めてわかった。お父さんは、家族というものを体験したことがなかったのね。だから、自分もどうやって家族を持っていいのかわからなかったんだわ……」

祖父は、労働組合の激しい運動に関わるうちに、実の親兄弟から敬遠され、十八歳で共産党に入党した時には、家族とはすっかり縁を切られていた。十二、三歳のころから、「独り立ち」していたらしい。「お別れの会」に来てくださった人々も、私たち家族と伯父の家族を除けば、祖父の甥という人が一人参加していただけで、祖父は十二人兄弟という大家族に生まれたというのにも関わらず、その他の身内は誰もいなかった。

祖母と結婚し、母と伯父が生まれてからも、朝早くから夜中まで、いつも「世のため」の運動に明け暮れていた。家にいるときといえば、「集会」の時だけだったという。母は苦笑しながら、「私もお父さんの背中から、学んじゃったのね」と言った。実は母も、私たちが幼いころは、やはりずいぶんさまざまな社会運動に従事していて、滅多に家にはいない人だったし、いればいつも家には人が集まっていた。このような家で育った私たちは、少なくとも私は、決して幸せではなかった。

ある私の恩師が言っていた言葉で、「本当に人間が健康になるには、親子三代かかる」という言葉を思い出す。私は、心の癒しもそうなんじゃないかと、ふと思うことがある。一番身近であるはずの「家族」というものから切り離されて育った祖父は、自分の家族とどう関わっていいのかわからなかった。そんな祖父を見て育った母も、同じようなことを繰り返した。そんな母に育てられた私は、今、やっとそこから何かを学びつつある。良い社会を創りたいのなら、まずは自分に身近なところから始めていく。家族、夫婦、親兄弟、自分のすぐ近くにいる人たちとの関係性を見つめ直していく。そしてさらには、自分自身の在り方に目を向けていく。環境問題に従事しながら、自分のからだや心がぼろぼろでいいはずがない。夫婦間の問題に悩む人々のカウンセラーになりながら、自分と夫との関係が荒んでいては話にならない。世界平和を叫びながら、自分の心が平和でなければ、パズルはいつまでたっても完成しない。こんなことを、私は学んできた気がする。

日本からこちらに戻る数日前、ふたりの友人が子供連れで私の実家を訪れてくれた。母が昔、携わっていた活動に興味を持ってくれて、母の昔話に耳を傾けてくれている。こんな人がいてくれて、初めて母の口は開かれる。母のやっていたことはいつも小さいころから見てきて、何もかも知っているつもりでいた私だったが、その背後にある思いを改めて聞いたことはなかった。聞いてみたいと思ったこともない自分に、初めて気が付いた。子供のころの恨みがましいような思いが、まだ私の中に残っているのかも知れない。「いい母親じゃなかったわね」という母の心の中には、罪悪感みたいなものがあるのかもしれない。母娘だけでは語りずらかった時期のことを、友人が耳を傾けてくれていることに感謝し、私は「親子三代の癒し」という言葉を、また思い出した。

〔月刊メールマガジン「エイジアン・ウィメンズ・ネット」に掲載されたものを一部補正〕

略年譜——横井亀夫（亀尾）・横井マツ

横井亀夫（亀尾）〔一九〇九（明治四十二）年～二〇〇一（平成十三）年〕

《生い立ち》

一九〇九（明治四十二）年三月二十二日、東京市芝に生まれる。十二人兄弟姉妹の十一番目（男九人、女三人、満足に成長したのは九人）。戸籍上の名前は「亀尾」。

一九一七（大正六）年、芝・麻布本村町絶江尋常小学校に入学。四年生のとき、母親（四十七歳）が亡くなり、夜間の芝・浜松町の第一実業補修学校に入学（のち中退）。近所の工場（三九商会）に入り、旋盤工になることを目指す。のち東鈴工場に移る。

《労働運動に参加》

一九二二（大正十一）年、品川・西品川の大橋機械製作所に機械見習工として入所、大日本機械技工組合から別れた関東機械工組合の杉浦啓一氏、浜野幸一郎氏に出会う。同年の第三回メーデーに十四歳で参加。

一九二三（大正十二）年、大橋機械製作所を退所し、本城鉄工所に入所（九月・関東大震災）、淀橋の工場に就職、富川氏に出会う。

一九二四（大正十三）年夏、富川氏と日本光学大井工場に入社（すでに関東金属同盟に個人加盟）。

一九二五（大正十四）年、治安維持法制定反対大集会（三田警察署坂上の有馬ヶ原広場）後の行進中、上野松坂屋前で検挙される（初めての検挙）。富川氏が中心になって日本光学大井工場の組合「工友会」あるいは「光友会」（日本労働組合総連合の「組合総連合」大正十五年四月一日号では「光技会」争議、九月一日号では「光学工業協議会」発会となっている、〃工〃か〃光〃か定かでない）という名称だったか、組合組織を設立し、争議（二月十八日から三月二日）で賃金引上げなど要求貫徹、勝利。

《入党・逮捕》

一九二七（昭和二）年一月、日本共産党に入党（十八歳）。入党の経緯は幹部から、「大工場に五人単位の党細胞をつくることになったので、そのつもりでやってくれ」という形。このころ東京蒲田の新潟鉄工所細胞の渡部義通氏の指導を受ける。

一九二八（昭和三）年三月十五日、関東金属労組事務所で品川署特高係に逮捕される（最年少）。

一九三〇（昭和五）年六月、神山茂夫、内野壮児氏らの「労働組合全国協議会（全協）刷新同盟」——労働運動に武装蜂起による権力奪取などの極左的政治方針に反対——に参加。

一九三一（昭和六）年九月、東京・白金三光町の関根鉄工所に入所。

一九三三（昭和八）年、「出獄後の組合活動の経過」を党に提出したが、党を除名され、「経過」書が通報され再逮捕される。未決囚として一年半後、検事より党解党の上申書も求められるが提出せず。半年後、佐野学・鍋山貞親氏の「獄内被告に告ぐ」転向声明を知らされ、その後、転向を表明。

一九三四（昭和九）年六月、同所退職、川崎市浅田町の義兄経営の松永鉄工所に就職。このころ党幹部の山代吉宗氏、春日正一氏らの就職を支援する。高山マツと結婚。

一九三五（昭和十）年一月、長男・陽一生まれる。

一九三七（昭和十二）年八月、佐藤秀一氏らと八ヶ岳に登って、党・労働運動の会合を開く、このころ佐藤秀一氏に佐藤恒子さんを紹介する（両者は翌年結婚）。同年十月長女・黎生まれる。

《召集――旧満州へ、鞍山・大連での活動》

一九四一（昭和十六）年七月、対ソ連戦を想定した「関特演」（関東軍特別演習）作戦で召集を受け、千葉県市川市国府台・野戦重砲第一連隊に入隊、旧満州・黒河省神武屯満州第八一六部隊山本隊配属（旧ソ連シベリア国境が見えるが、民家の煙突から煙が見えないので、対ドイツ戦争で困難に遭遇しているのか、と想いをはせる）。

一九四二（昭和十七）年、部隊がフィリピンに移動、米軍撤退・占領後、再び旧満州・黒河に戻る。

一九四五（昭和二十）年、旋盤工の技術がかわれて、中隊が旧満州・鞍山の満州製鉄所に転属、敗戦。次兄がハルビンにいたので、身元保証人になってもらい、除隊（シベリア抑留を免れる）。同年旧ソ連軍、中国八路軍が鞍山市を統治。民主グループ（六名）を結成し、八路軍の市政府に協力（外人課員となる）。十一月満州製鉄所の社員であった五味川純平氏（本名・栗田茂、召集で北満州の国境地域に駐屯）が、旧ソ連軍の追走を逃れて、鞍山の家に辿り着き、民主グループと合流して活動。「鞍山民衆新報」を（第十号まで）発行。
一九四六（昭和二十一）年二月、中国内戦激化で鞍山に国民党政府軍が進攻、民主グループは八路軍とともに農村部に撤退（五味川純平氏とも別れる）。その後、南下して大連へ行く。石堂清倫、五味川純平両氏と再会し、「大連日本人労働組合」「大連日本人勤労者組合」や日本人引揚げ活動に協力。

《復員・帰国、労働運動・党活動へ》

一九四七（昭和二十二）年四月、引揚船で復員・帰国、共産党に入党。横浜市緑町の三菱重工横浜造船所工具工場に就職。労働組合運動に参加、組織部長となる。
一九四七（昭和二十二）年、共産党本部に内野壮児氏を訪ねて再会、小野義彦氏の紹介を受ける。
一九四八（昭和二十三）年一月、占領軍の命令で解雇される。五月、大金属労働組合協議会事務局に勤務。ドーナツを組合に売りに行く。
一九四九（昭和二十四）年、共産党系の勤労者教育協会労働学校の活動に従事、主要講師として小野義彦氏の協力をうける。「五〇年問題」で労働学校の講座は続行不可能となるが、一九五一（昭和二十六）年まで続ける。
一九五〇年（昭和二十五）年六月、同事務局を退職（同年六、七月ごろ、「志賀意見書」を同志に読ませたことと前記労働学校講師に小野義彦氏を起用していたため共産党を除名される）。同年十月東京・大田区馬込東の倉田製作所（日本光学の下請企業、戦前からの知り合い）に旧友の社長に依頼して就職。家族は一年間、内野壮児氏宅の一部屋に間借り。のち倉田製作所内の倉庫を改造し住居にする。ここで〝国際派〟〝京浜グループ〟の会合をしばしば開く、福本和夫氏が訪ねてきて一泊したこともある)。

一九五一(昭和二十六)年十一月、自己批判、同年暮れから翌年一月にかけて共産党に復党。

一九五三(昭和二十八)年十月、倉田製作所を退職。同年八月、住居を川崎・古市場に転居。一時期、大田区徳持町で機械工場を共同経営。大田区池上徳持細胞に所属。

一九五四(昭和二十九)年三月、米国の水爆実験反対の運動を川崎・古市場地区で市会議員・主婦・東大セツルメント運動学生と取り組む。住居を川崎市下平間の神奈川県住宅供給公社(アパート)に移す。

一九五五(昭和三十)年九月、自己批判書提出。「六全協」(日本共産党第六回全国協議会)決議で、名誉回復。共産党・川崎地区にて完全復党。

《不二越精機へ就職・争議・平和行進・除名・新左翼へ》

一九五五(昭和三十)年三月、川崎市木月住吉町のプラスチック射出成型機製作会社・不二越精機(株)に就職。不二越精機の経営が傾く。同社労働組合の中央執行委員、一時期、執行委員長を務める。日ソ親善協会・日ソ協会の理事長であった小林輝次氏に協力、数年間、理事を引き受ける。

この間、原水爆禁止世界大会開催に合わせた平和大行進に参加。

一九五九(昭和三十四)年の第二回平和大行進(東京―広島間)と、一九六〇(昭和三十五)年の第三回平和大行進(広島―東京間)に参加。当時往復を歩き通したただ一人の行進者であった。

一九六一（昭和三十六）年には、静岡—神奈川—東京の部分的平和行進に赤松俊、樺光子さんらと参加。

一九六四（昭和三十九）年六月、日本共産党不二越精機細胞より除名処分。主な理由は「部分核実験停止条約に反対するという党の決定に反対したこと」、また会社経営難・倒産に関する管財人への妥協的態度（会社の業績不振を米国帝国主義と日本の独占資本との二つの敵による攻撃であると認めないとして）。

一九六五（昭和四十）年五月不二越精機・会社倒産により離職。相模原職業訓練所で自動車運転技術を習得。

一九六六（昭和四十一）年に横浜市鶴見区の福山電気（株）に勤務。翌年退職し、印刷業を始める。片山さとし氏主宰の研究会「ひまわりの会」に参加。

《人間的マルクス主義を求めて》

一九六四（昭和三十九）年、「日本のこえ」に参加。

一九六七（昭和四十二）年二月、「共産主義労働者党」に参加。

一九六八（昭和四十三）年から、川崎の溝ノ口診療所を支援。

一九七〇年代は、川崎の幸病院に勤務。一九七〇年代以降は、渡部義通氏、石堂清倫氏と行動を共にする。

一九七七（昭和五十二）年三月、田中ウタさんをしのぶ会の司会を行う。石堂清倫氏ら主宰の「運動史研究会」に参加。

一九八〇（昭和五十五）年五月、「旧縁の会」（運動犠牲者救援活動家の組織）春季例会に出席（以後、一九八二（昭和五十七）年秋季、一九八三（昭和五十八）年春季、秋季、一九八四（昭和五十九）年秋季、一九八五（昭和六十）年春季、一九八六（昭和六十一）年春季、秋季、一九八七（昭和六十二）年春季、一九八八（昭和六十三）年春季、秋季、の各例会に出席）。

一九八一（昭和五十六）年三月、運動史研究会の活動として、石堂清倫・丸山茂樹・伊藤晃氏らと栃木県鹿沼市の中島彪三氏を訪ね、中島氏の生い立ち、非合法活動の思い出を聞く（「運動史研究」第八巻に所収、同年八月発行、また同氏が一九八八（昭和六十三）年逝去に際して追悼文を送る、（『歴史と社会を生きる』・一九八九（平成元）年二月発行に所収）、「山代巴を読む会」（代表・牧原憲夫氏、一九八七（昭和六十二）年）に参加、会報の印刷などを支援。同年七月九津見房子さん一周忌集いに参加（翌年墓標建立に参加）。

一九八二（昭和五十七）年二月、「運動史研究」に「『山代巴文庫』に想う」を寄稿。同年七月渡部義通氏の告別式に司会を務める（「新地平」に「渡辺義通さんの死を悼む」寄稿）。同年六月「運動史研究」の座談会「労働運動のなかの先駆的女性たち」に聞き手で参加。

一九八三（昭和五十八）年十一月、「山代巴を読む会」活動として京浜地区を案内し「『さそりの眼の下で』の追想—想い出の地・京浜を歩く」を「山代巴を読む会会報」に寄稿・掲載。同年十一月徳田球一没後三十周年記念祭に参加。同年同月、栗原佑著『続・未完の回想』を印刷。

一九八四（昭和五十九）年二月、「運動史研究」発表の座談会「婦人民主クラブに見る婦人運動の継承と展開」に参加。同年同月佐多稲子さん（婦人民主クラブ委員長）の朝日賞受賞祝う会に参加。同年八月

「運動史研究」に「大正時代の青年労働者」を掲載。同年十月、静岡大学平田研究室気付『現在を問う！労働者・市民の連続座談会』で、「非合法下の労働運動」を語る。

一九八六（昭和六十一）年、「旧縁の会会報」に執筆。「残り少ない将来をきめられている私達なので、一刻でも大切にせねばなりません。会員が仲良くうつった写真は大切です」（一九八六〔昭和六十一〕年八月十五日、復刊二十八号）。

一九八七（昭和六十二）年に、「旧縁の会会報」に執筆。「ロシア革命七十周年でした。私達はこの革命の成功に鼓舞され、スタートした者です。この意義深い七十周年を祝い、今、進行中のペレストロイカを見守り、私達の歴史を見直しましょう」（一九八八〔昭和六十三〕年三月十五日、復刊三十四号）。

一九八八（昭和六十三）年、『佐藤秀一追悼録―ある殉教者の墓碑銘』（八月刊行）に「四十三年忌に僕は追憶する」を寄稿。

一九九〇（平成二）年、「旧縁の会会報」（三月十五日発行、復刊四十二号）に「日本社会主義の長老・小林輝次先生の死を悼む」を執筆。さらに「激動の九〇年代の感深い。人間社会の歴史で、働く者が初めて解放された十月革命の、七十余年の今日までの歩みが、大きく見直される時代です。この九〇年代は、人類にどんな世界を展開することか、私達はそれを見定めたい。そのために、みんなもっと長く生きぬくことを闘い抜きましょう」（十一月二十六日発行、復刊四十四号）。

一九九一（平成三）年二月、「伴走五十年の（内野壮児）同志を憶う」を執筆（内野壮児追悼集『全協刷新同盟の問題』に掲載）、同年九月「小野さんと四十余年―マルクス主義の旗手の師を失うことを悼む」を執筆（『資本主義論争と反戦平和の経済学者・追悼・小野義彦とその時代』に掲載）。

一九九二年八月、片山さとし氏葬儀に出席。

《闘病の中で》

一九九三（平成五）年三月十一日（八十三歳）、第二回目の脳梗塞で倒れる、左半身不随、横浜市都築区・横浜総合病院及び付属老人治療施設のシルバー・プラザに入所。

一九九四（平成六）年八月、妻マツ、肺炎のため死去（享年八十七歳）。

一九九五（平成七）年、特別養護老人ホーム「中川の里」に入所。

一九九八（平成十）年、俳句を始める。

二〇〇〇（平成十二）年六月、極度の食欲不振で入院・衰弱。九月に退院を決意、食欲回復。

二〇〇一（平成十三）年一月入院、三月五日肺炎・心不全で死去、享年九十一歳。四月二十八日「お別れの会」（横浜市青葉区青葉台フォーラム）。

横井マツ〔一九〇七（明治四十）年～一九九四（平成六）年〕

一九〇七（明治四十）年一月五日、北海道・江別に高山藤吉・ミネの長女（九人兄弟姉妹の五番目）として生まれる。北海道庁立札幌高等女学校を卒業後、逓信省札幌逓信局に就職、小林多喜二らのプロレタリア演劇集団に参加。

一九二八（昭和三）年、三・一五事件では、買い物に行っていたので、検挙を免れる。

一九三二（昭和七）年、小林多喜二が東京築地署で虐殺された頃、解放運動救援会を頼って上京、救援会活動を手伝う（久津見一燈子さんとも顔見知りとなる）。文化服装学院で洋裁を学ぶ。

一九三三（昭和八）年六月、札幌より再上京の際、同じ列車で刑期を満了して東京に向かう久津見一燈子さんの母・房子さんを見かけるが、久津見房子さんが初対面であったためか、警戒して話合わず。その後、横井亀夫と結婚。

一九三五（昭和十）年一月、長男・陽一誕生。

一九三七（昭和十二）年十月、長女・黎誕生。

一九四二（昭和十七）年、東京・大森の佐伯栄養学校に入学。翌年卒業。「栄養士」免許取得。横浜市の給食会社に就職。翌年、栃木県芳賀郡山前村に縁故疎開、同村に学童疎開してきた東京・市ヶ谷国民学校に栄養士の資格で寮母となる。

敗戦後、川崎に転居、三菱化工機、婦人民主クラブ、日本国民救援会に勤務。その後、五十歳ごろまで栄養士として病院に勤務、退職後、市橋とし子先生に創作人形、三橋兄弟治・英子先生に水彩画を学ぶ。

一九九四（平成六）年八月二十四日、肺炎にて他界。享年八十七歳。

おどり（横井マツ・作　第五回花影会人形展）

ノンちゃん（横井マツ・作　第六回花影会人形展）

あとがき――人と人の絆《きずな》は百年単位で

この『回想――横井亀夫の生涯――真実一路：労働者運動九十年の闘い』の作成・出版は、二〇〇一（平成十三）年四月の亡父・横井亀夫の「お別れの会」の席上で、父の長年の友人である樋口篤三さん（社会主義・労働運動・協同組合運動活動家、ジャーナリスト）からご提案があり、樋口さんはじめ運動史研究者・伊藤晃先生（千葉工業大学教授）、船見勝正・船見文子ご夫妻、妹の小山黎と私とで、企画編集委員会を設け、ご相談しつつ、一周忌の二〇〇二（平成十四）年三月に発行すべく、作成に努めてきました。しかし諸般の事情（322頁参照）で遅れてしまい、皆様にご迷惑をおかけしました。出版はまだか、といろいろな方からご催促をいただきました。ようやくここに多くの方々のご協力で、分厚く立派な回想集が完成し、出版にこぎつけることができました。

本書は、第一部・本人の著作（手紙・写真を含む）、第二部・回想と追悼という構成で作り、お世話になった方々と時代を共有した思い出、未来に向けた記念の書物にしたいと考えました。完成して見て、この希望にかなり近付いたものになったと思います。ご協力いただいた多くの方々に、まず心よりお礼申し上げ、このような回想文集をつくることができたことを喜び、この喜びを皆様とともに分かち合いたいと思います。

樋口さんには、本回想集の構成・内容・執筆者について数々のご教示をいただき、近著『めしと魂と相互扶助――革命モラルと対抗対案戦略の確立のために』（第三書館、二〇〇二年一月刊）をはじめ、諸資料を提供していただきました。伊藤先生には種々相談に乗っていただき、出版早々の『日本労働組合評議会の研究――一九二〇年代労働運動の光芒』（社会評論社、二〇〇一年十二月刊）と資料をしばしば送っていただきました。それらを読み、勉強しながら編集を進めました。樋口さん、伊藤先生の力のこもった解説論文で、この文集の骨格ができました。船見ご夫妻にはパソコン入力で大変ご援助をいただきました。もしこのご援助がなければ、完成にあと一年は必要だったと思います。

大竹一燈子さんにはご高齢にもかかわらず、たくさんのご教示とご協力を頂き、著書『母と私――久津見房子との日々』（築地書館、一九八四年刊）と資料コピーや写真を提供していただきました。また津脇梅子さんからは日本私鉄労働組合総連合会他著『未来のメッセージ――人間・津脇喜代男』（日本社会党機関紙局、一九八一年刊）、東條利一さんから『片山さとし遺稿集』（一九九五年刊）、中島健太さんから中島彪三著『歴史と社会を生きる』（本音を語る会、一九八九年刊）を送っていただきました。また小野瞭さんにはお父上の経歴を書いていただきました。さらにご両親と内野壮児氏ご夫妻と亡父のハイキング写真を借用させていただき、「写真を前にしばし感懐にふけり、昔のことなど、息子に語り聞かせました」とのお便りをいただきました。また女性史研究家・東京経済大学講師の鈴木裕子さんには、女性運動家の経歴をご教示いただき、座談会「労働運動のなかの先駆的女性たち」の実現過程に関する福永操さんから亡父に宛てた手紙について、鍋山歌子さん、大竹一燈子さんとともに、思想・党関係の異なる方々の会合実現に努力された、女性らしい包容力の大きさの証言であると評価していただきました。映画『女たちの証言

――労働運動のなかの先駆的女性たち』の監督・羽田澄子さんには、大連時代の思い出に加え、大連日本人労組員の貴重な写真、映画のチラシを提供していただきました。労働運動研究会の柴山健太郎・福田玲三の両常任理事には、種々の資料を提供していただきました。

石堂清倫先生の『二〇世紀の意味』(平凡社、二〇〇一年七月刊)、『わが異端の昭和史』(上)(下)(平凡社、二〇〇一年九月、二〇〇一年十月刊)、『わが友・中野重治』(平凡社、二〇〇二年四月刊)、『大連の日本人引揚の記録』(青木書店、一九九七年刊)と、J・ダワー著『敗北を抱きしめて』(上)(下)(岩波書店、二〇〇一年刊)、鶴見俊輔・いいだもも・鈴木正著『転向再論』(平凡社、二〇〇一年四月刊)、都留重人著『都留重人自伝・いくつもの岐路を回顧して』(岩波書店、二〇〇一年十一月刊)などを編集作業と平行して読んで、編集の姿勢をより確立することができました。

また「原水爆禁止・平和大行進運動」に関しては、元・原水爆禁止日本協議会の代表理事の吉田嘉清さんに各種のご教示と激励をうけました。同氏との議論の中での話題がきっかけで樺美智子さんのお母さん・光子さんの亡父宛の手紙を発見しました。「若い頃、夢や希望を持った頃と同じような夢や希望を持つようになりました。私は美智子が私に新しい生命をくれたものと解釈しております」と書かれておりました。感動的な決意表明です。そこで、急遽、本書に採録することにしました。奇しくも、その日は、六月十五日(四十二年前の一九六〇年のその日、樺美智子さんは亡くなった)でした。

婦人民主クラブの元・委員長の近藤悠子さんには回想文のご執筆に加えてペン書きの扉題字をお願いし、山下治子さんには四十年前の『婦人民主新聞』の縮刷版から再三、亡父の文章を発見してくださいました。また吉田峰夫さんには、九十歳記念のデッサン画を本書に掲載することを快くご諒承いただきました。感謝に耐えません。

またこの文集にはできるだけ写真を掲載するように心がけました。意外にたくさんの写真が亡父のダンボール箱の中に残されておりました。貴重な写真も少なくありませんでした。歴史上の方々の組み合わせの写真もあります。特別な表記のない場合は本人が撮影するか、本人のカメラで撮影したものです。本人は昔からカメラが好きでしたが、経済的に自分のカメラを持つことができませんでした。一九六〇（昭和三十五）年に私がカメラを〝ヤシカ〟（いまは京セラに吸収された）から〝ペンタックス〟に買い換えた際に、父に〝ヤシカ〟を譲ったことが、いろいろ歴史的な写真が残っていた第一の理由です。そして第二に本人が比較的によく整理していたことです。さらに多くの方々からも、貴重な写真を拝借することができたことも幸いでした。

その中で、亡父の書きかけの「妻まつの思い出」と題する文章が残されていましたが、未完のため、不完全なものですので、妹・小山黎と相談して、本書には収録せず、補充・正確を期することができれば、将来、公表するという宿題にすることにしました。

亡父の最期の住み家、特別老人養護施設「中川の里」には、多くの方々が何回も訪ねてきてくださいました。こんなに多くの方々が、入れ替わり立ち替わりお見舞いに来られるのは、どんな経歴の老人なのだろうか、と評判でした。皆様に心よりお礼申し上げます。また年賀状を四百枚（十センチの厚み）いただくことも、「中川の里」の職員の方々は驚かれ、評判でした。本人は脳梗塞のリハビリテーションの一つとして、毎日毎日、葉書を中心に十数通書くことを課題にしていました。施設の中にいても、社会や友人・知人とのつながりを切らないように心がけておりました（二〇〇一年の年賀状は百五十枚で力尽きました)。しかし病の後遺症で、眼の焦点をよく合わせることができず、筆跡が乱れ、受け取られた皆様にはご迷惑をおかけしたこともあったのではないかと思います。お詫び申し上げます。ただ皆様の寛容なご好意で文通などの交流が続けられたことは幸いなことで、本書の完成もそうした交流が基礎にあったと思います。これは大きな教訓と考えます。

中国の人はよく、「前事不忘　後事之師」(前の事・歴史を忘れず、後の事の師・教訓とする)という言葉を使いますが、伊藤先生と樋口さんが解説・論考で、日本の労働運動・社会主義・共産主義思想と活動の歴史について総括をされ、平和運動と民主主義の成熟、女性運動、地球環境問題と高齢化社会問題、相互扶助の協同組合運動などについて触れられました。さらに亡父の発言・活動、回想をよせていただいた方の発言が、二十一世紀そして未来への光を示していると思います。

本書には、私の力不足で、不十分な点・誤りなどがあるかもしれません。ご指摘いただければ幸いです。編集を終わったいま、感ずることは、多くの方々——執筆された七十名を超える方々、直接に執筆されなかった方々の積極的なご協力に、改めて亡父との交流を認識し、皆様に心より感謝したいと思います。人と人の絆《きずな》の重要さ、有難さを深く心に刻みました。そして人生、歴史は十年、二十年、あるいは四十年でなく、人生八十歳時代ですので、百年単位でその価値・真実が計られるものだ、という思いですが、これは私だけのものでしょうか。

「お世話になった方々と時代を共有した思い出、未来に向けた記念の書物にしたい」という願いで進めた編集活動で、多くの方々のご協力をうることができたと先に申し上げましたが、この活動を通じ私は父の残していった人たちとの関係を深めることができたことを大変喜んでおります。昔からのお知り合いの方もかなりおられましたが、多くの方々は今回初めて知り合うことができた方々です。これは父と私は人生の活動の場所を異にしていたためです。本書編集活動を通じてできたこの人と人の関係は、父が残していった大きな財産です。今後も大切にさせていただきたいと思います。どうぞよろしくお願いいたします。ご協力いただいたかたがたに、重ねてお礼申し上げます。

最後に、本書の出版に際して、同じ時代に活動されてきた同時代社・川上徹・社長及びスタッフの方々の一方ならぬご協力にお礼申し上げます。

二〇〇二年六月

横井　陽一

〒233-0016　神奈川県横浜市港南区下永谷五―一六―八

回想―横井亀夫の生涯　真実一路・労働者運動九十年の闘い

2002年８月１日　初版発行

編　者　　横井　陽一
発行者　　川上　　徹
発行所　　㈱同時代社
〒101-0065　東京都千代田区西神田2-7-6川合ビル
電話 03(3261)3149　FAX03(3261)3237
製　作　　いりす
印　刷　　㈱ミツワ
製　本　　東和製本㈱

ISBN4-88683-477-9